外廷、內府與科道

明代中央管理系統的權力制衡

方志遠 著

中華書局

外廷、內府與科道：
明代中央管理系統的權力制衡

方志遠　著

責任編輯　李夢珂
裝幀設計　鄭喆儀
排　　版　黎　浪
印　　務　劉漢舉
策　　劃　梁湘陰

出版　中華書局（香港）有限公司
香港北角英皇道 499 號北角工業大廈一樓 B
電話：（852）2137 2338　傳真：（852）2713 8202
電子郵件：info@chunghwabook.com.hk
網址：http://www.chunghwabook.com.hk

發行　香港聯合書刊物流有限公司
香港新界荃灣德士古道 220-248 號
荃灣工業中心 16 樓
電話：（852）2150 2100　傳真：（852）2407 3062
電子郵件：info@suplogistics.com.hk

印刷　美雅印刷製本有限公司
香港觀塘榮業街 6 號海濱工業大廈 4 樓 A 室

版次　2025 年 5 月初版

規格　16 開（240mm×170mm）

ISBN　978-988-8912-74-2

本書經由中國廣西師範大學出版社授權出版。

目　錄

導論

一、中國古代國家制度的基本特徵及形成道路

六、七世紀來到中國的日本、朝鮮留學生及外交使節，曾經為中國政府的強有力統治和中華民族的璀璨文化而驚歎；但同時期來到中國的波斯商人，窺測到中國皇帝的虛榮心和中國政府的自欺欺人。13 世紀來中國的意大利探險家馬可・波羅，曾經記載了中國的繁榮和強盛；但在十六世紀末、十七世紀初，馬可的同胞利瑪竇教士更多地看到這個天朝大國的愚昧和落後。法蘭西哲人伏爾泰 18 世紀還在大聲讚頌：當我們還漫遊在亞平寧原始森林之中的時候，中華帝國就已經治理得像一個家庭一般。但不到一個世紀，他的國人就夥同盎格魯・撒克遜人的後裔，曾一度佔領了這個有五千年文明史的偉大國家的都城北京。

其實，無論是日本、朝鮮留學生及馬可、伏爾泰看到的和聽説的中國，還是波斯商人、利瑪竇及英法聯軍與之打過交道的中國，它們並沒有什麼實質上的區別，都是在一個皇帝和一大羣官吏的統治之下，都是以天朝大國自居。如果沒有「野蠻」的「胡人」「洋人」的威脅，如果沒有「該死」的「流賊」「亂民」的鬧事，這個國家的君主永遠是「偉大的」，因為在他們的統治下，這塊東方大地曾經有過輝煌的時代和燦爛的文明。即使這樣，這個國家的人民也只是習慣於日復一日地日出而作、日落而息，他們關心的是居家過日子，因為當時的政府只讓他們無條件地承擔義務，但對國家事務，他們沒有任何話語權和參與權。

當西方還在神權統治下的黑暗時代，我們為有一個強有力的政府、一個高高在上的君主「普降甘露」而沾沾自喜；當西方擺脱混亂和愚昧，並建立起發達文明和民主政治之後，我們又不禁埋怨，為什麼中國舊有的政治體制和習慣勢力竟是如此頑固，使我們改革的步履如此艱難，乃至興一

利出百弊，新的問題、新的矛盾層出不窮。於是比較研究之風蔚然而起。經過一段時間的探討，有人豁然開朗：原來，西方之所以能夠建立近代政治制度和經濟秩序，很大程度是因為他們中世紀政治上的分裂割據、經濟上的莊園林立，還有教皇和無數教堂在參與政治鬥爭和經濟生活。於是有人進一步發現，原本作為古代中國繁榮昌盛三大基石的君主制、大一統、小農經濟，竟然是阻礙中國走出中世紀進入近代社會的三大障礙。那麼，中國是否應該退回去，退到那個曾經被詛咒過的西方中世紀，然後再由中世紀進入近代社會？

中世紀的西方人並不願意自己的國家破碎，正如當代中國人不可能接受頭上有一個至高無上、操持生殺大權的君主一樣。西方中世紀的黑暗（儘管黑暗中孕育着積極因素）和近代的進步，中國中世紀的繁榮（儘管繁榮下掩蓋着愚昧痼疾）和近代的落後，都不是有意識的選擇，而是各自歷史發展的結果。如果不將中國和西方進行橫向比較，如果東西方不發生接觸，只是孤立地從各自的發展軌跡來看，不僅僅西方在進步，中國同樣也在進步。誰能不顧歷史事實，認為明清時期的中國比漢唐或宋元時期的中國落後？但又有誰能夠斷定：如果沒有鴉片戰爭，如果沒有西方資本主義的猛烈撞擊，如果中國不被捲入世界經濟發展的潮流之中，清王朝也必然是中國的末代王朝，明清時期也肯定是中國「封建社會晚期」？

既然上帝把東方和西方安頓在同一個星球上，那就無法不讓它們相互影響。我們詛咒西方殖民主義者把東方變為他們的殖民地和半殖民地，給包括中國在內的各國人民造成了巨大的災難；西方也曾經詛咒，東方的「黃禍」，把一個好端端的羅馬帝國折騰得七零八落，從而導致了近十個世紀的黑暗時代。但是，從歷史的進程來看，如果沒有「黃禍」的西進浪潮，也許就沒有西方近代民主制度產生的土壤；如果沒有大航海時代的開啟和全球一體化，或許就沒有近五個世紀以來的現代化過程。

每個民族、每個國家，都有因為自然環境、人文環境和政治生態形成的生產方式和生活習慣、政治體制和權力結構，但是，這些生產方式和生活習慣、政治體制和權力結構，也並非一成不變，它們將隨着自然環境、人文環境和政治生態的變化而變化，隨着全球化時代的到來而日益趨同。

現有的文獻記載和考古發現表明，從我們的祖先由野蠻時代邁入文明時代的這一步起，就決定了此後幾千年的基本政治格局：家天下和君主制。中國幾千年的光榮與恥辱無不與此相關。但如何走到這一步，先賢們卻有不同的看法。

孟子在任何情況下都不忘記宣傳「性善」。他告訴人們，中國的家天下是溫文爾雅地形成的：當年大禹東巡，死於會稽（今浙江紹興），死前將天子之位授予自己的助手益。三年之後，益又主動將天子之位讓給了禹的兒子啟，自己則隱居於箕山之陽（箕山又名許由山，今河南省登封市南）。啟不但是禹的兒子，而且大賢大德，所以天下歸心。（《孟子·萬章篇上》）這是一個美好動聽、令人感動的故事。而且，箕山也是一個很有紀念意義的地方。據稱，當年堯要將天子之位讓給許由，許由為了躲避，就隱居在這潁水之陽的箕山。孟子將益也「安置」在箕山隱居，是有深意的。當然，孟子並非第一個性善論者。最早講述此類「禪讓」故事的是《墨子》：「古者堯舉舜於服澤之陽，授之政，天下平。禹舉益於陰方之中，授之政，九州成。湯舉伊尹於庖厨之中，授之政，其謀得。文王舉閎夭、泰顛於罝罔之中，授之政，西土服。」（《尚賢上》）

與《墨子》《孟子》的看法不同，《戰國策》的作者認為，啟的王位是從益手中奪來的：禹在位時，不斷委以兒子啟重任，臨死前卻又宣佈益為自己的接班人。益的威望不高，在禹身邊的時間也不長，大小酋長不買他的賬。在他們的支持下，啟在禹死後不久即攻殺益而取其位。（《燕策一》）司馬遷《史記》也持這一說法，並畫龍點睛地加了一筆：「天下謂禹名傳天下於益，已而實令啟自取之。」（《燕召公世家》）《荀子》更完全否定有「禪讓」之事：天子至高無上，沒有「與讓」的道理。（《正論篇》）《韓非子》更將舜、禹和湯、武並稱：舜逼堯、禹逼舜、湯放桀、武伐紂，「此四王者，人臣弒其君者也」。（《說疑篇》）

但是，《戰國策》《荀子》《韓非子》的說法不僅為後儒所忌，也不被當代歷史教科書所採用。人們寧願相信有堯、舜、禹溫文爾雅的「禪讓」，也不願看到比比皆是的暴力和陰謀。這樣既可以證明當時確實有「軍事民主制」的存在，也有望為後世留下一個是非標準。但即使是所謂「軍事民主制」，也是以軍事實力為前提的。舜通過輔佐堯而積勢，禹通過多年的治水，名望和實力大增。堯、舜年事已高，兒子無能，故舜、禹得以取而代之。在韓非子的眼裏，這都是篡奪。但從當時的情況來看，可以視之為軍事民主制的傳統戰勝了世襲制的萌芽。在對武力的迷信方面，禹更超過堯、舜。劉向《説苑》有一段很有意思的記載：「當舜之時，有苗氏不服……禹欲伐之，舜不許，曰：『教諭猶未竭也，究教諭焉。』而有苗氏請服。」（《君道》）就算劉向的這個説法比較接近事實，但如果沒有禹的用兵主張的威懾，光靠舜的「教諭」，不知有苗氏會請服否？又據《國語·魯語下》，禹繼位後，大會諸侯於會稽，防風氏後到，禹即殺之，可見其獨斷的威勢已有後世君主的風範。此後啟斷然攻殺益，實有其父之遺風。同時也説明，隨着社會財富的積累和私有意識的加強，世襲的觀念已經在武力的支持下戰勝了軍事民主傳統。

美國著名人類歷史學家摩爾根，在他的那部被馬克思和恩格斯高度評價的《古代社會》中指出，世襲制的最初出現，最可能是由於暴力建立起來的，而不大可能是由於人民的心甘情願。[1] 馬克思在摘錄這段話時，將其推向極致：「世襲繼承制在凡是最初出現的地方，都是暴力（篡奪）的結果，而不是人民的自由許可。」[2] 看來，《荀子》《韓非子》《戰國策》和《史記》的説法，比《墨子》《孟子》更符合馬克思主義的國家學説，也更符合「國家」形成的規律。

如果將視野延伸，還可以從傳説中進一步發現，華夏族的始祖軒轅氏黃帝也是以武力鏟除異己的。黃帝和炎帝本為同胞兄弟，但性格各異，炎帝盛氣淩人，黃帝將各方面關係處理得很好，並加緊訓練軍隊。兄弟反目後，在阪泉連戰三場。由於得到諸侯的幫助，黃帝大敗炎帝，奪了他的部

1　［美］摩爾根：《古代社會》，北京：商務印書館，1977 年，第 141 頁。

2　［德］馬克思：《摩爾根〈古代社會〉一書摘要》，北京：人民出版社，1965 年，第 123 頁。

落，佔了他的地盤。(《國語・晉語四》) 後來，黃帝又帶着中原各部落攻滅了三苗首領蚩尤，勢力幾乎擴大到整個黃河中下游地區。

不管經典文獻如何說黃帝及堯、舜、禹、啟的大仁大德，有一點卻是肯定的，他們的地位都是以實力為基礎，或者直接通過戰爭而取得的。後來的湯伐夏桀、武王伐商紂也一樣。如果沒有軍事力量，即使仁德如孔孟，也只能搖脣鼓舌敲邊鼓。可見，「鎗桿子裏面出政權」，乃千古至理。

既然是戰爭，就需要權威和專斷，而一旦國家的形成由軍事征服來實現，一旦部落聯盟或軍事集團轉化為國家政權，一旦部落首腦或軍事首腦轉變為國家首腦，君主專制的局面就形成了。從全球範圍看，早期城邦國家，可能有過國民自治的方式，但我們所看到的中國歷史上國家的雛形，大抵都是戰爭機器。在中國境內，有文獻記載的全國性大帝國的建立，乃至地方性小朝廷的組建，無不通過戰爭的途徑來實現，或者以軍事實力為後盾。因此，這些政權無一例外都實行君主專制的政治體制，其權力結構，也是為維護這一體制服務的。

例外當然也有。秦亡後，項羽搞了大民主，分封十八位諸侯王，並且希望通過和劉邦談判的方式結束戰爭、瓜分地盤，結果弄得身敗名裂。五代時期的南唐後主李煜也是主張中國境內大小政權相安無事、和平共處的，但宋太祖趙匡胤則認為，這塊人地上只能是一人高臥，其餘的只能匍匐在地：「臥榻之側，豈容他人鼾睡！」可見，「天無二日，民無二主」早已成為根深蒂固、深入人心的意識。天上只能有一個太陽，一旦出現十日，不是由其中一個召集會議，討論如何輪流出來，以免禍害人類，而是乾脆造出一位后羿，將多餘的九個一一射落。一個民族、一個國家的集權意識，在傳說和神話中也得到體現。

二、國家權力與明代國家權力結構的演進軌跡

從秦漢到明清的全部歷史表明，在以個體農業為基本生產方式的中國土地上，在無數自耕農像馬鈴薯般散落的中國土地上，建立全國性統一政權的唯一途徑就是戰爭。其間或許有無數次的使節往來和討價還價，但

最終還是要靠武力解決問題。[1] 因而，君主制也成為唯一能夠存在的政治體制。在這一點上，明代與秦漢、隋唐、宋元並無本質的區別。但是，隨着時代的推進、文明的發展、中外交流的頻繁，明代的經濟社會較之秦漢、隋唐、宋元確乎發生了重大的變化，國家權力的構成方式、國家權力與其他社會權力的相互關係，也發生了顯而易見的變化。本套書所討論的，正是在明代的經濟社會中產生並演進的國家權力結構及其運行方式。

國家權力是一種社會公共權力。從社會政治學的角度來說，社會權力包括國家權力、家庭或家族權力、宗教及其他各種社會權力（如社區、社會羣體、社會組織、商會、會館等）、個人權力（如商人、士紳、富民、遊棍、貧民等）等。由於國家權力是社會公共權力，是各種社會權力的集中體現，因而它在各類社會權力關係中起着主導作用，具有協調各類權力關係的功能和責任，但同時又受其他各類權力體系的制約和影響。正如法國學者魏丕信所說，國家行政組織以及與之共同形成一個權力結構的那些社會羣體是不可能截然分隔的，它們緊密地聯繫在一起，而國家只是處於這個權力結構的頂點。[2]

傅衣淩先生在論及中國傳統社會權力結構時指出：「一方面，淩駕於整個社會之上的是組織嚴密，擁有眾多官僚、胥役、家人和幕友的國家系統。這一系統利用從國家直至縣和次於縣的政權體系，依靠軍隊、法律等政治力量和經濟習慣等方面的力量實現其控制權。」「另一方面，實際對基層社會進行控制的，卻是鄉族的勢力。鄉族保留了亞細亞公社的殘餘，但在中國歷史的發展中已多次改變其組織形態，既可以是血緣的，也可以是地緣性的，是一種多層次、多元的、錯綜複雜的網絡系統，而且是具有很

1 中國歷代國家政權的這一形成過程的影響是巨大的，它不僅決定了中國國家體制和權力構成的基本特點，也決定了國民心理的「非此即彼」，其表現是在人際交往和財產紛爭過程中的以權以錢壓人，而不是在平等前提下通過談判和契約的方式來解決矛盾和糾紛。而其極端，則是不斷發生的與錢權對抗的無賴和扯皮。

2 ［法］魏丕信著：《18 世紀中國的官僚制度與荒政》，南京：江蘇人民出版社，2003 年，第 4 頁。

強的適應性。」[1] 而鄉族勢力和國家權力又是相互依存和互為補充的。不僅如此，鄉族勢力還隨着人口的流動而在異域他鄉以新的方式出現，這就是明清時期普遍存在的同鄉「會館」及其他類似的組織，以及由「移民」而為「土著」的新鄉族。

在討論國家權力特別是國家權力結構時，必然涉及國家制度。這是兩個既密切相關又應該有所區別的概念。一般來説，國家權力是體現國家存在並貫徹統治者意圖的強制力量，國家權力結構是國家權力行使主體的構成方式或組織形式；國家制度指的是國家的階級屬性和關於國家權力結構的法律規定。國家制度更多地表現國家的階級屬性問題，國家權力結構則更多地表現國家權力機關的組織形式問題。但二者又是緊密結合在一起的，國家制度中包含着國家權力結構，國家權力結構又體現着國家制度。在討論國家權力結構時，應該包括以下內容：一、國家權力的結構或構成，既包括從上到下的縱向結構，也包括分層權力體系中的橫向結構，以及它們之間的相互關係。二、國家權力結構的變化，以及導致其發生變化的社會的、個人的因素，必然的、偶然的因素。三、國家權力與其他各類社會權力之間的關係，以及影響這一關係態勢的各種因素。四、國家權力的運行機制及其效率，體現國家權力結構自身的關係調整及與其他社會權力協調的過程。

經歷了春秋戰國、兩晉南北朝及宋遼夏金時期的社會動盪與民族融合，又經歷了秦漢、隋唐及元代的大一統與政權重構，中國國家權力結構在明代有了新的特點，更加趨於成熟而富於彈性。隨着社會經濟形勢和統治集團內部各種力量對比的變化，明代國家權力結構經歷了一個初創、定型、調整、再定型的演進過程。這一過程貫穿整個明代歷史。實際上，任何一個有着相當長統治時段的皇朝，都有過類似的過程。因此，研究明代國家權力結構演進，在一定程度上又是在探討中國國家權力結構演變的一般規律。

從明太祖奠基南京，到洪武十三年（1380）廢中書省、升六部，可

1　傅衣凌：《中國傳統社會：多元的結構》，《中國社會經濟史研究》1988 年第 3 期。

視為明朝國家權力結構由初創到定型的時期。在這一時期，明朝中央和地方政權的構成大致上承襲元朝。中央設中書省、大都督府（即元朝的樞密院）、御史台，並稱「三大府」，分掌政令、軍令和監察，分別對皇帝負責。地方設行中書省，既是省級最高權力機關，在體制上又是中央中書省在地方的派出機關。

但是，任何繼承都包含着改革和創新。

早在明朝建立之前，明太祖就已經開始對地方權力機關進行調整。行省一般不設平章，而以左、右丞為最高長官，規制已在降低；而且，明初的行省也並不像一般研究者理解的那樣，統有地方一切權力。在「行中書省」機構之外，各省另有作為中央大都督府在地方派出機構的「都督府」，以及作為中央御史台在地方分支機構的「提刑按察使司」，形成與中央三大府相對應的地方三大權力機關。洪武九年，改行中書省為承宣布政使司，與都指揮使司、提刑按察使司並稱「三司」，地方新的權力結構定型。

隨着統治集團內部鬥爭的激化，中央權力結構更發生了重大的變化，且充滿着腥風血雨。洪武十三年，明太祖以謀反罪殺左丞相胡惟庸、廢中書省，同時升六部品秩，讓其分掌政務，直接對皇帝負責，又將大都督府一分為五，稱「五軍都督府」，分統地方各都司；十五年，廢御史台，設都察院，掌監察。中央新的權力結構也告定型。

這可以說是明朝國家權力結構的第一輪變化，也是中國古代國家權力結構的重大變化。明太祖曾對這一權力結構進行總結：

> 自古三公論道，六卿分職。自秦始置丞相，不旋踵而亡。漢唐宋因之，雖有賢相，然其間所用者多有小人專權亂政。我朝罷相，設五府、六部、都察院、通政司、大理寺等衙門，分理天下庶務，彼此頡頏，不敢相壓，事皆朝廷總之，所以穩當。以後嗣君並不許立丞相，臣下敢有奏請設立者，文武羣臣即時劾奏，處以重刑。[1]

1 《明太祖實錄》卷 239，洪武二十八年六月己丑。

後來，這段話被列入《皇明祖訓》的「甲令」。其要害有二：

其一，將外廷權力機關視為對皇權的首要威脅，這就導致了「以內制外、內外相制」思想的產生，並將最終形成明朝國家權力結構中內廷宦官系統與外廷文官系統並存的雙軌制權力體系，實質上則是通過宦官系統對文官系統進行制裁。

其二，以各部門或各權力系統的相互制衡作為維護皇權的基本手段或方針。這是對皇帝集權而中央各部門分權、中央集權而地方各部門分權的明朝國家權力結構的基本原則的法律規定，並導致了「大小相制、上下相維」的權力格局的形成。

以上是明朝國家權力結構的兩個基本特點或原則，它既是明朝皇權的絕對權威得以維護的根本保證，也是明朝國家權力結構與歷代的區別所在。此後，明朝國家權力結構有過許多變化，但上述兩個特點或原則是不變的。

在明太祖精心設計的明朝國家權力結構中，除文官和武官系統外，還有兩股極為重要的力量，一是上面所說的宦官系統，二是諸王系統。雖然有記載說太祖立有禁令，宦官不得讀書識字、不得干預政務，但洪武時期十二監、四司、八局宦官「二十四衙門」的設置，以及宦官的出使、視軍、偵刺，已經顯示出宦官與外廷抗衡的「以內制外」的態勢。而從洪武三年開始分三批共封的二十四個諸侯王，少者領兵三千，多者統軍近兩萬，不僅足以挾制各省都司，而且負有在緊要關頭起兵「靖難」的「以外制內」的責任，至少最初的願望如此。

因此，明朝的國家權力就其結構來說，可劃分為兩大集羣。其一是中央到地方的行政、軍事及監察等權力機關，這是用以治理國家、管理民眾、鎮壓反抗、抵禦外侮，即主要用以維護國家穩定的權力體系。其二則是內廷宦官和外地諸王，這是專門用以控制文官武將以維繫朱明王室的權力體系，宦官的態勢是「以內制外」，諸王的態勢則是「以外制內」。

在明代的國家權力結構中，還有一個不可忽略的系統，由六科十三道組成的明代言官系統，體制上屬於文官，職能上又具有相對的獨立性。它是明太祖「以下制上、上下相維」治國理念的產物，擁有站在傳統道德和國家利益的立場上，對一切社會問題和官場弊病乃至君主的行為，進行揭露和抨擊的法律性權力。

明太祖在洪武時就已經確立了明朝的國家政治制度和國家權力結構，每次進行權力重新配置時，也總是胸有成竹、振振有詞。[1] 局部的調整也從洪武時開始，以中樞權力為例。廢中書省的當年，洪武十三年九月，明太祖便召幾位山鄉老儒進京，任為「四輔官」，說是為君者不可無輔臣；洪武十五年十一月，又任命幾位官員為「殿閣大學士」，說是為君者不可無顧問。這些措施並無實際意義，卻為後來內閣的形成提供了「祖制」依據，也使後來的一些研究者誤以為明代內閣始設於洪武。[2] 而真正具有意義的則是洪武十四年命翰林春坊官平駁諸司奏啟，這成為內閣基本職責票擬的發端。

1 以分封諸王為例，《明太祖實錄》卷 51，洪武三年四月辛酉條載：「上諭廷臣曰：『昔者元失其馭，羣雄並起，四方鼎沸，民遭塗炭。朕躬率師徒，以靖大難，皇天眷佑，海宇寧謐。然天下之大，必建藩屏，上衛國家，下安生民。今諸子既長，宜各有爵封，分鎮諸國。朕非私其親，乃遵古先哲王之制，為久安長治之計。』」分封諸王，本是明太祖所設計的整個國家權力結構中的極其重要的組成部分，但也是給明朝和中國社會造成巨大災難的制度。就在明太祖發表上述言論的六年後，山西平遙縣學訓導葉伯巨於洪武九年藉星變求言之機上疏，鑒古說今，指出這一制度的潛在危機：「臣恐數世之後，尾大不掉，然後削其地而奪之權，則必生觖望，甚者緣間而起，防之無及矣。」（《明史》卷 139《葉伯巨傳》）葉伯巨的忠告被明太祖視為離間骨肉之言，其人下獄致死。但事情的發展一如伯巨之預言，只是沒有等到「數世之後」。明太祖屍骨未寒，燕王朱棣即起兵南向，開始了長達數年之久的「靖難」之役，並奪取了皇位。作為歷史總結，《明史．諸王傳讚》（「四庫全書」本）對這一制度的演變和後果作了如下評述：「封建之不可行於後世也信矣！明太祖建立親藩，大封諸子，方謂枝葉相維，根本益固，乃一傳而有燕王之變，簒奪之禍，起不旋踵。厥後高煦、宸濠逆謀屢動，非所謂最強則最先反者歟。中葉以來，矯枉過正，防閑之峻，至於二王不得相見，省墓請而後許，識者譏焉。降及末季，盜賊充斥，社稷之危，在於呼吸，而起兵勤王者，且援祖制以罪之。諸王之據名城、擁厚資，束手就戮，所在皆是，其能資捍禦者誰耶？」按整個明朝，實封就藩的親王共 48 位（內太祖諸子 23 王、成祖諸子二王、仁宗諸子五王、英宗諸子五王、憲宗諸子七王、世宗諸子一王、穆宗諸子一王、神宗諸子四王），先後發生過大的宗室動亂四次（建文時燕王朱棣、宣德時漢王朱高煦、正德時安化王寘鐇及寧王宸濠）。

2 《明史．職官志》和現在大學通用的中國古代史教材即有此誤。

明朝國家權力結構的第二輪整體性調整和定型發生在永樂至嘉靖期間。這一時期，明朝的國家權力結構發生了四個方面的重大變化。

第一個變化發生在中央。一方面由翰林院分離出的內閣，始為皇帝的機要祕書班子，繼而成為處理國家政務的外廷中樞機關，六部長官視其顏色，地方大吏聽其指麾。另一方面司禮監逐漸凌駕於內官監之上，成為內府二十四衙門的首署，並成為處理國家政務的內廷中樞機關。內閣與司禮監，分掌「票擬」與「批紅」，內廷宦官全面參與國家事務，成為國家權力結構中的重要組成部分，形成中國歷史上僅見的貫穿於整個朝代的宦官與文官雙軌制權力體系。

第二個變化發生在地方。由吏部任命而掛銜都察院的巡撫都御史、由司禮監提名且主要由御馬監宦官充任的鎮守中官、由兵部任命而由都督府將領充任的總兵官，形成新的省級權力結構，被稱為「三堂」。其後鎮守中官陸續收回，總兵地位日漸下降，巡撫都御史成為一省軍政首腦。與此同時，都察院派出的巡按監察御史成為一省最高監察官員。原來的省級權力機關都指揮使司、布政使司、按察使司則下降為「道」級機關，布政司官為分守道，按察司官為分巡道、兵備道，而都司官員也多在各地「分守」。於是，地方在省、府、縣三級的基礎上多出了一個道，其介於省、府之間。兵備道的設置，更剝奪了都司的領兵權，使軍事將領徹底淪為「吏曹」。而分守、分巡、兵備道之間，則往往隨着形勢的變化而調整。

第三個變化發生在皇室。成祖朱棣以「靖難」為名起兵，經過四年的戰爭，奪取了建文帝的帝位。這一變故使得成祖即位後立即着手削弱諸王的軍事力量和經濟供給，藩王的地位從此在整個國家權力結構中迅速下降。永樂以後，雖然仍發生了數起藩王「謀反」事件，但諸王已經不具備和中央抗衡的力量。嘉靖以後，在國家權力結構中，諸王及其子弟已經可以忽略不計，大抵成為享受豐厚俸祿的外放「囚徒」。[1]

1 關於歷代政治家對分封與郡縣問題的討論，參見方志遠：《略論漢初的同姓分封與削藩》，《南昌職業師範學院學報》1987 年第 2 期。

第四個變化發生在最高統治者皇帝的身上。明太祖確立中央權力結構時強調各部門相互頡頏，不敢相壓，「事皆朝廷總之」，即事皆皇帝裁決。但皇帝直接過問庶事，陷於紛繁瑣細的日常事務之中，在格局上已降至政務官的地位。以明太祖的雄才大略和充沛精力，已是不堪重負，後世子孫更無法應付。成祖為奪取皇位，不惜起兵「靖難」，但奪取帝位後不久，已有厭政的跡象，加上主要精力用於北伐蒙古，庶政均由太子處理。永樂之後，仁、宣在位，號為「仁宣之治」，卻開了內閣票擬、內監批紅的先河，並在內府設內書堂，教小宦官讀書，進行參政訓練，為皇帝不親政做了制度上的準備。從成化開始，明朝皇帝基本上已不接見大臣，有的甚至不親理政務。世宗從嘉靖十九年（1540）開始，視朝、祀天，概不親臨。明代中後期，已不再像洪武、永樂時那樣，事無巨細，由皇帝親自裁決，而是依靠各系統、各衙門間的相互制衡。皇權的表現方式，由「事必躬親」演變為「垂拱而治」。至於崇禎帝的「親政」，只能視為明代皇權表現方式在特殊狀態下的變異。

宋人黃履翁《古今源流至論》說：

> 以天下之責任大臣，以天下之平委台諫，以天下之論付士夫，則人主之權重矣。夫權出於人主，則臣下稟國家之命而不敢欺，藩鎮憚京師之勢而不敢慢，夷狄畏中國之威而不敢侮。然人主之所謂總權者，豈必屑屑然親事務之細哉？夫苟屑屑然親之，則其聰明必有所遺而威福必有所寄。聰明有所遺者，乃生患之原；而威福之所寄者，即弄權之漸也。是故權不可以不歸於人主，而必重廟堂之柄以總之；政不可以不在廟堂，而必擇台諫之臣以察之；言不可以不從台諫，而必通天下之情以廣之。[1]

黃履翁提出了一個理想中的為君之道、理想中的國家權力結構，這本來在

1　黃履翁：《古今源流至論．別集》卷 2《君權（攬權不必親細務）》。

實踐上是很難行得通的，因為他沒有考慮到在權力分配問題上的難以調和性。但沒想到明太祖的子孫們，因不願親理政務而歪打正着地為黃履翁的設計提供了實證。

在國家核心權力體系發生變化的同時，其他如財政、軍事、司法、監察、科舉及官員選拔與任命等權力系統也都在相應地發生變化，以與核心權力體系的變化相適應。

明代國家權力結構的上述變化，有着明顯的演進軌跡，那就是：內廷機構的外廷化，中央機構的地方化，監察機構的行政化。這種軌跡其實也是中國歷代皇朝國家權力結構變化的普遍規律，只是在明代表現得特別突出。

在明朝國家權力的運行過程中，通過國家推行的鄉里制度及事實上長期存在的宗族社會等基層組織對民眾進行教化，並賦予基層組織部分行政處罰權，是值得特別重視的。它説明，明朝政府已經認識到基層社會組織在整個社會權力結構中的地位和作用，並且因勢利導，將其作為國家權力的延伸，充分發揮它們的社會控制功能。與此同時，對佛、道二教利用與打擊並舉，對儒家文化宣揚與改造並行，也可以看出明朝國家權力的全面滲透。從另外一個方面説，國家權力在基層社會中表現出來的每一個變化，都是國家權力和其他社會權力之間鬥爭與協調的結果。

比起明前期，成化以後的明代國家權力結構發生了許多被人們忽略的變化，而且這些變化的發生，既是社會經濟格局變化及社會思潮影響的結果，又導致了國家對社會生活直接干預程度的逐漸削弱。對於人民的日常生活和生產，國家權力的控制已經部分地讓位於基層社會組織及羣體。這樣，應該更有利於經濟和文化循着自身的規律發展。但是，由於在社會權力結構中，國家權力的地位仍然至高無上，因此一旦國家權力發生問題，而又必須同時面對來自底層的民眾反抗和來自外部的軍事挑戰時，整個社會便容易陷入權力癱瘓、無法收拾的地步。這是明朝也是中國歷代政府都沒有解決好的問題。

從明代國家權力結構的初創、定型、調整、再定型的全過程，我們可以看到兩個方面的力量在起作用，一是社會發展各階段關於國家權力結構調整的客觀要求，二是明朝統治者在適應社會要求和維護政權穩定方面的主觀努力。

就明朝統治者的主觀努力來說，有三個明顯的因素值得注意。一是明太祖本人維護朱明皇朝的主觀意願和殺伐果斷的性格因素，二是明初統治集團通過對歷代治亂興亡經驗教訓的總結而產生的整體認識，三是明代統治者在社會關係發生變化時的被動性適應。

三、有關明代國家權力結構的研究及本書的基本思路

由於明代在中國歷史上所處的特殊地位以及明朝國家制度和國家權力結構的顯著特點，從明中期開始，人們就開始對其進行討論。[1] 其著名者如霍韜、鄭曉、王世貞、呂坤、孫承澤、顧炎武、黃宗羲、萬斯同、全祖望等，他們的研究成為清修《明史》的重要基礎。

由於在開國之始就規定了立國原則，故後人無論是稱讚還是抨擊明朝的國家制度和權力結構，都是首先針對明太祖的。明人王瓊說，太祖立法「高出千古」[2]；鄭曉則說，「太祖之權衡度量，非後人所能測識也」[3]。清順治帝在和大臣討論歷代帝王時，更將明太祖列於漢高祖、唐太宗之上，稱為「秦漢以來中國第一帝」，原因是他所立的制度為後世定下了規矩。[4] 康熙帝不但連續三次「下江南」時皆前往南京的明孝陵祭奠、稱明太祖為「英武

1 嚴格地說，這種討論早已開始。如前引洪武九年山西平遙縣學訓導葉伯巨對分封諸王的做法所進行的批評即是。

2 張萱：《西園聞見錄》卷 26《宰相上》。

3 鄭曉：《今言》卷 1 之 92。

4 《清世祖實錄》卷 71，順治十年正月丙申載：「上幸內院……問：上古帝王聖如堯舜，固難與比倫。其自漢高以下、明代以前，何帝為優。對曰：漢高、文帝、光武、唐太宗、宋太祖、明洪武，俱屬賢君。上曰：此數君者，又孰優？名夏曰：唐太宗似過之。上曰：豈獨唐太宗。朕以為歷代賢君，莫如洪武。何也？數君德政有善者有未盡善者。至洪武所定條例章程，規畫周詳。朕所以謂歷代之君，不及洪武也。文程等奏曰：誠如聖諭。」

偉烈之主」，而且在孝陵題寫了「治隆唐宋」四字匾額。[1]

但是，明末清初黃宗羲則批評：「有明無善治，自高皇帝罷丞相始也。」[2] 顧炎武從吸取歷史教訓的角度，認為明朝中央控制過於嚴密，致使地方權力過於削弱。他認為地方權力應在封建制與郡縣制之間尋找適中點，應「寓封建之意於郡縣之中」，以避免「今天下官無封建而吏有封建」之弊。[3]

對於明代國家權力結構進行真正具有科學意義的討論，當自20世紀三四十年代始。八十年來，已經有許多成名學者在這個領域進行了長期而且卓有成效的研究。

孟森《明清史講義》（中華書局1981年版）的明代卷，既是一部明代政治和制度史，也是一部明代國家權力演進史，於明太祖的開國及建章立制，以及此後明朝的政治演繹、制度變遷作了精湛的闡釋。其中第二編第一章《開國》開篇云：「中國自三代以後，得國最正者，惟漢與明。匹夫起事，無憑藉威柄之嫌；為民除暴，無預窺神器之意。」[4] 既為漢、明開國正名，也指出漢、明兩代能夠建立起君主的真正權威及高度集權的君主制度的道義上的理由，這正是漢、明兩代少有顧忌地清除統治集團內部的異己力量、不斷調整國家權力結構的原因所在。

吳晗《朱元璋傳》（三聯書店1965年版）以人物傳記的方式，對明朝開國歷程及洪武時期的重大歷史事件和重要典章制度進行了綜述，而於明太祖廢中書省、升六部事，討論尤詳。其《讀史札記》（三聯書店1956年版）雖自謙為「若干專題史料的匯集」，但對明朝國家制度和國家權力的一些

1 《清聖祖實錄》卷193，康熙三十八年四月壬子、甲寅。

2 黃宗羲：《明夷待訪錄·置相》。

3 顧炎武：《亭林文集》卷1《郡縣論一、論八》，《顧亭林詩文集》，北京：中華書局，1959年，第12、17頁。

4 孟森：《明清史講義》上冊，北京：中華書局，1981年，第13頁。按：此書本為孟森先生20世紀30年代在北京大學歷史系授課的講義，經商鴻逵先生整理出版。明太祖在奪取政權之後曾反覆聲稱自己從未「預竊神器」：「朕本無意天下，今日成此大業，是皆天地神明之眷佑，有非人力之所致。」（《明太祖實錄》卷58，洪武三年十一月丙申）

重要環節進行了比較細緻的研究。如《明教與大明帝國》討論了明太祖與紅軍、大明帝國與明教的關係，得出了明朝國號出於明教（摩尼教）的結論，揭示了明教及其他宗教特別是佛道二教與明朝國家權力的關係。再如《記大明通行寶鈔》聚焦於明太祖印造的大明寶鈔及其在歷朝流通的情況，兼及戶口、食鹽、商稅、薪俸等，實則討論了明朝國家權力在控制市場和經濟社會方面所作的努力。再如《明初的學校》對明代初期的官學即中央的國子監學和地方的府州縣學，以及官學與科舉的關係進行了討論，從而得出了官學為科舉附庸的結論。

丁易的《明代特務政治》（羣眾出版社 1983 年版），可以說是第一部有影響的探討明朝宦官參政與專權的著作，雖然因時代的影響而不免評價有所偏激，但對宦官在明朝國家權力結構中的地位以及國家事務中的負面影響進行了淋漓盡致的揭示。

梁方仲《明代糧長制度》和韋慶遠《明代黃冊制度》分別着眼於明朝前期田稅的徵收和國家賦役的制定，討論了國家權力在超經濟強制方面的表現方式和運作方式。前者對明代糧長制度的產生、演變及消亡的過程進行了翔實的討論，指出：糧長的主要職責是主持區內田糧的徵收和解運，同時也承擔着領導鄉民開墾荒地、對鄉民進行教化勸導乃至裁決地方事務的責任，從一定意義上說，實為國家權力在基層社會的表現。[1] 後者對被《明史》稱為「賦役之法」的黃冊制度的編制和推行、黃冊的管理和利用，以及編制黃冊過程中所發生的種種問題進行了討論，指出，黃冊制度並不是一個偶然的孤立存在的事物，從它的建立到最後瓦解的變化過程……是跟明代社會從初期一度穩定，到後期危機日益深刻的變化密切相關連的。[2] 也就是說，黃冊制度的推行和田賦力役的徵發效果與明朝國家權力的運行

1 梁方仲：《明代糧長制度》，上海：上海人民出版社，2001 年，第 29—50 頁。

2 韋慶遠：《明代黃冊制度》，北京：中華書局，1961 年，第 3 頁。又，欒成顯《明代黃冊研究》，北京：中國社會科學出版社，1998 年。對這一問題進行了更為細緻和深入的討論，可謂不辱先賢。

效率直接相關。

在 20 世紀六七十年代，相對中國大陸來說，港台及海外華人學者在明朝國家制度和國家權力方面的成果更值得關注。陶希聖、沈任遠《明清政治制度》（台灣商務印書館 1967 年版）的上編專論明代，對明朝的興衰過程及緣由、明朝國家權力的構成演繹及得失進行了條分縷析，並列專章對中央和地方權力機關，以及官員的選拔和管理進行了討論。楊樹藩《明代中央政治制度》（台灣商務印書館 1978 年版）將明朝中央權力結構分解成「政務機構」（含內閣、六部、翰林院、六科給事中等）、「監察機關」（都察院）、「業務機關」（含宗人府、大理寺、太常寺及太醫院、欽天監、國子監等）、「侍衛機關」（宦官二十四衙門及女官、宿衛等），並逐個分析，得出了西方的分權是為了民主，中國的分權則是為了專制的結論。杜乃濟《明代內閣制度》（台灣商務印書館 1967 年版）考察了中書省廢除後內閣由祕書機關演變成政治中樞的過程，同時考察了內閣與皇帝、六部、內監以及閣臣之間的關係。黃彰健《明清史研究叢稿》（台灣商務印書館 1977 年版）着重考察了明代國家權力的法律解釋、廢中書省後重建決策方式的嘗試，以及明太祖在構建國家權力體系特別是廢除中書省後重構國家權力過程中對宦官和諸王的倚重。賀凱《明代中國的監察制度》（斯坦福大學出版社 1966 年版）專論明朝的監察權力，特別是對言官在明後期國家權力結構中發揮的作用進行了比較細緻的分析和討論。

由於政治環境和學術環境的原因，中國大陸嚴格意義上關於明代國家權力的研究在中斷了近四十年後，20 世紀 80 年代初才重新開始。

20 世紀 80 年代的前中期，可被視為這一研究的啟動時期。

1980 年在天津南開大學召開的「明清史國際學術討論會」，無疑對新時期明清史研究同時也對明代國家制度和國家權力的研究，產生了重要的推動作用。參加這次會議的國內外學者提交的論文中，有多篇涉及明清國家制度和國家權力，如美國學者范德《明王朝初期（1350—1425）的政體發展》、李天祐《明代的內閣》、關文發《試論明朝內閣制度的形成和發展》、許大齡《試論明後期的東林黨人》、王德昭《清代的科舉入仕與政府》、鄭天挺《清代的幕府》等。[1] 中華書局在 1981 年和 1982 年，相繼出版孟森《明清史講義》和黃仁宇《萬曆十五年》，對於推動明代史特別是明代國家制度、國家權力的研究，無疑也起了重要作用。

以此為發端，雖然只有二十多年的時間，但無論是成果的數量還是質量，無論是研究的廣度還是深度，中國大陸的明史研究都取得了重大的進展。

政治高壓和學術禁錮在改革開放的初期不僅成為文藝作品也成為學術研究的主要批評對象，由此也導致了這一時期對於明朝國家制度和權力結構的研究以批判為主，首當其衝的自然是明太祖的集權統治。代表作有李天祐《論明清的封建專制》（《學術月刊》1980 年第 1 期）、陳梧桐《論朱元璋強化封建專制中央集權的統治》（《中央民族學院學報》1980 年第 2 期）、洪煥椿《明清封建專制政權對資本主義萌芽的阻礙》（《歷史研究》1981 年第 5 期）、郭厚安《關於明代專制主義中央集權高度強化的問題》［《西北師大學報（社會科學版）》1983 年第 4 期］、商傳《試論明初專制主義中央集權的社會基礎》（《明史研究論叢》1983 年第 2 輯）等。這些成果對明代國家權力高度集中的原因、途徑、作用和後果進行了多方面的分析和探討，並一致認為，它對於社會經濟的發展具有雙重的影響，其消極作用大大超過積極作用，嚴重阻礙了封建生產方式向資本主義生產方式的過渡。但是，鄭天挺《明代的中央集權》（《天津社會科學》1982 年第 2 期）和美國學者范德《明王朝初期（1350—1425）的政體發展》則指出，儘管明朝前期專制主義中央集權被極大地強化，但到後期已經明顯地行不通。

王春瑜和杜婉言《明代宦官與江南經濟》（《學術月刊》1984 年第 6 期）、欒成顯《洪武時期宦官考略》（《明史研究論叢》1983 年第 2 輯）、懷效鋒《明代中葉的宦官與司法》（《中國社會科學》1985 年第 6 期）以批判的態度從不同的角度對宦官在明朝國家政治中的地位和作用進行了討論。與上述研究

1 明清史國際學術討論會祕書論文組編：《明清史國際學術討論會論文集》，天津：天津人民出版社，1982 年。

不同，歐陽琛《明代的司禮監》（《江西師院學報（哲學社會科學版）》1983 年第 4 期）明確指出：明朝的宦官與漢、唐不同，它並非國家權力發生問題時的產物，而是明太祖構建的國家權力的重要組成部分，可以說是在真正意義上客觀地探討明代宦官的地位和作用。

學術研究特別是歷史研究從來就與時局密切相關。在當時整個國家的撥亂反正過程中，對於明朝國家權力的討論以及對明朝專制主義中央集權的批判，不僅開創了新時期明史研究的新局面，而且也可以視為當時中國史學界為肅清現實生活中封建專制主義殘餘，開展對歷史上封建專制主義的批判的重要組成部分，對當時全社會的思想解放產生了重要作用。

而黃仁宇《萬曆十五年》（中華書局 1982 年版）則以其新穎的篇章結構和獨特的審視角度（至少在當時的大陸學者看來如此），通過對正德—萬曆年間明朝政局變化的描述，對明朝國家權力結構的諸關係及運行狀況進行了解剖，從紫禁城中的囚徒（皇帝）到對皇帝進行教育、管理乃至制裁的文官（主要是大學士），從古怪的官僚（海瑞）到孤獨的將領（戚繼光），一一點評各類人物，對於當時中國學術界特別是明史學界，無疑具有啟示意義。

從 20 世紀 80 年代後期開始，隨着改革開放的深入和經濟建設成為社會發展的主旋律，關於明代國家制度和國家權力的研究進入一個相對理性的時期，並取得了三個方面的重要成果。

一、出現了一批從整體上研究明代國家制度和國家權力的著作。按著作出版的先後，主要有王天有《明代國家機構研究》（北京大學出版社 1992 年版），關文發、顏廣文《明代政治制度研究》（中國社會科學出版社 1995 年），張德信《明朝典制》（吉林文史出版社 1996 年版），杜婉言、方志遠《中國政治制度通史．明代卷》（人民出版社 1996 年版），王興亞《明代行政管理制度》（中州古籍出版社 1999 年版），李渡《明代皇權政治研究》（中國社會科學出版社 2004 年版）及唐克軍《不平衡的治理：明代政府運行研究》（武漢出版社 2004 年版）等。這些著作，是相關學者對明代國家制度和國家權力長期關注和研究的結晶，大多以前期的個案研究為基礎。如杜婉言、張德信、關文發、王興亞教授等從 20 世紀 70 年代末 80 年代初就開始致力於明代國家權力的研究，張德信教授積數十年之力完成的五百萬字的《明代職官年表》也於 2009 年由黃山書社出版。再如王天有 70 年代末師從許大齡教授讀研究生時，已經對萬曆、天啟年間因黨爭而引起的國家權力紛爭進行過研究，此後又在北大連續多年開設「明代國家機構研究」的課程並不斷有相關成果問世。方志遠在 70 年代末師從歐陽琛教授時，將明代內閣作為研究生畢業論文的課題，此後遂在江西師範大學為本科生和研究生開設「明代政治制度研究」課程並就此發表了系列論文。正因為如此，上述成果從討論問題的廣度和考察問題的深度而言，都有其獨到之處。此外，從上述成果也可以看出學者們在研究明朝國家制度和國家權力過程中向縱深推進的軌跡，即由制度的構成層面向制度的過程層面，進而向制度的貫徹和操作層面推進，或者說，由國家權力結構自身的研究向國家權力的表現和運作過程研究推進。學界在這個方面雖然不能說已經做得很好，但至少已經進行了努力。

二、出現了一大批就明朝國家制度和國家權力結構的某一個環節進行深入討論的專著和論文。雖然研究者的功力有深淺，討論層次也有高下，但幾乎有關明代國家制度和國家權力的所有環節，從內廷到外廷、從中央到地方、從官員到吏員、從行政到監察、從軍隊到司法、從成法到新例，均有重要成果問世。當然，作為國家權力結構變化的產物甚而樞紐之所在，內閣、巡撫及宦官，理所當然地引起更多的關注。

王其矩《明代內閣制度史》（中華書局 1989 年版）和譚天星《明代內閣政治》（中國社會科學出版社 1996 年版）是大陸學者研究明代內閣的代表性作品。前者對明代內閣制度的形成過程及各階段的主要特點進行了研究，後者則試圖「從權力結構的角度來研究明代內閣」。其實，他們的研究並非只反映出個人的成就，更體現了當時關於這一問題的研究狀況。早在 1980 年明清史國際學術討論會上，關文發、李天祐就分別提交了《試論明代內閣制度的形成與發展》《明代的內閣》。關文對明代內閣的發展階段及其特點進行了討論，李文論述了明代內閣的職能及其與翰林院、司禮監及君主專制的關係。歐陽琛《論明代閣權的演變》(《江西師範大學學報》1987年第4期)對閣權的演變進行了深入細緻的考察,認為閣權的日益擴大使首輔變成了真宰相,但太祖「六卿分制」的思維慣性,限制了歷代閣臣的政治作為。神宗皇帝削弱閣權,導致長期黨爭與朝政混亂。張德信《明代中書省、四輔官、殿閣學士廢立述略》(《史學集刊》1988年第1期)論述了明代洪武年間罷中書省與設四輔官、殿閣學士之間的關係,認為殿閣學士制為創建內閣制度奠定了基礎。趙軼峰《票擬制度與明代政治》(《東北師大學報》1989年第2期)則從內閣票擬制度的演變過程,探求了明亡的政治原因:隨着票擬之制趨於完備,首輔權力膨脹,皇帝養成不親躬、不近臣工、倚重宮奴之習。梁希哲《明代內閣與明代的官僚政治》(《史學集刊》1992年第2期)將明代內閣與官僚政治置於君主專制政體發展脈絡之中,並對其內在關係進行了橫向剖析與縱向研究,説明君主專制政體下官僚制度的弊病必然要左右和影響一代政治的發展。杜婉言《論明代內閣制度的特點》(《中國史研究》1992年第4期)對內閣制度的特點進行了深入剖析,認為內閣雖然成為明代國家機器不可缺少的一環,維繫着國家機器的慣性運作,但其特殊的地位成為了各種矛盾聚焦的中心,對明代政治沒有起到、也不可能起到應有的「贊輔」作用。孟昭信《試論張居正的「考成法」》(《吉林大學社會科學學報》1993年第5期)則認為,萬曆初年內閣首輔張居正所行考成法,是對中央政治體制的一次重大改革,旨在確立內閣作為輔弼機構的合法地位。田澍《明代內閣的政治功能及其轉化》(《西北師大學報(社會科學版)》1994年第1期)則在分析了明代內閣的各項政治功能及其轉化的前提、障礙和層次性後,得出了明代內閣產生於明代集權政治卻又被集權政治所閹割,功能衰竭、形同虛設的結論,並特別指出明代內閣的政治功能不等同於政治權力。方志遠的碩士論文《論明代內閣制度的形成》(1981年通過答辯,發表於中華書局1990年出版的《文史》第33輯)及《明代內閣的票擬制度》(《江西師範大學學報》1987年第4期)、《關於明代內閣建置的幾個問題》(《南昌職業技術師範學院學報》1990年第4期,署名劉禮芳),對明代內閣從臨時性設置到明代政治中樞的全過程進行了考察,就明代內閣與唐宋翰林學士的異同，內閣與皇帝、內監、六部的關係進行了討論，並將票擬制度和首輔制度的確立視為明代內閣初步形成和最終確立的標誌。同時，對明代內閣的建制、名稱、閣址及票擬制度等具體問題進行了考辨。

隨着學術的推進和時勢的發展，某些歷史問題往往會在一個特定的時期引起眾多學者的關注。與 20 世紀 80 年代初明史學者們不約而同地將眼光投向內閣相似，80 年代中後期，則有一批學者同時將眼光投向了督撫。幾乎在同一時期發表了王躍生《關於明清督撫制度的幾個問題》（《歷史教學》1987 年第 9 期）、林乾《論明代的總督巡撫制度》（《社會科學輯刊》1988 年第 2 期）、方志遠《明代的巡撫制度》（《中國史研究》1988 年第 3 期）、羅冬陽《明代的督撫制度》（《東北師大學報》1988 年第 4 期）、范玉春《明代督撫的職權及其性質》（《廣西師範大學學報》1989 年第 4 期）、關文發《試論明代督撫》（《武漢大學學報（社會科學版）》1989 年第 6 期）、劉秀生《論明代的督撫》（《中國社會科學院研究生院學報》1991 年第 2 期）、朱亞非《明朝督撫制度淺議》（《山東師大學報》1991 年增刊）等多篇論文。這些文章對明代督撫的成因、選任、考核、督撫關係、與地方建設的關係和影響等多方面進行了討論。但嚴格來説，明代的總督和巡撫並不像清代那樣督撫並稱，因為在明代，巡撫已經成為地方最高長官，而總督則一直是臨時性的軍事派遣人員。因此，方志遠才專論明代巡撫，就巡撫的發生及其地方化、制度化過程，巡撫的類型、職責、作用及其所受到的各種力量的制約進行考察，指出：巡撫由臨時派遣的官員到後來正式成為地方一級權力機構最高長官並為清代所繼承。靳潤成《明朝總督巡撫轄區研究》（天津古籍出版社 1996 年版）對明代督撫的轄區範圍及其沿革演變的考證與論述，可補《明史 · 職官志》在這一方面的疏缺，也可以視為吳廷燮《明督撫年表》的後續研究，對於理解明代中央與地方關係的變遷具有重要意義。

與此同一時期或稍後，有一批學者將眼光投向了巡按監察御史，先後發表了《明代巡按御史》（李熊，《史學月刊》1988 年第 4 期）、《略論明代御史巡按制度》（王世華，《歷史研究》1990 年第 6 期）、《試論明代的巡按制度》

（高春平，《山西大學學報（哲學社會科學版）》1990 年第 1 期）、《明代巡按御史制度研究》（余興安，《中國史研究》1992 年第 1 期）等作品。這些成果對巡按的設置、職能、選拔、任用、考察、升黜、迴避制度，巡按制度在明朝地方權力結構中的作用及其與巡撫的關係進行了探討和研究，認為巡按制度對鞏固明朝統治起了巨大的清污除腐作用。而明代巡按御史制度的敗壞，從體制上說是因為弘治以後巡按權力的不斷擴張，攫取了不少監察外的行政、軍事權，使監察官員行政化；而從根本上說又是中國古代專制集權政體內重外輕的分權格局的必然結果。

研究明朝國家制度和國家權力，宦官是重要的對象。王春瑜、杜婉言《明代宦官與經濟史料初探》（中國社會科學出版社 1986 年版）和《明朝宦官》（紫禁城出版社 1989 年版），苗棣《魏忠賢專權研究》（中國社會科學出版社 1994 年版）以及冷東的《被閹割的守護神——宦官與中國政治》（吉林教育出版社 1990 年版）是繼丁易《明代的特務政治》之後關於明代宦官研究的幾部重要著作。這些著作從不同的角度對明朝宦官在國家權力結構中的地位和作用進行了較為系統的討論。以往對明代宦官問題的研究，過分強調宦官專權亂政、挾制百官的勢焰，而忽視了皇權對宦官勢力的防範、牽制以至打擊，更沒有重視外廷文官與內廷宦官的合作關係。歐陽琛《明內府內書堂考略——兼論明司禮監和內閣共理朝政》（《江西師範大學學報》1990 年第 2 期）對明朝的宦官「國學」內書堂的建立、規制以及擔任教習的翰林官員進行了考證，認為內書堂既培養了司禮監的要員，又為翰林官員以後躋身內閣奠定了基礎。只要監閣共理朝政，「內外相繼，可否共濟」，政局就相對穩定。在《明代的司禮監》（《江西師院學報（哲學社會科學版）》1983 年第 4 期）一文中，歐陽琛對明代司禮監由一般宦官機構發展為內監第一署的過程，以及明朝司禮監的職能、地位和作用，特別是與內閣「對柄機要」的關係進行鞭辟入裏的分析。梁紹傑《明代宦官教育機構的名稱和初設時間新證》（《史學集刊》1996 年第 3 期）也對明代內府宦官教育機構進行了考察，認為它早在成祖時已經設立，並為仁宗所沿襲，而非始於宣宗；宣宗在外廷完善內閣政治的同時，也相應地發展內廷宦官教育。冷東從軍事、思想文化以及重要人物與宦官關係的角度進行了分析。其中，《明代宦官監軍制度述略》（《汕頭大學學報》1994 年第 3 期）就明朝宦官監軍制度形成的原因、表現、影響等方面進行了論述，認為這是明朝軍隊戰鬥力下降和國防敗壞的重要因素。《葉向高與宦官關係略論》（《汕頭大學學報》1995 年第 2 期）則通過葉向高這樣一個重要的政治人物與宦官關係的個案研究，從另一個方面表明了明代內閣與宦官的關係，不但關係到閣臣個人之成敗，而且關係到明朝政治之格局，甚至關係到明朝之國運。李渡《明代皇權與宦官關係論略》（《中國史研究》1995 年第 3 期）認為，司禮監、內閣、廠衛等都是皇權不同形式的延伸和擴張，從本質上說，宦官勢力受皇權的絕對控制，乃是明代專制主義皇權空前強大的一個重要表徵。劉曉東《監閣共理與相權游移：明代監閣體制探賾》（《東北師大學報》1998 年第 4 期）認為，司禮監與內閣聯結成一個有機整體並承擔起決斷國是的政治職能，皇權的相對傾斜，造成了相權在司禮監和內閣間游移，一方面確保了皇權的穩固與政治的穩定，另一方面也成為「宦禍」與「黨爭」的內在原因。趙世瑜、張宏豔《黑山會的故事：明清宦官政治與民間社會》（《歷史研究》2000 年第 4 期）從黑山會這樣一個宦官的祭祀組織出發，探討他們塑造剛鐵這樣一個宦官祖神的意義，從新的角度理解宦官政治，並進而探索宦官與京師民間社會的關係，以及他們在宮廷與民間社會之間的中介角色。

方志遠就明朝的宦官問題發表了多篇論文。其中，《論明代宦官的知識化問題》（《江西師範大學學報（哲學社會科學版）》1989 年第 3 期）對明代宦官進行了結構性分析，認為以內書堂教育為核心，並雜以其他不同的途徑，一定程度上造就了明朝宦官的知識化，並形成了一個知識宦官階層或羣體，這個階層或羣體的出現，加強了宦官與文官的溝通和理解，成為明朝國家權力結構雙軌制、二元化的前提和條件，進而對明代政局產生重要影響。其《明代的御馬監》（《中國史研究》1997 年第 2 期）則為配合歐陽琛《明代的司禮監》而作，指出：御馬監統領禁兵並與兵部及督撫共執兵柄，實為內廷「樞府」；管理草場和皇莊，經營皇店，與戶部分理財政，為內庭的「內管家」；兩度設置西廠，與司禮監提督的東廠分庭抗禮。司禮監具有相對穩定性，御馬監則有較大隨意性，這種隨意性是明代君主制度隨意性的體現和延伸，能否遏制這種隨意性，很大程度上決定了明代社會的穩定與否。《明代的鎮守中官制度》（《文史》總第 40 輯，中華書局 1994 年版）探討了明代鎮守中官的設置與革除，認為鎮守中官制度是明朝國家權力雙軌制特色在地方權力結構中的體現，其興革則是內廷宦官集團與外廷文官集團彼此力量消長的結果，從中可以看出明朝宦官參政的廣泛性和專權的可控性。

三、明朝國家權力在地方特別是基層社會的體現，以及國家權力與其他社會權力的關係，也得到了比較充分的關注。

趙世瑜在 20 世紀 80 年代對明代的「吏」進行了持續研究，並將其心得融入《吏與中國傳統社會》（浙江人民出版社 1994 年版）一書中。90 年代以來，柏樺發表了一系列有關明代州縣官吏及其體制的論文。《試論明代州縣官吏》（《史學集刊》1992 年第 2 期）考察了明代州縣官吏的等級層次，並對其等級觀念、倫理觀念和心理素質諸方面進行了分析。《明代知縣的關係網》（《史學集刊》1993 年第 3 期）則以知縣的關係網為中心，試圖從心理學角度探討封建專制政體下官僚的內心世界。《明代州縣衙署的建制與州縣政治體制》（《史學集刊》1995 年第 4 期）則通過對眾多州縣衙署的建築格局的分析，探討了明代州縣政治體制的演變及其發展的必然趨勢。《明代州縣官的施政及障礙》（《東北師大學報》1998 年第 1 期）、《社會環境的變化對明代州縣官施政的影響》（《明史研究》2001 年）認為明朝的政治環境、社會經濟和社會風俗的變化對州縣官的施政行為有極大的牽制，使其處於「兩難」的境地，但個人氣質、性格又使他們的施政各具特徵。在這些成果以及其他成果的基礎上，柏樺出版了《明代州縣政治體制研究》（中國社會科學出版社 2003 年版），可謂對自己明代州縣政治體制研究的總結。

劉志偉《在國家與社會之間：明清廣東里甲賦役制度研究》（中山大學出版社 1997 年版）論述了明清廣東里甲賦役制度的變化及其與地方社會的互動過程，並始終把王朝制度變遷看成是國家與基層社會之間對話的過程，也就是說，看成是國家權力與基層社會權力之間的相互鬥爭和妥協的過程。趙世瑜從多個角度討論了明清時期國家權力與地方社會、基層社會權力之間的關係。其中《黑山會的故事：明清宦官政治與民間社會》（《歷史研究》2000 年第 4 期）揭示了明中期以後宦官鄉籍的變化，使得宦官成為宮廷與地方社會產生關係的紐帶。而《明清時期華北廟會研究》（《歷史研究》1992 年第 5 期）及《廟會與明清以來的城鄉關係》（《清史研究》1997 年第 4 期）則討論了廟會等大眾參與的活動在明清地域社會和底層社會權力關係中的作用。

王昊《明代鄉、都、圖、里及其關係考辨》（《史學集刊》1991 年第 2 期）對明代鄉、都、社、區、圖、里等名稱的概念、含義及其相互之間的關係進行了梳理，認為這些稱謂在用於指稱行政建制時，一般表示里甲制的「里」，並且明代鄉里組織行政建制單位是一級而不是多級制。在《明代鄉里組織初探》（《明史研究》1992 年第 1 輯）中又指出里甲制雖是明代鄉里組織的基本形式，但不是唯一的形式。明代後期又在全國各地推行了保甲制，里甲和保甲並存是明後期鄉里組織的基本特點。

陳寶良也發表了一系列文章闡述自己的看法，在《明代的社與會》（《歷史研究》1991 年第 5 期）中分析論述了明代的「社」與「會」的釋義、源流、種類及組織結構，認為明代的社與會是一種羣體意識，這種羣體意識是明朝人生活方式的精神動向。這種動向有經濟的、政治的或者是文化的。《明代的保甲與火甲》（《明史研究》1993 年第 3 輯）對明中期以後專門的鄉村防禦體制——保甲制和火甲制的設立、職能、作用與弊端進行了系統的研究。

欒成顯《明代里甲編制原則與圖保劃分》（《史學集刊》1997 年第 4 期）認為明代江南許多地方的鄉村建置十分複雜，都圖與都保並存，都保並非保甲制的下級單位，而都圖亦與都保有別，二者既有交叉又各成系統。都圖以人戶劃分為主，屬黃冊里甲編制；都保以地域區劃，屬魚鱗圖冊系統。里甲編制與自然村的分佈並不一致，但二者存在一定的統一性。黃忠懷《明代縣以下區劃的層級結構及其功能》（《史學月刊》2003 年第 4 期）則認為明代縣以下區劃的層級結構因人口數量和人口密度等而具有明顯的區域性差異，一般南方地區多採用鄉—都—圖三級制，北方則多為鄉—社（里）二級制，並且鄉、都、圖有不同的行政和社會功能。高壽仙《明代農業經濟與農村社會》（黃山書社 2006 年版）闢專章論明代的《地方精英與鄉村控制》，認為在鄉村社會發生作用的，主要有三股勢力或者說三種「地方精英」：職役性地方精英（即里老、里長、保長等）、身份性地方精英（各類鄉紳如生員、監生、舉人、進士等及由此身份進入仕途者）、非身份性地方精英（其他在鄉村社會發揮作用者）。趙中男《試論明代的「老人」制度》（《東北師大學報》1987 年第 3 期）、余興安《明代里老制度考述》（《社會科學輯刊》1988 年第 2 期）、王興亞《明代實施老人制度的利與弊》（《鄭州大學學報（哲學社會科學版）》1993 年第 2 期）等文對里老進行了比較詳細的論述。其中，王文對明代老人制度的確立和推廣、職責和任期進行了考證，認為明代推行老人制度有利於加強對鄉里基層組織的管理，穩定社會秩序，促進社會經濟的恢復與發展，但由於明代吏治的敗壞，老人制度也隨之而腐敗。

鄉約是在政府或鄉紳的倡導乃至主持下制定的鄉村自治條例，從中可以看出國家權力在社會底層的體現，同時也可以看出傳統文化和道德精神，以及基層社會權力在其中的作用。曹國慶對此進行過較長時期的研究。其《明代鄉約發展的階段性考察——明代鄉約研究之一》（《江西社會科學》1993 年第 8 期）、《王陽明與南贛鄉約》（《明史研究》1993 年第 3 輯）詳細考察了明代鄉約的推行情況、組織結構、重要特點，認為明代鄉約雖然在發展過程中產生了一定的流弊，但其所起到的積極作用是主要的、主流的。《明代鄉約推行的特點》（《中國文化研究》1997 年第 1 期）中指出明代鄉約推行伊始，便是民辦與官辦同步，綜合性與專門性並舉，嘉靖以後的主要發展趨向，就是鄉約與保甲、社倉、社學打成一片，形成以鄉約為中心的鄉治體系，鄉約又推動了宗約、士約、鄉兵約、會約等自治組織的發展。《明代鄉約研究》（《文史》1999 年第 1 輯）則從鄉約的發展、組織結構、與其他地方組織之間的關係、作用等方面對明代鄉約作了全面深入的論述。段自成《明清鄉約的司法職能及其產生原因》（《史學集刊》1999 年第 2 期）認為到了明清時期，一部分鄉約已被賦予司法職能，承擔起調處民間糾紛、調查取證和勾攝人犯等責任，這一情況的產生，與這一時期民間爭訟紛繁，里老制度漸衰和吏役、訟師把持詞訟有關。汪毅夫《試論明清時期的閩台鄉約》（《中國史研究》2002 年第 1 期）詳細考察了明清閩台鄉約推行的情況及其地域性特點，認為其在整頓社會陋習、穩定社會秩序、防範外來侵略等方面收到了一定的效果。與其他研究者較多關注南贛鄉約不同的是，黃志繁《鄉約與保甲：以明代贛南為中心的分析》（《中國社會經濟史研究》2002 年第 2 期）認為保甲法由於其實際功能大於鄉約而更為王陽明所重視，兩者相結合不但在基層社會發揮了一定的作用，而且成為地方社會制度的一部分。王日根《明清基層社會管理組織系統論綱》（《清史研究》1997 年第 2 期）、《論明清鄉約屬性與職能的變遷》（《廈門大學學報（哲學社會科學版）》2003 年第 2 期）認為明清基層社會管理中存在着「官」和「民」的二元組織系統，鄉約通過政治的、經濟的、文化的教化方式，能有效地實現其社會整合的功能。明代朱元璋所創設的老人制度敝壞之後，鄉約重新獲得提倡並與官府的關係出現日益密切的傾向。鄉約的職能主要是思想道德的教化，但不同時期、不同地區乃至不同鄉約的具體職能有所差異，職能的變化可以映現基層社會的運行狀況。在以往的鄉里制度研究中，很少有人將元代和明代連在一起研究。周紹泉《退契與元明的鄉村裁判》（《中國史研究》2002 年第 2 期）通過研究徽州文書中的元明退契，發現這些退還土地文書的背後常常隱藏着訴訟紛爭，而在處理這些紛爭時，元代的社長和明代的老人發揮着驚人相似的調節、裁判作用。

明代宗族組織在相當大的程度上起着基層政權作用，幾乎成了當代學者的共識。李文治《明代宗族制的體現形式及其基層政權作用——論封建所有制是宗法宗族制發展變化的最終根源》（《中國經濟史研究》1988 年第 1 期）將明代宗法宗族制的發展變化歸納為兩點：一是廢除了關於建祠及追祭世代的限制，使一個族姓所涵括的族眾範圍較前擴大；二是宗族關係的政治性質加強，宗族結構逐漸變成維護封建統治的基層社會組織，起着基層政權的作用。鄭振滿《明清福建的里甲戶籍與家族組織》(《中國社會經濟史研究》1989 年第 2 期）通過分析明清福建地區的族譜資料，探討了里甲戶籍的世襲化及其對家族發展的影響，認為家族組織與基層政權的結合，加強了官僚政府對於基層社會的控制，這種控制又是以基層社會的自治化為前提的。陳柯雲《明清徽州宗族對鄉村統治的加強》(《中國史研究》1995 年 3 期）認為明中葉以後，徽州宗族對鄉村的統治逐步加強，到清前期達到鼎盛時期。宗族的影響幾乎滲透到徽人宗族生活的各個方面，某些宗族組織逐漸控制了鄉村的司法仲裁權，形成「家法大於國法」的局面。宗族統治與封建政權統治互相支持、補充，使中國社會具有不斷自我修補、自我完善的機制。陳支平《近五百年來福建的家族、社會與文化》(上海三聯書店 1991 年版）認為，明清福建家族權力在與國家權力的關係上，既有割據、對抗的一面，又有互相利用、密切配合的一面；鄭振滿《明清福建家族組織與社會變遷》(湖南教育出版社 1992 年版）則認為，在明清時期，福建社會出現了宗法倫理庶民化、財產關係共有化、基層社會自治化的趨勢。常建華《明代宗族研究》(上海人民出版社 2005 年版）以南直徽州、福建興化、江西吉安三府特別是吉安府泰和縣為例，對明代的宗族制度進行了比較系統的研究，通過對宗族制度與鄉約推行關係的研究，提出了「宗族鄉約化」的概念，並且認為，通過鄉約實現社會控制，是明朝政府對基層社會進行治理的重要途徑和手段。此外，有不少學者立足於整個明清乃至更長的時段對基層社會進行了研究，他們的研究對於揭示明朝國家權力在基層社會的實施及其與宗族、宗教等社會權力的關係同樣具有重要意義。

陳寶良《明代儒學生員與地方社會》(中國社會科學出版社 2005 年版）無疑對解讀明代地方社會具有重要意義。明後期特別是晚明時期上百萬的生員形成了一個龐大的社會階層，其「羣體性」行為（陳寶良稱為「社會性運作」）在一定程度上左右社會輿論和官府決策，干預着國家權力的實施，對地方社會產生重要影響。陳寶良正是從這個層面上對生員問題進行了有益的探討。

其實，在過去的二十多年裏，有關明朝國家權力結構的方方面面，諸如軍事、財政、司法、監察，以及明朝國家權力在少數民族地區與土司權力的協調與鬥爭，以及作為國家權力執行主體的官員和吏員等，都有學者進行探討並取得了重要的成果。

所有這些成果，既為本課題的研究構築了堅實的學術基礎，也加大了著者或本課題在這一領域進行後續研究的困難。但是，這並不意味着對於明朝國家權力的研究已經沒有拓展的空間。一方面，任何成果都受到時代認識和作者視野的限制，因而都是階段性的，很難説一個問題在某一位或某幾位學者的研究之後就再無研究的必要。我並不苟同一些學者所聲稱的「某某問題已被某人某文解決」，倒是更讚賞梁啟超一再聲明的「以今日之我攻昨日之我」，所以並不忌諱對一些學界討論的熱點問題進行再評述。另一方面，本項研究將在已有成果的基礎上，將重點放在明朝國家權力的內部構成，主要是結構的變化過程、運作程序以及各環節之間的協調關係上。因此，權力結構及其運作過程中的變化和調整將得到極大的重視。而這恰恰是過去的研究者包括著者本人所忽視或關注不夠的。

國家制度一經建立，法定權力的構成及分配往往是相對靜態的，但這種靜態僅僅停留在「祖制」的層面上，其運作過程中的權宜和調整永遠是處於動態的，一些偶發事件及政治家個人的權變在其中也起着重要的作用。因此，將明代國家權力結構看成是一個動態過程，並將特定時期「陰差陽錯」發生而後來被證明重要的歷史事件以及推動這些事件發生、發展並且對國家權力關係產生影響的個人行為、羣體行為納入研究的視野，將是本書的重要特點。

根據上述思路，本書討論的是明代中央管理系統的權力制衡。在這個系統中，以司禮監、御馬監、內官監、御用監等為代表的內府宦官系統，與以六部、五府為代表的外廷文官及武職系統，以及專職監督的都察院，構成了明代中央管理系統的權力制衡主體。幾乎所有的國家事務，無論是財政管理、軍事管理還是司法管理、外事管理，均由外廷相關部院及其下屬機關，內府宦官相應監局，以及都察院的各類差遣官員，三方乃至四方對等負責，形成內府與外廷的全方位制衡。本屬都察院但在一定程度上具有相對獨立性的十三道監察御史與六科給事中所構成的言官系統，又在這一制衡中起着極其重要的作用。中央管理系統的這種權力制衡，早已超出了明太祖設計的所謂五府六部「相互頡頏」，而是以內制外、內外相制，以下制上、上下相維，無論哪一個部門，其權力都在其他各種權力的制約之中。

皇帝集權、中央各部門分權，中央集權、地方各部門分權，既是明朝也是中國歷代統治者所希望的權力構成方式。其間的分分合合，反映的是社會發展進程與統治者意願之間的矛盾與統一。

內廷機構外廷化、中央機構地方化、監察機構行政化，是中國歷代國家權力關係演變的基本規律，這一規律在明代國家權力結構的演變過程中，仍然處處得到體現。

所有這些問題，本書將力爭有所討論，並提出自己的認識。

第一章

廢除中書省後「彼此頡頏」的外廷與內府

第一節　外廷「六部九卿」分理庶務

一、六部的分工與協調

明太祖攻取南京之後，設江南行中書省，號令四方。又於江南行中書省內設四部，分理錢穀、禮儀、刑名、營造諸務，相當於後來的戶、禮、刑、工各部。缺吏、兵二曹，用王世貞的話說，是因為戰事緊迫，「勢不遑設」[1]。而實際上，明太祖親自掌握官員任免權和軍事指揮權。建元洪武後，國家已成規模，設官也需完備，遂按隋唐宋元以來的舊制，於洪武元年（1368）八月設吏、戶、禮、兵、刑、工六部，為正三品衙門，仍屬中書省。各部均設尚書（正三品）、侍郎（正四品）、郎中（正五品）、員外郎（正六品）、主事（正七品）等官。[2]

洪武十一年，明太祖在設立通政司以直接溝通內外諸司之後，命六部奏事毋關白中書省，實際上已開始越過中書省直接向六部發號施令。洪武十三年廢中書省，罷丞相，同時升六部為正二品衙門，直接對皇帝負責。於是，原中書省之政分於六部，又總於皇帝。洪武十三年四月，罷御史台及各道按察司；[3] 十五年十月，置都察院及十二道監察御史；十七年正月，

1　王世貞：《弇山堂別集》卷 47《六部尚書表》。

2　《明史》卷 72《職官志一》。

3　《明太祖實錄》卷 131，洪武十三年四月附條。

升都察院為正二品衙門。[1] 以上吏、戶、禮、兵、刑、工六部及都察院，合稱「七卿」。加上通政司、大理寺，遂為「九卿」。在廢中書省的當天，又改大都督府為中、左、右、前、後五軍都督府。這就是明太祖所設計的既「分理天下庶務」又「彼此頡頏、不敢相壓」的「五府、六部、都察院、通政司、大理寺等衙門」。

這些衙門雖然「不敢相壓，事皆朝廷總之」，但它們的地位及事權仍是畸輕畸重。

六部之中，有高下尊卑之分，吏、戶、兵三部或因權重，或因事繁，地位在禮、刑、工三部之上，被稱為「上三部」。六部各設尚書一人（正二品）、左右侍郎各一人（正三品）；所屬清吏司各設郎中一人（正五品）、員外郎一人（從五品）、主事一人（正六品，事務較繁的一些清吏司增設一人）；另設首領官司務廳司務（從九品）、照磨所照磨（正八品）及檢校（正九品）等。建文時改革官制，六部尚書均為正一品，增設左右侍中各一人，正二品，位在侍郎之上。永樂時恢復舊制。各部機構設置及職責分工如下：

吏部掌全國官吏的選授、封勛、考課等政令，被視為「古冢宰之職」，故地位較其他五部為尊。下有文選（始稱「總部」「選部」）、驗封（始稱「司封」）、稽勛（始稱「司勛」）、考功四清吏司。文選司掌官吏班秩的遷升及改調等事，故事權特重；驗封司掌官員及其親屬的封爵、襲蔭、褒贈及吏算等事；稽勛司掌官吏的勛級、名籍、喪養等事；考功司掌官吏的考課、黜陟等事，是吏部中又一個有實權的部門。

《明史．職官志》說，自中書省廢除後，「吏部尚書表率百僚，進退庶官，銓衡重地，其禮數殊異，無與並者。」可見吏部在當時的崇高地位。在內閣成為國家決策權力機關之後，外廷各衙門唯一能與其抗衡的，也只有吏部。

戶部掌全國戶口、田賦等政事，具有民政管理和財政管理兩個方面的職能，事權最為繁重，其下屬機構的設置也與其他各部不同。

1　《明太祖實錄》卷 149，洪武十五年十月丙子；卷 159，洪武十七年正月辛亥。

洪武六年充實六部機構時，吏、兵二部之下各設三個屬部，禮、刑、工三部之下各設四個屬部，唯戶部下設一、二、三、四科及總科，共五個屬部。洪武二十三年，為了適應部務浩繁的實際情況，與地方十二個布政司相對應，在戶部設十二個部，後改十二部為十二清吏司。宣德時定為浙江、江西、湖廣、陝西、廣東、山東、福建、河南、山西、廣西、貴州、四川、雲南，共十三個清吏司。十三司各掌其分省之事，兼領所分兩京、直隸貢賦，諸司、衛所俸祿，邊鎮糧餉，以及各倉場、鹽司、鈔關等。吏、兵等部每清吏司按例設郎中一人、員外郎一人、主事二人。但戶部較其他五部更多：山西司設郎中四人，陝西、貴州、雲南三司各設三人，山東司設二人；雲南司設主事九人，浙江、江西、湖廣、陝西、福建、河南、山西諸司各設四人，山東、貴州、四川諸司各設三人。

禮部掌禮儀、祭祀、宴饗、貢舉等政令，下設儀制（始稱「儀部」）、祠祭（始稱「祠部」）、主客、精膳（始稱「膳部」）四司。儀制司掌各種禮文及宗封、貢舉、學校之事，祠祭司掌各類祀典及天文、國恤、廟諱之事，主客司掌國內各少數民族及外國朝貢接待給賜之事，精膳司掌宴饗、品料、酒膳之事。

明太祖一再聲稱以禮治天下，故禮部兼有禮樂教化的職責；世宗崇鬼神、重祭祀，舉凡天文、地理、醫藥、卜筮、音樂、僧道，皆掌於禮部，禮部尚書、侍郎都是撰寫青詞的高手，每每由此入閣。故禮部雖為清要衙門，卻是拜相的台階，自然令人矚目。

兵部掌全國軍官的選授考察、軍隊的訓練調遣等政事，下設武選（始稱總部、司馬部）、職方、車駕（始稱駕部）、武庫（始稱庫部）四清吏司。武選司掌衛所軍官及土官的選授、升調、襲替、功賞之事，凡除授出自中旨即未經兵部而直接由內官宣稱出自皇帝簡選者，該司可復奏請旨，在四清吏司中地位特重，與吏部文選司相仿；職方司掌輿圖、軍制、城隍、鎮戍、簡練、征討之事，故該司官員對天下地理的險易遠近、邊腹疆界的古今變化、各處軍隊的強弱配備等最為熟悉；車駕司掌鹵簿、儀仗、禁衛、驛傳、廄牧之事，負有巡警、宿衛的職責；武庫司掌戎器、符勘、尺籍、武學、薪隸之事，負有後勤供給及兵源輸送的職責。

明初都督府和兵部共掌軍政，其後都督府漸成閒曹，兵部權勢更重。而太僕寺因掌全國草場和馬匹，隸於兵部。

刑部掌天下刑名及徒隸、勾覆、關禁等政令，為全國最高司法行政機關，與戶部一樣，下設浙江、江西等十三清吏司，既分掌各分省刑名，也帶管在京各衙門事務。由於東廠和錦衣衛參與緝捕，司禮監又主持「廷鞫」，大理寺專理復審，故刑部的事務受到各方面的牽制，但也可以看出明朝政府對司法的重視。

工部掌全國百工[1]營造及山川採捕之政令，下設營繕（始稱營部）、虞衡（始稱虞部）、都水（始稱水部）、屯田四清吏司，及寶源局、抽分局等機構。營繕司主經營興作之事，故三年一役的輪班工匠、月役一旬的住坐工匠，以及各色工役人員均由其管理，一應工料均由其籌辦；虞衡司主山澤採捕及陶冶之事，故山貨土產的徵稅，製陶冶煉的費用，以及山場、園林的收入，均由其負責；都水司主川澤、陂地、橋樑、舟車、織造、券契、量衡之事，與此有關的力役和費用由其籌措；屯田司主屯種、抽分、薪炭、伕役、陵墓之事，組織墾殖及工商管理的職能非常明顯。[2]

六部掌管的工作，大體上包括了當時國家的基本政務。六部的分工，雖說是仿效《周禮》六卿，但實際上是唐宋以來六部制度的繼承和發展。所不同的是，唐宋及元代的六部歸屬尚書省或中書省，而明代廢中書省後，六部直接對皇帝負責，六部尚書在名義上是最高一級的行政官員，其地位非前代六部可比。另外，六部內的機構設置和分工，也打破了前代各部下轄四司的所謂「六部二十四司」的傳統模式，反映了國家權力機關的設置在適應社會經濟發展方面的進步。關於六部職權的行使狀況，以及六部和內閣、都察院等其他機構在明代國家權力結構中的地位和關係，將在下文進行論列。

1　中華書局標點本及各種版本的《明史》均為「百官」，誤，從《明會典》。

2　以上參見《明史》卷72《職官志一》，以及正德、萬曆《明會典》的有關部分。

二、都察院、通政司及大理寺

與六部合稱為「九卿」的是都察院、通政司和大理寺。

都察院是國家最高監察機關，這使得都察院的權力可以滲透到明代國家權力結構的各個環節，因而同時具有司法、財政、軍事、吏治等各方面的職能；大理寺為司法覆核機關，駁正刑部審理的重刑大獄。這兩個機關的具體情況也將在下文進行討論，本節只對通政司的職能作一概述。

通政司全稱為「通政使司」，是明太祖為防止中書省的專權而設置的「喉舌之司」，設通政使一人（正三品）、左右通政各一人、謄黃右通政一人（均為正四品）、左右參議各二人（正五品）。另設首領官經歷司經歷一人（正七品）、知事一人（正八品）。

由於通政司的設置具有特殊使命，故而被賦予特殊的地位，為九卿之一，居都察院之後而在大理寺之前，其職「掌受內外章疏敷奏封駁之事」。凡議大政、大獄及會推文武大臣，通政使均參與。工作程序也有嚴格的規定：凡四方陳情建言、申訴冤滯，或告不法等事，均於底簿內謄寫訴告緣由，與原狀一併奏聞；凡天下臣民實封奏事，最初得直送御前開拆，後許於公廳啟示，節寫副本，然後奏聞；重要機關如五軍都督府、六部、都察院等衙門，如有事關重大者，其入奏也須有通政司印信；凡諸司公文、勘合皆經通政司辨驗，並編號註寫，公文用「日照之記」、勘合用「驗正之記」關防存底；凡在外之題本、奏本，在京之奏本，皆不得徑自封進，須由通政司匯總，早朝時一併進呈；午朝則引奏臣民之言事者，有機密重務則隨時入奏；凡抄發、照駁諸司公移及勘合、訟牒、勾提件數、給由人員等，月終類奏，歲終通奏。即凡是以下達上的所有公私文書，均由通政司上達，在京各衙門下發的公文、勘合，均由通政司驗辨駁正，確實有「喉舌之司」的特權。[1]

但是，通政司的設置是為了防止中書省的專權，那麼，隨着中書省

1 《明史》卷 73《職官志二》。

的廢除，特別是明中後期皇帝不親理政務，外廷內閣六部新格局的形成，內廷司禮監下屬文書房掌收通政司每日封進本章並會極門京官及各藩所上封本，封駁之權又歸於六科，通政司的地位也日趨下降，雖然仍在九卿之列，但大致已屬閒曹，其地位的唯一體現，只是參與廷議和廷推。

三、太常、光祿及其他事務性衙門

在明代中央管理系統的權力結構中，除「九卿」之外，還有太常寺、光祿寺、太僕寺、鴻臚寺、尚寶司等一些衙門，管理一些具體的事務，其首腦與大理寺同，均稱「卿」，故通稱「京卿」。

這些「京卿」中，除大理寺位列九卿外，太常寺地位最高，為正三品衙門，設卿一人（正三品）、少卿二人（正四品）、寺丞二人（正六品）。太常寺其實是禮部之下一個相對獨立的掌管祭祀禮樂的事務性衙門，所以《明史》說它「掌祭祀禮樂之事，總其官屬，籍其政令，以聽於禮部」[1]。

從屬官的設置，可以看出太常寺的職責範圍：典簿廳典簿二人（正七品），專掌日常庶務；博士二人（正七品）、協律郎二人（嘉靖時增至五人，正八品）、贊禮郎九人（嘉靖時增至三十三人，正九品）、司樂二十人（嘉靖時增至三十九人，從九品），這是主管禮樂的業務官員；天壇、地壇、朝日壇、夕月壇、先農壇、帝王廟、祈穀殿、長陵、獻陵、景陵、裕陵、茂陵、泰陵、顯陵、康陵、永陵、昭陵等均置祠祭署，各有奉祀一人（從七品）、祀丞二人（從八品），這是分管祭祀的官員。另有犧牲所，設吏目一人（從九品），供給祭祀所用的犧牲物品。

無論是禮樂還是祭祀，太常寺的主要職責是與上天對話、是司「陰禮」的衙門，天神、地鬼均由其聯絡，故出任該寺正卿、少卿者，多是通曉陰陽之術的高手。而且，在位的皇帝越是相信天命，太常寺越受重視。成化、嘉靖年間太常寺設官的大大超員，便說明了這一點。不僅如此，大批

1　《明史》卷 74《職官志三》。

太常寺官員因得到寵信，棄「天事」而幹「人事」，從而給國家行政事務帶來了衝擊。[1]

除掌禮樂祭祀之外，**太常寺**專設少卿一人（正四品），提督四夷館。四夷館初隸翰林院，選國子監生於此學習少數民族及外國語言、翻譯文字。永樂時有蒙古、女直（真）、西番、西天、回回、百夷、高昌、緬甸八館，加上正德時增設的八百館、萬曆時增設的暹羅館，共為十館。明前期民族關係發展較快，海外交通也發達，故四夷館譯字生待遇較高，如參加科舉考試中式，可以得到鄉、會試科甲的同樣出身。待遇既高，趨之者也多，弊病也就日漸突顯。天順時，禮部侍郎鄒幹上疏說：「永樂間翰林院譯寫番字，俱於國子監選取監生習用。近年以來，官員軍民匠作廚役子弟投託教師，私自習學，濫求進用。況番字文書多關邊務，教習既濫，不免透漏夷情。乞飭翰林院，今後各館有缺，仍照永樂間例，選取年幼俊秀監生，送館習學，其教師不許擅留各家子弟私習及徇私保舉。」[2] 為了加強對四夷館的管理，弘治七年（1494）增設太常寺卿、少卿各一員為提督（嘉靖時裁卿，只留少卿），於是四夷館改隸太常寺。其實，像四夷館這樣的機構出現一些弊病，本是非常正常之事，加以整頓即可，即使要改，也應改隸主管外事接待的鴻臚寺，改隸太常寺則不倫不類（當然，明代在制度設置方面的不倫不類現象並非只表現在四夷館上）。這一方面使明朝的國際影響力逐漸下降，另一方面在太常寺的「提督」下無所事事，四夷館也日趨寥落。據隆慶時大學士高拱所說，「譯字生自嘉靖十六年（1537）考收之後，迄今垂三十年，中多事故更遷，所存者僅餘一二。世業無傳，番譯俱廢」[3]。

---

1 成化時期，有「道術」的著名「傳奉官」如李孜省、顧玒、鄧常恩、李景華、陳敩、康永韶等，均曾在太常寺任職。參見方志遠：《「傳奉官」與明成化時代》（《歷史研究》2007年第1期）。

2 孫承澤：《天府廣記》卷27《四譯館》。

3 孫承澤：《天府廣記》卷27《四譯館》。

光祿寺也是禮部的分支機構，參與天地鬼神的祭祀，但與太常寺掌祭祀禮樂、主要與上天進行語言和精神對話不同，光祿寺的主要職責是提供祭品，以便在物質上滿足天地鬼神的需要。另外，凡筵宴酒食及外使、降人的宴犒，也由光祿寺官員負責操辦。該寺設卿一人（從三品）、少卿二人（正五品）、寺丞二人（從六品）。其屬官有：典簿廳典簿二人（從七品）、錄事一人（從八品）；大官、珍饈、良醞、掌醢四署，各設署正一人（從六品）、署丞四人（從七品）、監事四人（從八品）；司牲司大使一人（從九品），司牧局大使一人（從九品），銀庫大使一人。從設官情況也可以看出光祿寺的主要職責是物資供應。《明史》概括光祿寺卿的職責是：「掌祭享、宴勞、酒醴、膳羞之事，率少卿、寺丞官屬，辨其名數，會其出入，量其豐約，以聽於禮部。」[1]

太僕寺專掌馬政。戰馬的繁殖和牧養是為軍隊服務的，所以太僕寺又是兵部的分支機構。其前身為設於答答失里營所及滁州的羣牧監，改太僕寺後為從三品衙門。該寺設卿一人（從三品），主寺事；少卿三人（其中一人為正德時增設，正四品），一人佐寺事，一人督營馬，一人督畿馬；寺丞四人（正六品），分理京衛、畿內及山東、河南六郡孳牧、寄養馬匹。其屬官有：主簿廳主簿一人（從七品），典勾省文移；常盈庫大使一人，典貯庫馬金。《明史・職官志》說太僕寺「掌牧馬之政令，以聽於兵部」，在明前期是一個較有權勢的衙門。洪武二十三年（1390）定制時，太僕寺轄有滁陽、大興等 14 牧監及其下屬的 97 個牧羣。永樂時，各牧監、牧羣有馬 190 多萬匹。其後，隨着北方人口的增加和牧場的被覆墾、被侵佔，牧場面積日蹇、馬匹數量日減，特別是御馬監干預馬政，太僕寺的地位也就逐漸下降。

鴻臚寺是禮部的分支機構，掌朝會、賓客、吉凶儀禮之事。設卿一人（正四品）主寺事；左、右少卿各一人（從五品），左、右寺丞各一人（從六品），以佐寺事。其屬有主簿廳，設主簿一人（從八品），管理本寺

1　《明史》卷 74《職官志三》。

庶事；司儀、司賓二署，各設署丞一人（正九品），為業務部門，從中可看出鴻臚寺的基本職責，一是禮儀，二是對外接待。又有鳴贊四人（從九品），專在行禮時發號令；序班五十人（從九品），為行禮時的領班。凡國家大典禮、郊廟、祭祀、朝會、宴饗、經筵、冊封、進曆、進春、傳制、奏捷，凡在外官員朝覲、外國使節朝貢、派出使臣覆命及謝恩等，均由該寺主持行禮。對於不熟悉朝儀的官員及外國使臣，該司還負有教習禮儀的責任。

此外，可列入京卿的衙門還有尚寶司。這是一個與內廷尚寶監共掌寶璽、符牌、印章的衙門，地位特殊，但並無獨立辦事的權力。按明朝制度：「各寶皆內尚寶監女官掌之。遇用寶則尚寶司以揭帖赴尚寶監，尚寶監請旨，然後赴內司領取。」[1] 可見，凡用寶、用符、用印，尚寶司均應先奏請，且須與尚寶監一同收、發、察、驗，基本上屬閒曹，所以該司只設卿一人（正五品）、少卿一人（從五品）、司丞三人（正六品），而無屬僚，在該司任職者也多屬以恩蔭寄祿者。

四、翰林院及其他近侍衙門

在明代中央管理系統中，還有翰林院、欽天監、太醫院等近侍衙門。但這些近侍衙門和宦官衙門不一樣，均由外官出任，而且依賴於專門的業務知識，故也可以被視為專業技術衙門。

翰林院是明代最重要的近侍衙門之一。明太祖於政權粗創時，就設立了翰林院，為正三品衙門，與六部品秩相同，設學士（正三品）、侍講學士（正四品）、直學士（正五品）等官。當時的翰林學士陶安既是議禮總裁官，又與中書省丞相李善長、御史中丞劉基等刪定律令。明太祖在制定政策、改革機構、考慮重大人事變動時，往往先與翰林諸臣商議。所以《明史》將翰林院職責概括為「掌制誥、史冊、文翰之事，以考議制度，詳

1　孫承澤：《天府廣記》卷 10《尚寶司》。

正文書，備天子顧問」[1]。

廢中書省後，六部品秩由正三品升為正二品，成為最高一級的行政管理機關，翰林院卻由正三品降為正五品。如果考慮到洪武十七年（1384）更定內官諸監、庫、局時，宦官的最高品秩僅為正七品，翰林院品秩的降低就容易理解了。既然要建立一個五府、六部、九卿各衙門相互頡頏、事皆皇帝總之的新權力體系，近侍衙門就不能干預政務，為此，必須在體制上對其進行壓制。至於後來從翰林院之中分出內閣，對政府各部門的事務進行裁決，地位在六部之上，內府各監又提升為正四品，且司禮監崛起，對內閣票擬進行審批，則是在皇帝由事必躬親到不親政不接見大臣這一根本轉變中新權力結構形成的體現。實際上，從洪武十四年明太祖命翰林、春坊官平駁諸司奏啟，到明成祖命解縉、胡廣等以翰林官的身份參預機務並導致內閣的產生和內閣制度的形成，以及內閣和司禮監對柄機要，都說明在君主專制制度下，君主的統治是離不開近侍衙門的。但上述變化對於翰林院來說，是一個悲劇。

內閣產生並最終與翰林院分署辦公（其實是將翰林院逐出），直接後果是翰林院在公開地位和實際作用上的下降。翰林院設學士一人（正五品），侍讀學士、侍講學士各二人（從五品），侍讀、侍講各二人（正六品），五經博士九人（正八品，均世襲），典籍二人（從八品），侍書二人（正九品），待詔六人（從九品），孔目一人。學士們的工作主要是在內閣的帶領下參與經筵日講、編修實錄及玉牒、史志等書，編纂諸司章奏等。至於考議制度、備天子顧問，已是內閣的事情。有明一代，翰林院稱「清要」之地，「清」固然清，而其「要」，並不在於本衙門有何權勢，而是因為：一、這裏是出大學士之所在；二、這裏是「知識宦官」的教師之所在。

翰林院中最引人注目的是被稱為「史官」的修撰（從六品）、編修（正七品）和檢討（從七品），以及庶吉士們。這是歷屆科舉的佼佼者：一甲進士三人，狀元授修撰，榜眼、探花授編修；二、三甲進士中的年輕有才

1　《明史》卷 73《職官志二》。

學者選入翰林院讀書，三年後散館，學業優秀者留翰林院，二甲授編修、三甲授檢討。這些史官們有機會參與經筵，陪皇帝讀書，升遷的機會多，而且是進入內閣的必由之階，故令人注目。有「非進士不入翰林，非翰林不入內閣」之說，庶吉士始進之時，便被視為「儲相」[1]。

明代翰林令人注目的另一方面是翰林官為內書堂教習。宣德元年（1426）七月，設內書堂教小內使讀書，第一位教官是劉翀，其原職是刑部主事，但改授翰林院修撰後才為教官。[2]從景泰開始，內書堂教官均由翰林院侍講、修撰、編修、檢討擔任。這些翰林官的出身大都是一甲進士，或是庶吉士選留者。一般每次任命三四人，任期不限，最長的達二十年之久。由於司禮監宦官尤其是掌印太監和秉筆太監多出身於內書堂，故與出任教習的翰林官們有師生之誼。明代大臣入閣，多有複雜的政治背景，而在皇帝左右參預決策的司禮監太監們對此常常起着關鍵性的作用。業師歐陽琛教授曾從各種文獻中查得任內書堂教習的翰林官共 69 人（當然，出任過內書堂教習的翰林官遠遠不止這個數字），後來入閣的有 29 人，佔出任教習人數的五分之二。其中，景泰七年（1456）任教習的翰林官四人，入閣者三人（萬安、岳正、劉翀）；萬曆二十六年（1598）任命的三人，後來全都入閣（韓爌、朱國禎、沈㴶）；萬曆三十九年任命的六名教習，後來有四人入閣（錢象坤、徐光啟、李標、來宗道）。[3]雖然不能說這些翰林官的入閣都是由於司禮監太監的援引，但太監們在其中起的作用是不可否認的。

欽天監是一個帶有一定神祕色彩的專業技術衙門。明初沿元代之舊，稱「太史監」，任太史令的便是充滿神祕色彩的劉基。後改太史監為「太史院」，再改名「欽天監」。如果說太常寺的職責是與上天對話，欽天監的職責則是探測上天的奧祕和意圖。為了觀測天象，欽天監在北京城的東南

1 編輯註：參見方志遠《內閣、內監與皇帝：明代中央決策系統的權力關係》第三章，香港：中華書局（香港）有限公司，2025 年。

2 《明宣宗實錄》卷 19，宣德元年七月甲午。

3 歐陽琛：《明內府內書堂考略》，《江西師範大學學報》1990 年第 2 期。

立有觀象台，台上備有渾天儀、簡儀及其他設備。

欽天監設監正一人（正五品）、監副二人（正六品），掌察天文、定歷數及占候、推步之事。凡日月、星辰、風雲、氣色諸天象，皆率其屬進行觀測，如有變異，則視為上天示警，密疏奏聞。其屬官有春、夏、中、秋、冬五官，設五官正各一人（正六品）、五官靈台郎八人（從七品，後革四人）、五官保章正二人（正八品，後革一人）、五官挈壺正二人（從八品，後革一人）、五官監候三人（正九品，後革一人）、五官司曆二人（正九品）、五官司晨八人（從九品，後革六人）、漏刻博士六人（從九品，後革五人）。五官正主推算曆法、定四時，司曆、監候佐之；靈台郎主辨日月星辰之躔次、分野，以占候天象的變化；保章正專志天文的變化，以測定吉凶；挈壺正掌刻漏，以研求中星昏旦的位置；漏刻博士以漏定時，以牌換時，以鼓報更，以鐘鼓報晨旦，司晨佐之；欽天監所置觀象台，東、南、西、北四面各有四名天文生，輪番測候。

由於該監專業性強，故監官不得改任其他衙門，且子孫世襲，不得改從他業。洪武時曾下嚴令：「欽天監人員別習他業、不學天文歷數者，俱發海南充軍。」[1]天順時，曾一度允許天文生應科舉，隨即因洪武時有禁令而停止。如果監官員缺，由禮部訪尋試用。在監官員上自五官正、五官靈台郎，下至司曆、司晨、博士，以及天文生、陰陽人等，一方面要恪盡職守，觀察天象、修訂曆法，為大營建、大征討以及皇帝的冠婚、陵寢等選寶地、擇吉日，另一方面得不斷學習專業知識、汲取先進技術、改進工作方法。

在古代中國的科學技術中，天文曆法是最先進的領域，到明代前期，這方面也保持着世界領先水平，欽天監的工作功不可沒。但是，由於觀測儀器和觀測技術長期沒有突破性發展，當西方近代天文學興起之後，欽天監的一套老辦法就顯得落伍了。所以明末聘請著名西方傳教士龍華民、鄧玉函、羅雅谷、湯若望等參與欽天監修訂曆書的工作，採用西方學者的天體運動體系和幾何計算系統，完成了比以往曆法更為先進的《崇禎曆書》，

1　孫承澤：《天府廣記》卷 29《欽天監》。

這也是明代欽天監在吸收西方新技術之後作出的最重大的貢獻。

與天文曆法一樣，醫藥學在中國古代也非常發達。作為掌管醫療的最高機關，**太醫院**自然也是一個技術性非常強的衙門。該衙門設院使一人（正五品）、院判二人（正六品），其屬有御醫四人（後增至十八人，隆慶時定為十人，正八品）、吏目一人（隆慶時定為十人，從九品）。轄生藥庫、惠民藥局，各設大使一人，副使一人。

太醫院的職責是雙重性的，一方面是皇室的御用醫療機關，故稱「御醫」。如皇帝或太后、嬪妃有病，院使、院判及御醫一同診視，共議病情並開具藥方，會同內臣選藥，藥劑須連名封記，開寫藥性及證治之法；烹調「御藥」，由院官與內臣監視，每次均二劑合一烹調，然後分成兩份，御醫、內臣先嚐一份，另一份才進呈皇帝及其親屬服用。一旦發生意外，院官及御醫、內臣均得承擔責任。除給皇帝及其嬪妃治病，如藩王府請醫，或文武大臣及外國君長有病，也往往派御醫治療。太醫院另一方面的職責是主管全國的官方醫藥機構、培訓醫務人才。當時的醫術分為大方脈、小方脈、婦人、瘡瘍、針灸、眼、口齒、接骨、傷寒、咽喉、金鏃、按摩、祝由等十三科，醫官、醫生、醫士，或專攻一科，或兼攻多科，均選自醫家子弟，並經過專門的訓練，考試合格方可任用。即使在職的醫官、醫生、醫士，也得定期接受考核，不合格者即行革除。外省各府州縣均置惠民藥局，邊關衛所及居民聚集處，均設有醫生、醫士或醫官，皆由本院考試及差遣。[1]

第二節　內府「二十四衙門」各司其職

明太祖在位期間，不僅對外廷文官機構進行了一系列調整，還逐步建立起一整套內廷宦官機構。

1　《明史》卷 74《職官志三》。

吳元年（1367）九月，置內使監，設監令，秩正四品，下有丞、奉御、內使、典簿。不久，分內使監為內使、御用二監，各設令一人，秩正三品。又置御馬司，設司正，秩正五品。這是明太祖在建元洪武之前設立的第一批宦官機構。[1]

明太祖曾一再告誡有關部門：「古時此輩（指宦官）所治，止於酒漿醯醢、司服、守祧數事。今朕亦不過以備使令，非別有委任。可斟酌其宜，毋令過多。」又說：「此輩自古以來，求其善良，千百中不一二見。若用以為耳目，即耳目蔽矣；以為腹心，則腹心病矣。馭之之道，但常戒敕，使之畏法，不可使之有功。有功則驕恣，畏法則檢束。檢束則自不敢為非也。」[2] 但從吳元年到洪武十七年（1384）初，宦官機構已增至七監，另有司局若干。洪武二十八年九月，宦官衙門定為十一監二司六局。十一監：神宮、尚寶、孝陵神宮、尚膳、尚衣、司設、內官、司禮、御馬、印綬、直殿。二司：鍾鼓、惜薪。六局：兵仗、內織染、針工、巾帽、司苑、酒醋麵。十一監各設太監一人，秩正四品，左、右少監各一人，秩從四品，左、右監臣各一人，秩正五品，典簿一人，秩正六品。司有司正，局有大使，皆正五品。[3] 到洪武三十年七月，宦官機構已增至十二監二司七局，均為正四品衙門，每個衙門的設官也大量增加，另有門官、庫使等。[4]《明史．職官志》記載了這些衙門的名稱和職責。[5]：

司禮監，如前冊所說，這是內府最具權威性的一個衙門，故有「首監」之稱。設提督太監一員，掌印太監一員，秉筆太監、隨堂太監、書籍名畫等庫掌司、六科廊掌司、典簿等無定員。提督督理皇城內一應儀禮刑名，

1　《明太祖實錄》卷 25，吳元年九月丁亥。

2　《明太祖實錄》卷 44，洪武二年八月己巳。

3　《明太祖實錄》卷 241，洪武二十八年九月附條。

4　《明太祖實錄》卷 254，洪武三十年七月庚戌。

5　《明史．職官志》對明代宦官衙門的記載，很大程度上是依據劉若愚《酌中志》卷 16《內府衙門職掌》，反映的大抵是萬曆、天啟間的情況。本節的敘述以《明史．職官志》為主，也參考了《酌中志》的記載。

以及管束長隨、當差、聽事各役，關防門禁，催督光祿供應等事。掌印掌理內外章奏及御前勘合。秉筆、隨堂掌章奏文書，照閣票批硃即「批紅」；其中有寵者一人提督東廠。掌司各掌所司事務，典簿掌記奏章及諸出納號簿。

所屬有內書房，專掌通政司每日封進本章，並會極門京官所上封本，是一個極為機要的機構。有內書堂，為小內使讀書之所。又有南京、鳳陽、承天、天壽山等處守備太監等。

內官監，這是曾經的內府首監，後讓位於司禮監而以掌管皇城供給為主。設掌印太監一員，總理、管理、僉書、典簿、掌司、寫字、監工無定員，掌木、石、瓦、土、塔材、東行、西行、油漆、婚禮、火藥十作，及米鹽庫、營造庫、皇壇庫等，並國家營造宮室、陵墓，銅錫妝奩、器用暨冰窨諸事。

御用監，這是內府掌管器物用具的衙門，設掌印太監一員，裏外把總二員，典簿、掌司、寫字、監工無定員。掌御前所用圍屏、牀榻諸木器，及紫檀、象牙、烏木螺鈿諸玩器。另有仁智殿監工一員，掌武英殿中書承旨所寫書籍畫冊等。在這個衙門供職的宦官，應該對於把玩古董、字畫有一定的經驗。[1]

司設監，設員與內官監同，掌鹵簿、儀仗、帷幕諸事。

御馬監，這是內府的又一個要害衙門，既掌兵符令旗，與外廷兵部相酹；又掌四衛、勇士營，與外廷都督府相抗；並掌草場及皇店、皇莊，為

1 御用監是吳元年設置的最早一批宦官衙門之一，但於洪武六年改為供奉司，復於二十二年罷去。（《明太祖實錄》卷 83，洪武六年六月辛未：御用監改為供奉司。《明太祖實錄》卷 195，洪武二十二年正月己亥：罷供奉司。）所以在洪武二十八年的十一監和三十年的十二監中都沒有御用監，也沒有供奉司。但洪武二年八月，在置御馬監前身御馬司的同時，置御用司；（《明太祖實錄》卷 44，洪武二年八月己巳：置御馬、御用二司。）宣德元年六月，改御用司為隨駕御用監。（《明宣宗實錄》卷 18，宣德元年六月壬午：改御用司為隨駕御用監。）是從洪武二年八月至宣德元年六月間御用司應一直存在，但《實錄》在記洪武二十八年及三十年兩次宦官機構的改革時均未載御用司，疑為漏載。

內府的「戶部」。設掌印、監督、提督太監各一員。騰驤四衛營各設監官、掌司、典簿、寫字、拿馬等員。象房有掌司等員。

神官監，掌印太監一員，僉書、掌司、管理無定員，掌太廟各廟灑掃香燈等事。其職責與外廷的太常寺相類似。

尚膳監，掌印太監一員，提督光祿太監一員，總理一員，管理、僉書、掌司、寫字、監工及各牛羊等房廠監工無定員，掌御膳及宮內食用並筵宴諸事。

尚寶監，掌印一員，僉書、掌司無定員，掌寶璽、敕符、將軍印信。凡用寶，外尚寶司以揭帖赴監請旨，至女官尚寶司領取，監視外司用印後，存號簿，繳進。

印綬監，設員同尚寶監，掌古今通集庫，並鐵券、誥敕、貼黃、印信、勘合、符驗、信符諸事。這兩個衙門地位不高，但因掌「御寶」「印綬」，故責任不輕。

直殿監，設員同印綬監，掌各殿及廊廡掃除事。

尚衣監，設掌印太監一員，管理、僉書、掌司、監工無定員，掌御用冠冕、袍服及履舄、靴襪之事。

都知監，與內官監相似，也是一個被剝奪了主要職責的衙門。設掌印太監一員，僉書、掌司、長隨、奉御無定員，初掌各監行移、關知、勘合之事，後僅隨駕前導警蹕。

以上為十二監。

惜薪司，掌印太監一員，總理、僉書、掌道、掌司、寫字、監工及外廠、北廠、南廠、新南廠、新西廠各設僉書、監工，俱無定員，掌所用薪炭之事。

鐘鼓司，這是內府中掌管娛樂的衙門，設掌印太監一員，僉書、司房、學藝官無定員，掌管出朝鐘鼓，及內樂、傳奇、過錦、打稻諸雜戲。

寶鈔司，掌印太監一員，僉書、管理、監工無定員，掌造粗細草紙。

混堂司，掌印太監一員，僉書、監工無定員，掌沐浴之事。

以上為四司，但洪武三十年七月時，尚無寶鈔、混堂二司，二司似為永樂時置。

兵仗局，掌印太監一員，提督軍器庫太監一員，管理、僉書、掌司、寫字、監工無定員，掌製造軍器。下轄火藥司。

銀作局，掌印太監一員，管理、僉書、寫字、監工無定員，掌打造金銀器飾。

浣衣局，掌印太監一員，僉書、監工無定員。凡宮人年老及罷退廢者，均發此局居住。

巾帽局，掌印太監一員，管理、僉書、掌司、監工無定員，掌宮內使帽靴、駙馬冠靴及就藩諸旗尉帽靴。

針工局，設員同巾帽局，掌造宮中衣服。

內織染局，設員同巾帽局，掌染造御用及宮內應用緞匹。下轄城西藍靛廠。

酒醋麵局，設員同巾帽局，掌宮內食用酒醋、糖醬、麵豆諸物。

司苑局，設員同巾帽局，掌蔬菜、瓜果。

以上為八局，其職責與外廷的工部相對應，所轄工匠甚多。其中浣衣局為永樂以後置。

這十二監、四司、八局通稱「二十四衙門」，為明朝宦官的主要常設機構，基本上在洪武時設置。但是，在這二十四個衙門之外，還有包括內承運庫、供用庫、司鑰庫及被稱為「十庫」的甲字、乙字、丙字等庫在內的內府庫，包括午門、東華門、西華門等諸門在內的管理機構，等等。

從以上宦官衙門的設置和職掌可以看出，儘管明太祖多次在公開場合抨擊漢唐宦官專權的弊病，並一再頒佈有關宦官參政的禁令，卻又不斷擴充宦官機構，調整其品秩，確定其職掌，加重其權勢，其用意乃在於建立一套能和外廷分庭抗禮的內廷機構，以全面實現其各衙門「彼此頡頏，不敢相壓，事皆朝廷總之」的政治體制的設想。後世子孫則將這一設想推向極端，不僅內外廷彼此頡頏，甚至內廷壓制外廷，造成了表面上是內閣與司禮監「對柄機要」實則司禮監製約內閣的以內制外的局面。

第三節　南北兩京的定制及其在國家權力結構中的作用

一、南北兩京的權宜與定制

明代國家權力結構及行政管理系統不同於歷代漢人政權的一個重要特點是，南北兩京制度。

元順帝至正十六年（1356）三月，朱元璋集團攻破江寧，改元集慶路為應天府。此後攻城略地，均以應天為根本。明朝建立後，以應天為南京，洪武十一年（1378）定都，稱「京師」。[1]

從改集慶為應天，又以應天為南京、為京師，經歷了一個決策定都的過程。早在朱元璋南下至定遠妙山時，馮國用就提出，金陵龍蟠虎踞，為帝王之都，建議「先拔之以為根本」[2]。後渡江克太平，陶安也認為：「金陵古帝王之都，龍盤虎踞，限以長江，若取而有之，據其形勝，出兵以臨四方，則何向不克？」[3]話雖如此，可誰都清楚，南京固佔地利，但在此建立基業的，全是據有江南半壁江山的偏安政權，大一統帝國沒一個定都江南。馮國用、陶安的建議，也是在特定歷史條件下提出的。

明太祖稱帝時，定國號為「大明」，年號為「洪武」，又冊皇后、立太子，唯獨沒有定都。稱帝七個月後，太祖才以應天為「南京」，而以開封為「北京」，可見在定都問題上一直舉棋不定。洪武二年九月，明太祖與羣臣商議建都之事，仍是各有主張。有人主張建都長安、洛陽，有人傾向開封、北京，當然也有人堅持定都南京。雖然明太祖自己曾經表示，「建業江南形勝，真足立國」，但主要是考慮到「平定之初，民未甦息」[4]，如定都關、洛、汴、燕，供給力役皆賴江南；如定都南京，則可省去轉輸之

1　《明史》卷 40《地理志一》。

2　《明史》卷 129《馮國用傳》。

3　《明太祖實錄》卷 3，至正十五年四月丁巳。

4　《明太祖實錄》卷 45，洪武二年九月癸卯。

勢。加上南京有吳王時所建的宮殿，可暫免大興土木。

洪武十一年，改稱南京為京師，定都問題看上去已經解決，但明太祖心裏並不踏實。正如後來鄭曉所說：「國朝定鼎金陵，本興王之地，然江南形勢，終不能控制西北。」[1]《明史．興宗孝康皇帝傳》說：

> 洪武二十四年八月，敕太子巡撫陝西。先是，帝以應天、開封為南、北京，臨濠為中都。御史胡子祺上書曰：「天下形勝之地可都者四：河東地勢高，控制西北，堯嘗都之，然其地苦寒；汴梁襟帶河、淮，宋嘗都之，然其地平曠，無險可憑；洛陽周公卜之，周、漢遷之，然嵩、邙非有淆、函、終南之阻，澗、瀍、伊、洛非有涇、渭、灞、滻之雄。夫據百二河山之勝、可以聳諸侯之望，舉天下莫關中若也。」

明太祖被胡子祺之言打動，故有懿文太子朱標的關中之行。因此，人們認為朱標的西行，巡撫是虛，籌劃遷都才是實。

但是，胡子祺關於定都的一番議論，帶有明顯的局限性。他所列舉的「可都者」，只限於歷代漢人政權定都之處，卻將元大都北京摒棄不提。雖然在北京建都的遼、金、元均是「胡人」政權，但作為政治家的劉基顯然比文人胡子祺有更博大的胸懷和更卓越的見識，他明確表示過北京作為都城的無可取代的優勢：

> 元氏入主中原，佐以姚、劉、許、律諸君子。雖因其邇於陰山以定都，而地形之強，實甲天下。撫據全盛，幾將百年。一時文章，亦頗有奇氣，未必非山川形勝風氣之觀感或有以助之也。至於元季，四方鼎沸，而國都固猶晏然自若也。蓋其東連滄海，西接晉冀，前者瀦大陸之利，北有重關天險之固。若非天命所歸，其主自遜於荒，而以勢利相持，雖引百萬之兵頓之堅城之下，歲月之間，

1 鄭曉：《今言》卷 4 之 274。

成敗利鈍，未知其勢孰為得失也。[1]

其實，明太祖也未嘗沒有考慮過定都北京，據何孟春《餘冬序錄》記載，明太祖曾問廷臣：「北平建都，可以控制胡虜，比南京何如？」修撰鮑頻認為北京「地氣天運已盡，不可因也」，並重彈帝王之興「在德不在險」的老調。而建國之初，百廢待舉，明太祖暫時放棄了遷都北京的念頭。[2] 加上太子朱標的去世，秦、晉、燕、寧諸王扼守諸邊以及其他因素，明太祖在位的三十一年內未行遷都。

成祖「靖難」奪位的成功，使遷都問題重新提出。北京既為燕藩故邸，是興王之地；而靖難的成功，在成祖看來，又未嘗不是因為北京的「形勝」壓制了南京。加上來自北方的邊患越來越嚴重，所以成祖很快就確定營建北京。

永樂元年（1403）正月，禮部尚書李至剛等人上言：「自昔帝王，或起布衣平定天下，或由外藩入承大統，而於肇跡之地，皆有升崇。切見北平布政司實皇上承運興化之地，宜遵太祖高皇中都之制，立為京都。」[3] 李至剛等人之疏，實秉承成祖的意旨，故很快「報可」，以北平為北京，並仿南京應天府，改北平府為順天府。永樂十八年九月，詔告天下，以北京為「京師」，改原先「京師」為「南京」。[4] 經過仁、宣時期的醞釀和爭論，最終在英宗正統六年（1441）十一月定都北京並以南京為陪都，確立了南北兩京制度。[5]

二、南京的地位及機構配置

遷都北京之後，如何擺正兩京的地位，是一個關係全局的問題。一方

1 孫承澤：《天府廣記》卷 1《形勝》。

2 何孟春：《餘冬序錄》，《紀錄彙編》卷 149。

3 《明太宗實錄》卷 16，永樂元年正月辛卯。

4 《明太宗實錄》卷 17，永樂元年二月庚戌；卷 229，永樂十八年九月丁亥。

5 《明英宗實錄》卷 85，正統六年十一月甲午。

面，既要使南京繼續起着控制江南財賦重地並保證北京漕運暢通的作用，另一方面，又不能使南京成為某些野心家另立山頭、對抗中央的基地。既然成祖可在北京起兵、南下奪位，誰能保證日後無人在南京起兵、問鼎中原？因此，自宣宗北上繼承皇位之後，不再以太子在南京「監國」，也不委派宗室居守，而是以中官、勛臣、兵部尚書為首，組成守備班子，負責處理南京及江南事務。

南京守備太監始設於永樂二十二年八月初五日，即仁宗即位的前十天。成祖病逝榆木川後，仁宗一面調北征部隊回防京師，一面命太監王景弘率出使南洋的官軍赴南京鎮守。這是南京「鎮守中官」之始，王景弘也成為第一位南京鎮守太監。為區別於各地的鎮守中官，南京的鎮守中官被稱為「守備」太監。一個月後，仁宗又命襄城伯李隆、駙馬都尉沐昕為南京守備。洪熙元年（1425）正月，鄭和領下西洋的官軍主力回到南京，也受命為南京守備太監。從此，南京守備太監和守備勛臣均定額二員，並各授關防一顆，並稱為內、外守備，名為協同辦事，實則相互制約。仁宗給鄭和的敕諭說：「於內則與內官王景弘、朱卜花、唐觀保協同管事，遇外有事，同襄城伯李隆、駙馬都尉沐昕商議的當，然後施行。」[1] 宣宗給李隆的敕諭則說：「凡事同守備太監鄭和、王景弘計議，晝夜用心。」[2] 誰也不能單獨作主。

英宗即位，國雖不疑，主幼卻是事實。為加強對南京的控制，明廷特命南京兵部尚書黃福參贊襄城伯李隆機務。[3] 南京文臣參贊機務由此開始。成化二十三年（1487）定制，專以南京兵部尚書參贊機務，同內外守備「操練軍馬，撫恤人民，禁戢盜賊，振舉庶務」[4]。內外守備和參贊機務兵部尚書三位重臣共理南京事務的制度確立，與當時各省鎮守中官、鎮守總兵、鎮

1 《明仁宗實錄》卷 7，洪熙元年二月戊申。

2 《明宣宗實錄》卷 2，洪熙元年六月辛亥。

3 《明史》卷 154《黃福傳》。

4 《明史》卷 75《職官志四》。

守文臣「三堂」並立的局面相似。

與此同時，南京還配備了除內閣、都督府及司禮監等內府衙門以外的全部中央機關，卻又多不配齊官員，六部缺左侍郎，都察院缺左都御史。國子監、科道卻是諸官俱備。這樣一來，南京設官既能滿足實際需要，又不能自成體系。

明朝的兩京制度，在當時已是褒貶不一。不少人認為南京吏部不典銓選，禮部不知貢舉，戶部無斂散之實，諸司皆設，實為冗員。但也有人認為，兩京並立解決了北京無法控江南之財、南京又無法制西北之患的矛盾。

應該說，明朝遷都北京以後，以南京為陪都，對於管理江南財賦及漕運，並控制南方地區，是起到了很大作用的；但若說為了這些目的就非要採用兩京制，則顯然過分。且不說元代和清代定都北京，並未將南京作陪都，江南漕運也未出大亂，就是在明代，南京許多官員的設置事實證明也是多餘的，所以後來多行裁革。

顧祖禹說：「太宗靖難之勛既集，切切焉為北顧之慮。建行都於燕，因而整戈秣馬，四征弗庭，亦勢所不得已也。鑾輿巡幸，勞費實繁，易世而後，不復南幸，此建都所以在燕也。」[1] 成祖遷都北京，其實是在不斷排除干擾、逐步將政治重心北移的過程中進行的，這一過程直到正統六年（1441）才最終完成。而土木之變後，仍有人提出還都南京，可見明朝官員在定都問題上的分歧。因為畢竟還沒有漢人全國性統一政權的都城設置在北京的先例，而自漢末以來，這裏一直是「胡」漢雜居的地區，先是匈奴、鮮卑，後是契丹、女真。因此，明代兩京制的形成，不僅有政治、經濟、軍事等方面的原因，還有觀念上及南北文化差異上的原因。業師鄭克晟教授曾詳細論述明代南北地主階級及其政治代理人之間的鬥爭，以及明政府為維護政權的穩定，既協調二者之間關係、又利用二者之間矛盾而採用的舉措。[2] 這對於揭示明代國家權力結構中兩京制度的形成，是十分有益的啟示。

1　顧祖禹：《讀史方輿紀要・北直方輿紀要序》。

2　鄭克晟：《明代政爭探源》，天津：天津古籍出版社，1988 年。

第二章
明代官員選拔、任用中的權力分配

第一節　官員任用：吏部的權威

一、從薦舉到科目

明代國家權力的執行主體為大大小小的官員和吏員，對其進行選拔、任用及管理，主要是吏部的職責，但禮部和都察院也起着重要作用。這可以說是明代中央國家權力結構中唯一在制度上沒有被內府染指的領域。

明朝的選官途徑，經歷過一個從薦舉到薦舉、科舉兩途並用，到專用科舉的過程。這個過程也可視為明朝選拔官員的制度化過程。

明太祖領兵南下途中，文武官員多「投謁」而來。如兵至定遠，有馮國用兄弟前來投奔；兵至滁州，李善長自謁軍門；兵至太平，李習、陶安出城歸附。在南京建立政權後，管理人員的缺乏成了嚴重問題，正如明太祖在謝絕方國珍獻寶時所說：「吾有事四方，所需者文武材能，所用者穀粟布帛，其他寶玩，非所好也。」[1] 於是多方搜羅人才。進南京則辟儒士范祖幹、葉儀，克婺州則召儒士許元、胡翰等，下處州則徵耆儒宋濂、劉基、章溢、葉琛。而這些人物都是通過推薦而徵用的，皆一時之選。因此，元至正二十四年（1364）平克陳友諒集團後，太祖敕中書省：

> 今土宇日廣，文武並用，卓犖奇偉之才，世豈無之。或隱於山林，或藏於士伍，非在上者開導引拔之無以自見。自今有能上書陳

1　《明太祖實錄》卷 9，至正二十四年三月戊寅。

> 言、敷宣治道、武略出眾者，參軍及都督府具以名聞。或不能文章而識見可取，許詣闕面陳其事。郡縣官年五十以上者，雖練達政事，而精力既衰，宜令有司選民間俊秀年二十五以上、資性明敏、有學識才幹者辟赴中書，與年老者參用之。十年以後，老者休致，而少者已熟於事。如此則人才不乏而官使得人。[1]

這是明初薦舉的總綱領，大規模的薦舉也由此而始。凡內外大小官員連同各地庫、倉、司、局吏員均可推舉所知，被舉入朝者又可轉薦。並多次遣官往各地求賢訪士，召至京師，授以官職。其名目有：聰明正直、賢良方正、孝弟力田、儒士、孝廉、秀才、人才、耆民等。由布衣而為大僚者不可勝數，吏部所奏薦舉除官者，最多的一次達 3700 多人。富戶耆民還可自請赴京進見，奏對稱旨，輒予授官。[2]

明初以薦舉選官，既是因為急需人才而正常的選舉辦法一時難以建立，也是因為確實有大量富真才實學者或因戰亂而避居林下，或因官場腐敗而遭到排斥。這時的朱元璋集團為奪取政權，上下一心，薦舉也大抵出自公心。但是，這般紛紛攘攘地收羅人才，自然免不了魚目混珠，泥沙俱下。加上所謂「寰中士夫不為君用」律[3]，稍有名氣的文人儒士，地方官不敢不薦，自知無理政安民之才者，受薦後又不敢不應徵。尤其是隨着統一大業的完成和政權的日漸鞏固，藉薦舉以拉幫結黨、營私舞弊的情形無法避免。因此，關於濫舉的禁令頒佈後，許多受薦及薦人者紛紛獲罪。解縉在著名的《大庖西封事》中對此進行了尖銳的批評：「陛下進人不擇賢否，授職不量重輕。建不為君用之法，所謂取之盡錙銖；置朋奸倚法之條，所謂棄之如泥沙。」[4]

1　《明史》卷 71《選舉三》。

2　萬曆《明會典》卷 5《吏部．選官》。

3　萬曆《明會典》卷 173《刑部．罪名一》。

4　《明史》卷 147《解縉傳》。

其實，對於薦舉之弊及由此造成的任官的隨意性，明太祖自己也早有感受，因而力圖在用人問題上制度化和規範化。吳元年（1367）「設文武二科取士」之令及洪武二年（1369）科舉取士之詔，是緊接着「濫舉者治罪」的禁令而發佈的，尤其是宣稱「非科舉者毋得與官」[1]，其意即在以科舉取代薦舉。

從洪武三年首開科舉，到六年二月暫停科舉，到十七年宣佈重開科舉及其以後的一段時間，可以說是科舉、薦舉二途並用時期。但自唐宋以來，科舉作為正式的出仕途徑在人們觀念中已是根深蒂固，隨着明朝學校制度和各種考試制度的健全，無論是統治者還是被統治者、在朝士大夫還是在野讀書人，都以科舉為堂堂正正的進身之途。三年一科，無論有多少弊病，畢竟給士子們提供了一個相對公正平等的競爭機會，而且這種機會可以反覆出現。雖然通過科舉出仕者也有大量庸才，但科舉制度也確實使明朝官員選舉制度走上正規化，並選拔出一大批後來成為政治家、軍事家、思想家、文學藝術家甚至是科學家的人才。大批有真才實學者通過科舉進入仕途，而不由科舉者即使有真才實學也被人歧視，所以薦舉雖然代代均有卻只不過是「第應故事」，明朝的選官途徑，也就自然由薦舉、科舉並用發展為專重科舉，而科舉中又尤重「甲科」即進士。

二、出身與出路

吏部選官，循資格或出身。《明史．選舉志》稱：「選人自進士、舉人、貢生外，有官生、恩生、功生、監生、儒士，又有吏員、承差、知印、書算、篆書、譯字、通事諸雜流。進士為一途，舉貢等為一途，吏員等為一途，所謂三途並用也。」[2] 但顧炎武並不這樣看，他認為：國初之制，謂之

1 《明太祖實錄》卷 52，洪武三年五月己亥。

2 《明史》卷 71《選舉三》。

三途並用，薦舉一途也，進士、監生一途也，吏員一途也。或以科與貢為二途，非也。並解釋說：「從考試而得者，總謂之一途。」[1] 其實，顧炎武犯了一個邏輯上的錯誤。進士、監生、吏員均是出身，即有為官的資格，薦舉卻是選官的途徑或方式，將薦舉與進士、監生、吏員並列是失當的。《明史．選舉志》說到薦舉時，只將其與「科目」即科舉相對應，稱「兩途並用」，即通過正常的考試選拔人才和不拘一格推薦人才相互補充、並行不悖。

雖然明朝中後期專重科目，並有「非科舉者毋得與官」之說，但這只是相對薦舉才具有意義。事實是，不通過科舉的「雜流」也可通過吏部銓選進入仕途，通過科舉的也還有甲科和乙科之別，這就是所謂「三途並用」。科舉、薦舉「兩途並用」是指選官的途徑或方式不同，三途並用指的是任官者的資格或出身。

「進士」一途是清一色的通過科舉考試而獲得進士及第及出身者，他們是讀書「正途」中的「甲科」。

「舉貢」一途的成分稍稍複雜，包括因故未參加會試及會試下榜的舉人及各類監生，還有鄉試下第的「充場儒士」。明代舉人稱「乙科」，會試下第，有兩條出路：一是入國子監或回原籍讀書，以待下科；二是安排教職。由於教職地位低下，又無升遷希望，故下第舉人們多選擇第一條路。但如三試不中，就不得再參加考試，而由吏部安排官職，否則即貶為吏。同為監生，貢監地位最高，在出身上與舉人略同，故合稱「舉貢」，也是「讀書正途」；其次是官蔭生、恩蔭生及例監，他們和「充場儒士」的資格約等。

「雜流」一途最為複雜，實際上包括內外衙門的所有文職辦事人員及各種專業技術人員。

可見，即使在科舉鼎盛時，也從來不排斥其他各色人等進入仕途的途徑，但出身或資格不同，其出路也大不一樣。

1　顧炎武：《日知錄》卷 19《通經為吏》。

吏部任官，初授者曰「聽選」，升任者曰「升遷」。對於初授，《明史·選舉志三》作了這樣的概括：

> 京官六部主事、中書、行人、評事、博士，外官知州、推官、知縣，由進士選；外官推官、知縣及學官，由舉人、貢生選；京官五府、六部首領官，通政司、太常光祿寺、詹事府屬官，由官蔭生選；州縣佐貳、都布按三司首領官，由監生選；外府、外衛、鹽運司首領官，中外雜職入流、未入流官，由吏員、承差等選。

可見，三途的差別，甲科與乙科的差別，貢生、官蔭生與其他監生的差別，在初授時就已表現出來。

出身或資格的差別在考選升任中繼續得到體現，可以説，它將伴隨着當事人一生的仕途。明朝官員中最有機會升遷的「初授官」，是京官中的翰林院編修、檢討、修撰，六部主事及科道官，以及外官中直隸州和上縣的掌印官，這些官初授時均在進士中選任。翰林官的升遷一般是由編、檢（七品）而講、讀（五、六品），然後很可能直接升為詹事府少詹事（正四品），接下去則是侍郎、尚書直至入閣為大學士。六部主事（六品）考滿後很可能升為員外郎、郎中（五品），而後或外補上府知府（正四品），或轉升寺少卿（四品），接下去則是侍郎、尚書。六科給事中和都察院監察御史（均七品）數考後往往直接升為僉都御史或左右通政（均正四品），然後或遞升副都御史、都御史，或轉升六部侍郎、尚書。外官中的上縣知縣（七品）則可升知州、府同知（均五品）乃至知府，知州則可升府同知、知府，他們也有機會「行取」進京為科道官乃至翰林官。而初選授舉貢以下的中、下縣及屬州正官、府州縣佐貳官等，升遷機會很少，故留滯時間甚長。

這種資格或出身的差別而導致的任官時的差別，也有一個形成過程。《明史·選舉志三》對這一過程作了概述：「太祖嘗御奉天門選官，且諭毋拘資格，選人有即授侍郎者，而監、司最多。進士、監生及薦舉者，參錯互用。給事、御史，亦初授、升遷各半。永（樂）宣（德）以後，漸循資格，而台省尚多初授。至弘（治）正（德）後，資格始拘，舉貢雖與進士並稱正途，而軒輊低昂，不啻霄壤。」萬曆時又有定例，關於州縣正印官，上、中為進士之缺，中、下為舉人之缺，最下才為貢生之缺，舉貢出身者歷官雖至布、按方面官，也是非廣西及雲、貴不以處之，「以此為銓曹一定之格」[1]。

在所有衙門中，講究出身最嚴格的是翰林官和科道官。

洪武十八年（1385）重開科舉後的首次殿試，一甲三人丁顯、練子寧、花綸俱授修撰，二甲馬京、齊麟為編修，吳文為檢討，開了進士入翰林的先例。從洪武二十一年始，一甲第一名授修撰，二、三名授編修，以後即為定制。自永樂二年（1404）始，每科從二、三甲進士中選若干人為庶吉士，入翰林院讀書，學業成後散館，二甲選留者授編修，三甲選留者授檢討。[2] 天順二年（1458），大學士李賢奏定，翰林院修撰、編修、檢討專選進士，「由是，非進士不入翰林，非翰林不入內閣，南、北禮部尚書、侍郎及吏部右侍郎，非翰林不任」[3]。而實際上，即使是進士出身，也只有一甲三人及被選為庶吉士的部分人能入翰林。

天順、成化以前，進士、舉貢和監生都有初授科道的可能，外官中的府推官、知縣、學官也間有升遷為科道者。其後，科道官不再「初授」，或由庶吉士改授，或從兩京進士出身的戶、禮、兵、刑、工五部主事，以及中書、行人、評事、博士和國子監博士三年考滿者中考選，或從進士、舉貢出身的推官、知縣中「行取」。[4] 由此也可以發現，在明朝，升遷的機會往往不在於品級的高低，而在於資格和出身，以及所居的位置。本來，六部主事是正六品，卻要三年考選後才有望為御史（正七品）、給

1　顧炎武：《日知錄》卷 17《進士得人》。

2　王世貞：《弇山堂別集》卷 81《科試考一》。

3　《明史》卷 70《選舉二》。

4　萬曆《明會典》卷 5《吏部・選官》。

事中（從七品）。另據《明史》，天下為守令者，進士出身的約十之三，舉貢出身的約十之七，但其中被行取為科道官者，是進士出身者佔十之九，舉貢出身者只有十之一。而且，即使是這十之一的舉貢出身者，也是「有台無省，多南少北」[1]，即只補御史而不補給事中，官南京者多，官北京者少。

至於吏員出身者，洪武四年就明令不許參加科舉。永樂七年又規定吏員不許官科道。這年，吏部簡南京御史張循理等二十八人赴京聽用，一問出身，其中二十四人為進士、監生，另有四人為吏員，成祖當即表示：「用人雖不專一途，然御史國之司直，必有學識達治體、廉正不阿乃可任之。若刀筆吏，知利不知義，知刻薄不知大體，用之任風紀，使人輕視朝廷。」遂黜四人為序班，並諭吏部：「自今御史勿復用吏。」雖成祖自稱用人不專一途，但顧炎武認為「流品自此分矣」[2]。

三、銓選與保舉

吏部對官員的任用，統稱「銓選」。此外，又一度實行過大臣的「保舉」。

《明會典》說，吏部銓選，每年有大選，有急選，有遠方選，有歲貢就教選。這是吏部文選司的常規事務。[3]

所謂「大選」，指進士、舉貢、吏員等的初授（又稱「聽選」）及考滿官員的升任（又稱「升遷」）。《明史》說是「雙月大選」。因為大選一般在單月開始，文選司根據聽選者的資格和升遷者的考試等級，以及所缺的員額進行預安置，雙月正式公佈結果。大選為吏部的「大典」，每逢大選，吏部尚書、侍郎照例率文選司郎中、員外郎在吏部大堂舉行大選儀式，吏科都給事中也會同參與，對打印、張榜等項進行監督。

所謂「急選」，指大選後有改授、改降及丁憂候補者，均在單月公榜

1 《明史》卷 71《選舉三》。

2 顧炎武：《日知錄》卷 17《通經為吏》。

3 萬曆《明會典》卷 5《吏部・選官》；另見《明史・選舉三》。

安排，所以叫「單月急選」，實際上是解決大選中的遺留問題，當然也不排除個別有背景者的「加塞」。

所謂「遠方選」，專指選授邊遠地區官員。成化五年（1469）定，雲、貴、廣西三省，以及廣東的雷州、廉州、高州、瓊州四府，四川的馬湖府，陝西、山西二行都指揮使司和遼東都指揮使司所屬府州縣，寧夏、岷州二衛，均屬「邊遠」，其官有缺，可在到部聽選而「挨次未及」又願就遠方的監生中選授。嘉靖七年（1528）又定，可在挨次未及的聽選吏員中除授。不過，無論是監生還是吏員，仍有資格限制，監生不得授府佐及州縣正官，吏員只能授巡檢、長官司吏目及倉副使等職。邊遠選開始是不定期進行，嘉靖三十一年才規定每年春季舉行一次，但嘉靖四十五年不再舉行，被納入大選及急選之中。

所謂「歲貢就教選」，指歲貢就選教職。洪武十八年（1385）曾規定，會試下第舉人俱授州學學正及縣學教諭。至二十六年，又授監生年三十以上能文章者縣學教諭等官。嘉靖十年，令歲貢生員願就教職者到翰林院考試，吏部根據考試等級授職，上等授學正、教諭，其餘只授訓導，至於府學教授，仍用舉人。

除以上幾項（主要是大選和急選）每年定期進行外，還有三年一次的「揀選」，即於外官朝覲年在歲貢監生中揀選學行兼優者，授以府佐及州縣正官，以鼓勵歲貢中的突出人才。另有不定期的舉人乞恩選等。

官員無論是初授還是升任，都得視員缺情況，否則就得「待選」。洪武二十六年定，凡內外官員考滿、侍親、致仕、丁憂、殘疾、受刑、去世，在京衙門得每天造冊報吏部，在外衙門五天一次報撫、按，撫、按兩月一次作冊報吏部，考功司根據所報情況造冊，分送文選司及內府備案，以便除授。從原則上說，升任官員均應為考滿者，但也有因員缺應補而不待考滿，這種情況就叫「推升」。

最能體現吏部銓選權力的是除授中、下級官員，即所謂「常選官」，包括在京九卿的屬員、在外府州縣正佐官，以及內外各衙門的首領官、雜職官等。這些官職，或由進士、舉貢、監生、吏員初授，或由考滿的低級官員升任，大抵是按資格序遷，但具體安排「一切由吏部」。因此，希望得到美缺者總是力圖打通吏部和文選司的關節。為了銓選的公正，吏部及文選司官員得頂住來自各方面的壓力。景泰時王翺為吏部尚書，為了謝絕請謁，除年節及每月朔望給祖宗上香外，其餘時間根本不回家。成化時李裕為吏部尚書，每逢大選，均讓人在吏部後堂正中立一木牌，上書「皇天鑒之」，自己與二侍郎傍坐，文選司官員前立，將缺額與待選人的資格進行核實，然後進行分派，到期則引奏填榜，使請託者無從置喙。[1]

至於京官中的內閣大學士和吏、兵二部尚書員缺，由吏部或禮部會同九卿及五品以上官、科道官廷推二至四人，「請上自裁」，或者直接由皇帝揀擇，叫「奉特旨」。其他諸部尚書及六部侍郎，都察院都御史、副都御史、僉都御史，通政使，大理寺卿，國子監祭酒員缺，由吏部會同三品以上京官按缺一推二的比例廷推，由皇帝最終裁定。外官中的總督、巡撫由吏部會同九卿、科道廷推，布、按二使由三品以上官會推，也由皇帝裁定。由此可表明最高統治者在用人方面的絕對權威，當然，在皇帝「垂拱」的情況下，用人權則由內閣和司禮監共掌。

另外，詹事府、翰林院掌印官由內閣推補，太常、太僕、光祿諸寺掌印官由吏部推舉，通政司左右通政、參議及其他衙門四品以下副貳官，由吏部會選。科道官雖只七品，但有糾劾大臣的職責，為了避免銓曹挾怨報復，由吏部和都察院共同考選。地方監司即布政司參政、參議，按察司副使、僉事等及兵備道，或序遷，或選擇保舉，均付以敕書，以示「欽點」。

儘管如此，吏部在高級官員任用中的導向作用仍然不可忽視。所謂「現官不如現管」，作為主管部門，吏部實際上在從考選到廷推的全過程中都擁有話語權。

與吏部銓選相輔而行的是「保舉」，《明史．選舉志三》說：「保舉者，所以佐銓法之不及，而分吏部之權。」這是在一定時期內對吏部權力的一種限制。

1 《明史》卷 177《王翺傳》；卷 160《李裕傳》。

保舉與薦舉之異在於，薦舉是選拔人才的方式，與科舉相對應，保舉則是任官的方式，與吏部銓選相對應。二者之同則是無一定之規，帶有很大的隨意性，如《會典》所說：「保舉之令，歷朝各異，或令在京三四品以上官，或兩京科道部屬等官，或布按二司官，皆得雜舉，或進士辦事，或監生曆事，或吏員面考，或巖穴隱逸皆與舉例。」[1]

保舉法始行於洪武十五年，命天下朝覲官各舉所知一人，「凡有一善可稱，一才可錄者，皆具實以聞」[2]。永樂元年（1403），又命內外文職官七品以上，於臣民中有沉滯下僚、隱居田里者，各舉所知一人，量才擢用。[3]可見，這時的保舉在形式上與薦舉並無區別，但限定只舉一人，而且有舉主連坐法，即所舉之人任職後犯貪污罪，舉主連坐。

保舉最盛是在洪熙、宣德、正統三朝。當時用人尚不過於拘泥資格，進士、舉貢、吏員三途流品還相差不大，薦舉、科舉也互為補充，加上仁、宣二帝汲汲求治（當然，其中不排除作秀的成分），三楊又甚受信任，故凡布、按二司及知府有缺，都由三品以上京官保舉。如宣德五年（1430）五月，命大臣保舉蘇州等九「雄劇地」知府，況鍾任蘇州、趙豫任松江、莫愚任常州、羅以禮任西安、陳本深任吉安、邵旻任武昌、馬儀任杭州、何文淵任溫州、陳鼎任建昌，其後又有薛廣等二十九人被保舉出知各府。「（況）鍾等皆有聲績，有居官至一二十年者，吏稱其職、民安其業。一時烝烝，稱極盛焉。」[4]

但保舉只能是權宜之計，完全因人成事，時間一長，流弊自現，所舉或鄉里親舊，或僚屬門下，而無人保舉者，久任不遷。吏部從一開始就對保舉極為不滿，認為是侵奪部權，有輿論則直指是三楊攬權。而楊士奇和楊榮也確實在用人問題上各偏同鄉。因此，正統十三年（1448）三楊去世

1　萬曆《明會典》卷 5《吏部・保舉》。

2　《明太祖實錄》卷 141，洪武十五年正月庚戌；《明史・選舉志》云十七年，誤。

3　萬曆《明會典》卷 5《吏部・保舉》。

4　傅恆等《御批歷代通鑒輯覽》卷 103，宣德五年五月；《明史》卷 71《選舉志三》。

後，大臣保舉之例遂罷，在撫按行部，或部臣出差時，方能舉其所屬。此後，雖景泰、弘治、嘉靖時均有保舉之令，但只是「虛應故事」而已。[1]

四、任職迴避

為了預防官員的結黨營私，同時也為了排除官員行使職責時可能遇到的障礙，明朝制定了一系列任官迴避制度，其要者有四。

一、親屬迴避。洪武元年（1368）定，凡父兄伯叔任兩京堂上官，子姪有任科道官者，皆對品改調；凡內外管屬衙門官吏，有係父子、兄弟、叔姪者，皆以卑避尊，改調其他衙門。[2] 景泰二年（1451）定，科場官如有子弟應試，應迴避，鄉試、會試皆然。

二、職務迴避。凡戶部，無論是官員還是吏員，洪武時定不得用浙江、江西二省及蘇、松二府人。[3] 原因是該地賦稅多，民風不淳，恐飛詭為奸，尤其洪武十八年郭桓等人侵沒稅糧事後，明太祖對戶部收受錢糧事更為重視。此後，不但是戶部官，即使是巡撫、鎮守中的蘇松江浙人，也不得掛戶部銜。但謝肇淛《五雜俎》說：「今戶部十三司胥算，皆吳越人也。」[4] 沈德符《萬曆野獲編》也說：「戶部胥吏，盡浙東巨奸。」[5] 黃宗羲記其同門陳龍正之語：「天下之治亂在六部，六部之胥吏盡紹興。……故紹興者，天下治亂之根本也。」[6] 戶部官雖禁用江浙蘇松人，但用吏之禁至晚明則徒為虛文。[7]

1 《明史》卷 71《選舉三》。

2 萬曆《明會典》卷 5《吏部．改調》。

3 萬曆《明會典》卷 5《選官》；卷 8《吏役參撥》。

4 謝肇淛：《五雜俎》卷 15《事部三》。

5 沈德符：《萬曆野獲編》補遺三《曆法．算學》。

6 黃宗羲：《明儒學案》卷 62《蕺山學案》。（中華書局標點本，下同）

7 關於這一問題，詳見方志遠、李曉方：《明代蘇松江浙人「毋得任戶部」考》，《歷史研究》2004 年第 6 期。

三、司法迴避。洪武《大明律》明確規定：「凡官吏於訴訟人內，關有服親及婚姻之家，若受業之師及舊有仇嫌之人，並聽移文迴避。違者笞四十。若罪有增減者，以故出入人罪論。」[1]

四、地區迴避。洪武元年所頒《大明令》，已定「流官注擬，並須迴避本貫」的原則，而洪武四年吏部銓選，也有「南北更調，已定為常例」的說法。南北更調，也只是為迴避本貫即本省。而到洪武十三年，則要求任官北、南、東、西更調：「命吏部以北平、山西、陝西、河南、四川之人，於浙江、江西、湖廣、直隸有司用之；浙江、江西、湖廣、直隸之人，於北平、山東、山西、陝西、河南、四川、廣東、廣西、福建有司用之；廣西、廣東、福建之人，亦於山東、山西、陝西、河南、四川有司用之。」[2] 實將全國劃分成三大任職區，這一措施顯然與當時的政治鬥爭密切相關。鑒於胡惟庸為首的淮右勛貴集團的教訓，明太祖對官員以地緣關係結成朋黨特別敏感，但不免矯枉過正，從而造成一系列問題。如許多官員因不願遠離本土而缺任，即使到任，也遇到水土不服、語言不通、民情不習等難以克服的困難，更有人以南籍改冒北籍，以北籍改冒南籍。故此，不久即恢復洪武元年的規定，只是不得官本省。

明代官員任職的迴避制度在一般情況下還是能夠較好遵守的，因為這裏有剛性的禁令。《明憲宗實錄》記載了一個例子：成化二十二年（1486）十月，調吏部右侍郎黎淳於南京吏部，奪尚書耿裕俸兩月、文選司官吏三月。之所以有這一變動，是因為有一位名叫陸瓛的進士被授予鎮江推官，陸瓛明告吏部，其先為蘇州人，與鎮江皆直隸府，乞改任。吏部不為覆請。事情被東廠官校揭露後，下陸瓛於獄。耿裕等上疏自劾。內閣所擬「上諭」曰：「朝廷選法，俱付若等，須審究明白，斟酌賢否，方可奏用。裕等胡為輕率怠忽，以致選法乖違，物議騰沸。當置於理，姑宥之。」故

1　正德《明會典》卷 131《刑部．明律．聽訟迴避》。

2　《明太祖實錄》卷 129，洪武十三年正月乙巳。

有上述處置。而科道官亦上疏抨擊耿裕、黎淳及郎中吳璠等不職罪。[1] 從這個事情也可以看出，明朝一些制度的貫徹，不僅靠都察院及科道官的監察，廠衛也起着重要的作用，儘管手段可能不近人情。

《明史》說，學官不受迴避本貫的限制。但據《實錄》，隆慶五年（1571）七月，經吏部奏准，學官及倉、驛、遞、閘、壩等官可依教官係邊遠人者得授本省地方之例，酌量隔府近地銓補。因此，隆慶五年以前，即使是教官，若非係「邊遠人者」，仍不得官本省。[2] 而《明史》所說，只是隆慶以後的規定。

在地區迴避中，廣西屬於例外。正德七年（1512）定，除布、按二使及知府外，廣西大小職事許本省別府、州、縣人員相兼選用。此後，四川邊遠地方的首領官、屬官，以及湖廣永順宣慰司等少數民族居住區的經歷、吏目等官，許以本省別府人相兼用。[3]

五、吏部的無奈：掣籤法

不僅是權宜之計的保舉，即使是形成制度的銓選，其公正與否也和整個官場的風氣直接相關。當政治清明，「正氣」上升時，吏部自可持正；若政治腐敗，賄賂公行，吏部欲正也不可得。明朝中後期，皇帝長期不視朝，不見大臣，內監成了皇帝與外廷聯繫的紐帶，內閣也是積權日重，請託者往往先打通內監或內閣的關子，通過他們向吏部打招呼，於是在銓選中出現了所謂「掣籤法」。

掣籤法定於萬曆二十二年（1594）。當時閣部形同水火，吏部尚書孫丕揚既要防範內閣首輔張位尋端相攻，又要抵制內監的請謁，於是創立掣籤法。每逢雙月大選、單月急選，吏部文選司均將缺額寫在預製的竹籤上，分類置於筒內，讓候選人按資歷深淺自行抽籤，肥差美缺、京

1 《明憲宗實錄》卷283，成化二十二年十月丁丑。

2 《明穆宗實錄》卷59，隆慶五年七月丙戌。

3 萬曆《明會典》卷5《吏部・選官》。

畿邊遠，聽憑天意。[1] 由於當時請託公行，故孫丕揚的這一創舉得到普遍讚揚。

但抽籤本來就是無奈之法，其弊病自然不言而喻，所以致仕的禮部尚書于慎行批評說：「人才長短，各有所宜，員格高下，各有所便，地方煩簡，各有所合，道里遠近，各有所準，而以探丸之智為挈瓶之守，是掩鏡可以索照，而折衡可以懸決也。」「奈何衡鑒之地，自處於一吏之職！」[2] 沈德符則舉了一實例：掣籤法創立者孫丕揚的一位陝西同鄉，是位老儒，抽籤得了杭州府推官。杭州與蘇州、松江、吉安等府並稱「雄劇難治」，讀書人多，官宦之家多，民事糾紛也多，而推官又專理刑名。這位老儒不敢赴任，請求調換，孫丕揚不許，老儒只好拭淚上路，在任上果然一籌莫展。後來撫、按將其與浙東某府一位進士出身的幹練者互調，上報吏部，孫丕揚佯作不知而允之，其實是承認掣籤之弊。[3]

萬曆二十六年六月，禮科給事中曹大咸建議改革掣籤法，經吏部請旨實行：一、將籤分為東北、西北、東南、西南四筒，東北以北直、山東為主，河南之汝、彰、歸、衛諸府，南直之廬、揚、鳳陽諸府附之；東南以南直、浙江、江西、福建、廣東為主，而廣西之梧州、平樂、桂林諸府附之；西南以湖廣、四川、雲南、貴州為主，廣西之柳、南、潯、寧遠、太平諸府附之；西北以陝西、山西為主，河南之懷慶、開封、河南、南陽，湖廣之鄖陽等府附之，即將選地分成四大片，以解決道里的遠近和習俗的異同問題。二、科貢考選，前三名與進士同掣，以示用人不拘一格；其餘舉貢監生則與進士分筒掣籤，以示分途。三、首領官及州縣佐貳，因有錢穀詞訟之責，掣籤時實行本省迴避原則。[4] 此後，掣籤大抵按修改後的辦法進行，仍有種種弊病。如沈德符所說，沒有門路者，掣籤任其自取、禍福

1　《明史》卷 224《孫丕揚傳》。

2　于慎行：《穀山筆麈》卷 5《臣品》。

3　沈德符：《萬曆野獲編》卷 11《掣籤授官》。

4　談遷：《國榷》卷 78，萬曆二十六年六月附條。

由命，有背景者，自有肥缺先行匿藏而待，而籤之長短厚薄也有名堂，[1] 但比起公開請託，仍可掩人耳目，故其一直沿用到明亡。

六、傳奉授官與捐納入監

吏部權力遇到的挑戰，不僅僅是三楊時代的「保舉」和萬曆時期的「請託」，更有成化至正德時期「傳奉授官」的尷尬。沈德符《萬曆野獲編》有這樣一段議論：

> 傳奉官，莫盛於成化間。蓋李孜省等為之。至孝宗而釐革盡矣。然弘治十年（1497），清寧宮災，給事中涂旦等奏煙火傳升者程通等十三人，建毓秀亭升者康表等三十餘人，其他李廣傳升匠官六十六人，冠帶人匠百三十八人，幾與成化間相埒。此猶李廣用事時耳。至十四年吏部、兵部奏近年傳奉文職，至八百九十餘人，武職二百八十餘人，視李廣亂政時又數倍。蓋中官親戚居其大半，此又憲宗朝所無矣。[2]

從表面上看，君主政體的基本特徵是君主獨裁，但在事實上，君主政體和民主政體一樣，也包含着一整套辦事程序和規則。君主有權任命或罷免官員，卻必須師出有名、事出有因，且得由吏部具體經辦。所謂「傳奉授官」，則是指不經吏部正常選官程序，直接由皇帝內批、宦官「傳奉聖旨」而任命或提拔官員，因而受到官僚集團的抨擊和反對。

明朝傳奉授官始於成化朝。天順八年（1464）二月，憲宗即位不到一個月，司禮監太監便傳奉聖旨，升司禮監工匠姚旺為文思院副使。[3]

文思院是工部所轄的一個掌管製造金銀犀玉工巧之物、金彩繪素裝

---

1 沈德符：《萬曆野獲編》卷 11《掣籤授官》。

2 沈德符：《萬曆野獲編》卷 11《傳奉官之濫》。

3 《明憲宗實錄》卷 2，天順八年二月庚子。

鈿之飾的機構，集中了來自全國各地的技藝高超的匠人，姚旺便是其中一位。但文思院的品級很低，大使不過正九品，副使為從九品，因此，這一異常舉措在當時並沒有引起人們太多的關注。但《明史》的作者對這件事十分重視，在《憲宗本紀》中特書：「始以內批授官。」在《佞幸傳》中又說：「帝踐位甫逾月，即命中官傳旨，用工人為文思院副使。此後相繼不絕，一傳旨姓名至百十人，時謂之『傳奉官』，文武、僧道濫恩澤者數千。」僅以憲宗在位的最後幾年計，成化十九年（1483）內批授官320餘人，二十年為450多人，二十一年因發生天變，減為200餘人，二十二年又回升為400多人，二十三年的前七個月（憲宗於這年八月去世）為200多人。在不到五年的時間裏，傳奉授官至少有1500多人。據成化二十一年吏部的一個奏疏，當時在京文職官員額外增多及傳奉升授者通計2000多人；另據禮部的奏疏，當時京師的大慈恩寺、大能仁寺、大隆善寺並稱「三大護國法寺」，僅番僧就有1000多人。加上1000餘名匠官，傳奉官達4000人。[1] 而吏部在「傳奉」授官的全過程中所起的作用，只是到左順門外等候宦官「傳奉聖旨」，並在第二天早朝時奏請授官，故被斥為「吏曹」。

這些傳奉官主要有八類人。一是工匠出身的匠官，二是醫士出身的醫官，三是僧道出身的僧官道官，四是西藏等地的「番僧」，五是非僧非道卻懂得一些江湖法術的術士，六是有一技之長的各色儒士、畫士、戲子、作家等，七是宦官、貴戚、功臣子弟出身的錦衣衛官，八是在職及罷免的文武官員。

不管是哪一類，首先是要走通宦官的路子，或要得到同道的引薦，當然，也要有一兩手真功夫。成化朝地位最高的傳奉官是蒯祥的兒子蒯鋼。從正統時開始，蒯祥就在北京服役，著名的工程如三大殿的重修、天安門的改建等，都有他的功勞，人稱「蒯魯班」。蒯鋼自幼跟着父親施工，被耳提面命，也有一身好手藝，被提升為工部右侍郎。成化朝影響最大的傳

1　《明憲宗實錄》卷260，成化二十一年正月己丑。

奉官則是李孜省。李孜省是江西南昌人，善於符籙，會「扶鸞術」，眾目睽睽之下，竟然在沙盤上「變」出了「江西人赤心報國」幾個大字。還有一些精通養生術或房中術，又有著名的書畫家、名醫名優，都是皇帝和宦官的過從甚密之人。

傳奉授官不僅在成化時氾濫，在號稱「中興」的弘治時期也極盛。弘治十二年九月，監察御史燕忠等人在一份奏疏中指出，從弘治四年到十二年的九年時間，匠官雜流不計，傳奉官文職為540餘員，武職也有217員，和成化末的數字相差無幾。[1]

傳奉授官嚴重破壞了正常的官員任免制度，助長了走門路、通關節的腐敗風氣，而且，傳奉官中的左道旁門之士與宦官沆瀣一氣，以奇技淫巧誘導皇帝，使其不問朝政，專事淫樂，故而引起文官集團的強烈不滿。每當發生天變或災異，尤其是新君即位之際，文官集團便要乘機對傳奉官進行革除。但悲劇也同時發生。傳奉官中那些真正的專業技術人員如匠官、醫官、欽天監官也被一股腦裁革。儒家正統勢力在維護獨尊、排斥異己的同時，也對真正的科學進行了一次不分青紅皂白的打擊。[2]

與傳奉授官同樣不能被正統士大夫們接受的是捐納入監。景泰元年（1450）正月，因邊事需餉，定輸納之例，舍人、軍民納粟納馬者「悉賜冠帶，以榮其身」。[3]漢代的入粟拜爵故事千餘年後在明代重演了。景泰四年，臨清縣縣學生員伍銘等人提出，願納米八百石賑濟災民，條件是入國子監讀書。明政府應允了伍銘等人的要求，並告示全國，各布政司及直隸府、州、縣學的生員，凡有能運米八百石（後減至五百石或馬七匹）於臨清、東昌、徐州三處賑災者，均可入國子監讀書。[4]從此，國子監中多了「例監」。

1 《明孝宗實錄》卷154，弘治十二年九月甲戌。

2 關於明代「傳奉官」問題，參見方志遠：《「傳奉官」與明成化時代》，《歷史研究》2007年第1期。

3 《明英宗實錄》卷187，景泰元年正月壬寅。

4 《明英宗實錄》卷228，景泰四年四月己酉。

景泰初開「例監」，只是允許官學「生員」納粟入監，到成化，「白身」人即不在官學的士子也可通過加倍輸納入國子監，稱「俊秀子弟」。由於俊秀子弟完全以錢米來換取入學的資格，故被監生們視為「異類」，國子監也被戲稱有了「銅臭」味。[1]

成化年間發生的兩件事情，卻使國子監監生和整個社會對例監刮目相看。成化五年殿試，山西籍貢士張遂憑着真才實學進入「首甲」，卻因是例監而被抑為二甲二名。成化二十二年，北京國子監的俊秀子弟江西南城人羅玘力挫羣英，在人才濟濟的順天府鄉試中得了解元，第二年又在京闈中考中進士，選為庶吉士，入翰林院讀書，文名震海內，被學者稱為「圭峰先生」。

第二節　科舉取士：禮部的職權

一、明代科舉制度的確立及考試的程序化

明代選官，權在吏部。但在科舉成為定制後，為吏部提供官員後備人選，是禮部的事情。由於科舉為三年一次的「盛典」，其牽涉範圍包括皇帝及在京、在外各衙門，故嚴格說來，禮部在整個科舉中的作用只是進行程序上的安排。但考官的選用，是禮部的權限。

明代科舉從名義上說是文武兩科，吳元年（1367）三月，明太祖宣佈要「設文武二科取士」，並命各地官員勸諭民間士子勉力向學，「俟開舉之歲，充貢京師」[2]。但實際上是以文舉代科舉，武舉只是一種點綴。人們通常說的科舉，也專指文舉，這是中國科舉制度的通例，明代科舉自非例外。

《明史．選舉志》說：「明制，科目為盛，卿相皆由此出。」《明會典》

1　沈德符：《萬曆野獲編》卷 15《納粟民生高第》。

2　《明太祖實錄》卷 22，吳元年三月丁酉；《明史》卷 70《選舉二》。

也說：「天下英俊之士，非此不得進用。」[1] 可見科舉在明代選官制度中的地位。

洪武三年（1370）五月，明太祖詔告天下，從當年開始，開科舉取士。鑒於天下初定，官員缺乏，各省連試三年，中式舉人均免會試，赴京聽選，並宣稱：「中外文臣皆由科舉而進，非科舉者毋得與官。」[2] 話雖有些絕對，但大體上確立了明代選官制度的原則。當時還規定，高麗、安南、占城等國士子，也可在本國參加鄉試，中式者赴京師會試。但不久，明太祖因科舉所取多後生少年，缺乏實際辦事經驗，罷科舉而行薦舉。到洪武十七年，經過十來年的醞釀，公佈「科舉成式」，決定從十八年開始，重開科舉。從此科舉每三年舉行一次，稱「大比」，分鄉試、會試、殿試三級。[3]

二、鄉試

鄉試定在子、卯、午、酉年秋八月，故又稱「秋闈」。

參加鄉試的人員有兩種：一是在校學生，即國子監監生和府、州、縣學生員，但生員必須是在科考中獲得一、二等的「科舉生員」；二是「充場儒士」，即未入政府各級學校讀書但又經過特別考試的「儒士」，可獲准參加鄉試。鄉試參試名額與中舉名額大致為三十比一。

根據「科舉成式」的規定，「官未入流者」也可參加鄉試，但官、吏分途以及任官注重資格以後，這種規定就基本取消了。科舉成式還規定，學校教官、罷閒官吏、倡優之家、居父母喪者，不許參加鄉試。[4]

鄉試試場設在各省省城，即布政司衙門所在地，南北直隸的試場分別設在應天、順天二府，均稱「貢院」。考試之前，各布政司及二京府均

1 萬曆《明會典》卷 77《禮部．科舉》。

2 《明太祖實錄》卷 52，洪武三年五月己亥。

3 萬曆《明會典》卷 77《禮部．科舉》；《明史》卷 70《選舉二》。

4 萬曆《明會典》卷 77《禮部．科舉．科舉成式》。

聘請主考官二人、同考官四人。主考官的職責是出題、審卷、決定錄取名單、排定名次並上報禮部，同考官則協助出題、審卷。

明初，兩京鄉試主考皆用翰林官，各省則教官、耆儒兼用。景泰三年（1452），定兩京鄉試考官仍用翰林，各省考官則由布政司和按察司會同巡按御史在本省教官中推舉五十歲以下、三十歲以上，「平日精通文學、持身廉謹者」充任。這一規定，本意是要考官得人，但考官既由布、按二司與巡按御史推舉，且任考官的教官本來就職分卑微，對上司的囑託也就不能不有所關照，有的甚至主動獻殷勤，導致士子意見紛然。於是從成化至嘉靖，不斷有人建議差京官往各省主考鄉試，以杜請託。嘉靖七年（1528），世宗採納張璁的意見，每省派京官或進士二人前往主考，但只行了兩科，就因與監臨官的禮節糾紛而罷。直到萬曆十一年（1583），禮部重新提出這一問題，才最後定制，浙江、江西、福建、湖廣為科舉大省，由翰林編修、檢討主考，其他省則派六科給事中及禮部主事主考。同考官也要求由進士出身的推官、知縣擔任，教官只是「間用」，加以點綴而已。從主考官、同考官人選資格的變化，可以看出明政府對鄉試的重視，也可見杜絕科舉中請託作弊的困難。

除了主考、同考，還要組織一個鄉試管理班子，這個班子由提調官一人、監試官二人、供給官一人、收掌試卷官二人、彌封官一人、謄錄官一人、對讀官四人、受卷官二人、巡綽搜檢官四人組成，另有辦事人員及號軍若干。

鄉試開考時間是八月初九日。屆時，來自全省各地的考生齊集省城，南北直隸的考生則分赴二京府。主考、同考官及有關人員得提前兩天進入考場，實行「鎖院」。鎖院的目的，一是清除閒雜人員，二是安排好考生的號房並公佈，三是出題及刻印試卷。

考試分三場進行。第一場安排在八月九日，內容是「四書」義三道，每道答案在二百字以上；經義四道，每道三百字以上。如書寫不及，可各省去一道。這一場主要是考考生對「四書」和本經以及各家註疏的基本掌握情況，類似於基礎知識考試，答案也是統一的。按科舉成式規定的標準答案，「四書」用朱子集註，《易經》用程傳和朱子本義，《尚書》用蔡氏傳及古註疏，《詩經》用朱子集傳，《春秋》用左氏、公羊、穀梁三傳及胡安國、張洽傳，《禮記》用古註疏。永樂時頒佈的《四書五經大全》，成為國子監和府、州、縣學的統編教材以及科舉頭場的標準答案。第二場在八月十日，內容是論一道，三百字以上；判語五條；詔、誥、表、內科任選一道。這一場主要考考生是否具備出仕的基本條件。第三場在八月十五日，考經、史、時務策五道，可視為考安邦定國的見解。

為防止夾帶舞弊，考場氣氛十分緊張。考生黎明入場，除自帶筆、墨、硯及草卷、正捲紙各十二幅外，不得攜帶他物。入場前，巡綽搜檢官帶人對考生逐個進行搜查，從頭髮、衣服直至鞋，如發現夾帶，立即驅出考場，並取消考試資格。入場後，每位考生有一席舍，稱「號房」，由軍人（稱「號軍」）看守，然後由掌試卷官發卷。考生答卷，有幾條規則：一、考卷一律用墨書寫，謂「墨卷」；二、卷首先寫考生姓名、年齡、籍貫及三代名諱[1]，以及考生在校所習本經;三、文字中應迴避本朝皇帝的御名、廟號，並不許自序門第；四、答卷時禁止講問代冒，如答題未完而時已黃昏，供燭三支，燭盡後不管是否答完，均須離開考場。

考生答卷（即墨卷）先交受卷官，然後由彌封官糊名，謄錄官督人將墨卷謄錄成硃卷並編上序號，對讀官校對後，墨卷交掌試卷官封存，硃卷送主考、同考官審評，最後由主考官決定名次。錄取者的硃卷與墨卷核對無誤後，即張榜公佈名單。榜上有名者即中式為舉人，算是有了「功名」(即任官的資格)，並可參加第二年在京師舉行的會試。鄉試第一名者則稱為「解元」。各省鄉試的舉人名額則根據人口的多寡和教育的普及程度而異，而以江西、浙江、福建為最。

1 《明太祖實錄》卷 160，洪武十七年三月戊戌。

表 1 明代直省舉人名額變化表

直省＼數量＼年代	洪武三年	洪熙元年	宣德四年	宣德七年	正統五年	景泰四年	成化三年	成化十年	弘治七年	嘉靖十四年	嘉靖十九年	嘉靖二十五年	萬曆元年
南直	100	80	80	80	100	135	135	135	135	135	135	135	135
北直	40	50	50	80	100	135	135	135	135	135	135	135	135
浙江	40	45	45	45	60	90	90	90	90	90	90	90	90
江西	40	50	50	50	65	95	95	95	95	95	95	95	95
福建	40	45	45	45	60	90	90	90	90	90	90	90	90
湖廣	40	40	40	40	55	85	85	85	85	85	90	90	90
山東	40	30	30	30	45	75	75	75	75	75	75	75	75
山西	40	30	30	30	40	65	65	65	65	65	65	65	65
河南	40	35	35	35	50	80	80	80	80	80	80	80	80
廣東	25	40	40	40	50	75	75	75	75	75	75	75	75
廣西	25	20	20	20	30	55	55	55	55	55	55	55	55
陝西	40	30	30	30	40	65	65	65	70	65	65	65	65
四川	—	35	35	35	45	70	70	70	70	70	70	70	70
雲南	—	10	15	15	20	30	40	45	50	40	40	40	45
貴州	—	—	—	—	—	—	—	—	—	25	25	30	30
交趾	—	10	—	—	—	—	—	—	—	—	—	—	—
合計	510	550	545	575	760	1145	1155	1160	1165	1180	1185	1190	1195

三、會試

會試的時間在鄉試的第二年，即丑、辰、未、戌年的春二月，所以又叫「春闈」。考場設在禮部，也稱「貢院」。孫承澤《天府廣記》對北京禮部貢院作了記載：

> 貢院在城南隅，元禮部舊基也。永樂乙未（1415年即永樂十三年）改為貢院，制甚逼隘。嘉靖中，議改創西北隙地，又有言東方人文所會，宜因其址而充拓之，卒未果。至萬曆二年（1574），始命工部重建，因故址拓旁近地益之，徑廣百六十丈，外為崇墉施棘。僥道前入，左、右、中各樹坊。名左曰「虞門」，右曰「周俊」，中曰「天下文明」。坊內重門二，左右各有廳，以備議察。次曰龍門，逾龍門直甬道為明遠樓，四隅各有樓相望以為瞭望。東西號舍七十區，區七十間，易舊制板屋以瓦甓，可以避風雨、防火燭。北中為至公堂，堂七楹，其東為監試廳，又東為彌封、受卷、供給三所；其西為對讀、謄錄二所，又後為燕喜堂三楹，東西室凡十六楹，諸胥吏工匠居之。其後為會經堂，堂東西經房相屬，凡二十有三楹，同考者居之。[1]

參加會試者均為鄉試錄取的舉人，但也有兩種情況。一是新科舉人，他們「官給廩傳送禮部會試」，即由各地官府提供食宿費用甚至交通工具。二是此前各屆會試下第及因故未參加會試的舉人，但如果已授教職，則有一定的限制。如天順八年（1464）規定，任教職的舉人要「任滿該升、年四十以下」方能參加會試；成化二十三年（1487）更明確規定，舉人任教職後應停兩科即在六年後，且「教有成效」才可參加會試。三試下第的舉人，

1 孫承澤：《天府廣記》卷17《貢院》。

不能參加會試。[1]

會試的考前組織工作與鄉試大體相同，也要組成一個包括主考、同考、提調、監試、供給、收掌試卷、彌封、謄錄、對讀、受卷及巡綽監門、搜檢懷挾官在內的工作班子，[2] 但整個規格要高得多。洪武十八年（1385）定，會試主考官二人，同考官八人，主考官及三位同考官必須由翰林官擔任，其餘五位同考官可從教官中聘用。正統四年（1439），要求主考、同考官均由翰林、春坊官擔任，兼用京官「由科第有學行者」，不再聘用教官。主考官的資格更不斷提高。洪武、永樂時，一般用翰林學士及侍讀、侍講為主考官，到宣德、正統，改為三品正卿兼翰林院學士為主考官，從弘治開始，一般是大學士一人、翰林院掌院學士一人為主考，至天啟二年（1622），二主考官均用大學士。[3]

會試也分三場進行，時間為二月初九日、十二日和十五日，考試內容及要求與鄉試同。經糊名、謄錄、校對後，同考官分房閱卷並進行預選，預選出來的考卷送主考官審閱並擬定名次，寫成「草榜」。草榜擬成後，再由主考官和禮部知貢舉官主持，將擬定錄取的「硃卷」與考生的「墨卷」進行「對號」，編號不對者棄而不取。覆核以後，再行「填榜」，即正式確定錄取名單。

一般來說，會試定榜時間為二月二十七日，發榜則在二月二十八日。榜上有名者稱「貢士」，第一名稱「會元」。由於會試的錄取名額與殿試等額，故「貢士」實際上已是進士，所差的只是「欽賜」而已。[4] 關於會試的錄取名額，《會典》作了如下記述：「會試中式無定額。大約國初以百名為率，間有增損。多者，如洪武十八年、永樂三年（1405），俱四百七十二

1　萬曆《明會典》卷 77《禮部・科舉》。

2　按：據朱國禎《湧幢小品》卷 7《會試搜檢》，會試搜檢官設於隆慶二年。

3　參見王世貞：《弇山堂別集》卷 81—84《科試考一至四》。

4　當然也有例外，如洪武二十一年策試進士即斥落三人。再如或因病重、或因奔喪等故無法參加殿試。

名；永樂十三年，三百五十名。少者，如洪武二十四年，三十一名；三十年，五十二名。成化而後，以三百名為率，多者如正德九年（1514），嘉靖二年（1523）、三十二年、四十四年，隆慶二年（1568）、五年，俱四百名。少者如成化五年（1469）、八年，俱二百五十名。各科三百名之外，或增二十名，或五十名，俱臨時欽定。」[1] 根據這條記載以及《明清進士題名錄》可知，從洪武至宣德，會試錄取人數為每科 100 名左右，正統五年開始每科 150 名左右，成化以後每科 300 名左右。而鄉試錄取額自景泰四年（1453）以後為 1100—1200 名，加上歷屆下榜及因故未能參加會試的舉人，應試者為 1500—2000 名，錄取率約為六比一。

會試的錄取有一個政策性很強的問題，即要考慮地區間的平衡問題。問題首次發生在洪武三十年。這年會試由翰林院學士劉三吾與吉府紀善、白信蹈為考試官，取錄了宋琮等 52 人。經廷試，以閩縣陳𩆜、吉安尹昌隆、會稽劉諤為一甲進士。但出榜之後，人們發現本科進士全為南方人，大江以北無一人登科。於是，下第舉人紛紛上疏，認為這是會試主考官劉三吾等均為南人、私其同鄉所致。為此，明太祖又親擢韓克忠、王恕、焦勝等 61 人為進士，皆為北人，並重懲考官。[2] 此舉雖平息了北方士子的怒氣，但實屬意氣用事，也不能從根本上解決問題。

洪熙元年（1425），仁宗命大學士楊士奇等人定會試取士之額，以百名為率，南人試南卷，錄取名額為總額的十分之六，北人試北卷，錄取額為總額的十分之四。宣德以後，南、北各退卷五名為中卷，於是成了百名為率，南卷 55 名，北卷 35 名，中卷 10 名。南卷包括浙江、江西、福建、湖廣、廣東五省，應天府及南直隸所屬的松江、蘇州、常州、鎮江、徽州、寧國、池州、太平、淮安、揚州十府和廣德州。北卷包括山東、山西、河南、陝西四省，順天府及北直隸的保定、真定、河間、順德、大名、永平、廣平七府和延慶、保安二州，還有遼東、大寧、萬全三都司。中

1 萬曆《明會典》卷 77《禮部・科舉》。

2 王世貞：《弇山堂別集》卷 81《科試考一》。

卷包括四川、廣西、雲南、貴州四省，以及南直隸的廬州、鳳陽、安慶三府和徐、滁、和三州。[1] 這種分配方法，看上去是對經濟文化較為發達的江南地區的政策傾斜，但如果考慮到「南卷」地區的人口優勢，則反映出對北方和西南地區的政策保護。這種保護雖然犧牲了東南地區的部分利益，卻有利於協調各地區之間的關係、緩和由來已久的所謂南人北人之爭。[2]

四、殿試

會試出榜後的兩三天，即三月初一日，為殿試日，從成化八年（1472）開始，殿試推遲到三月十五日舉行。[3] 會試中式的「貢士」均參加殿試。由於殿試名義上是皇帝「親策於廷」，皇帝本人就是主考官，所有貢士都是天子的門生，因此只設讀卷官和執事官若干名。讀卷官由內閣大學士和五部（禮部除外）、都察院、通政司、大理寺正官及詹事府、翰林院堂上官充任，提調官由禮部尚書、侍郎擔任，監試用監察御史二人，其餘受卷、彌封、掌卷等官則由翰林、春坊、司經局、光祿寺、鴻臚寺、尚寶司、六科及內閣制敕房官員充任，巡綽有錦衣衛，後勤供應由禮部和光祿寺負責。幾乎所有在京文職衙門都參與這三年一度的大典。

殿試只考時務策一道，明太祖曾「御製」策問，但以後只由翰林院學士，特別是內閣大學士預擬試題，呈皇帝圈定。考生對策要求「惟務直陳」，限一千字以上。殿試的全過程均有定制：[4]

殿試的前一天，鴻臚寺官在奉天殿（嘉靖改名「皇極殿」，即今故宮太和殿）東室預設「策題案」，光祿寺則預備好貢士們的試桌，陳放於殿外東西兩廡。

1 萬曆《明會典》卷 77《禮部・科舉》。

2 關於明代科舉數額上的南北差異，參見方志遠：《明代城市與市民文學》第二章，北京：中華書局，2004 年。

3 《明憲宗實錄》卷 101，成化八年二月癸未；朱國禎：《涌幢小品》卷 7《殿試改期》。

4 萬曆《明會典》卷 51、77《禮部・策士、科舉》。

殿試日，先舉行儀式。禮部官將貢士們帶到奉天殿前丹墀內分東西兩羣面北站立，文武百官各具公服如常立殿內外朝侍，然後鴻臚寺官員請皇帝升殿，鳴放鞭炮，百官行叩頭禮。禮畢，執事官舉着策題案來到殿中，內侍官將策題付禮部官置於案上。這時，鴻臚寺官已帶着貢士作好跪拜準備。執事官舉着策題案由左階而下，將其置於御道中，貢士們朝案行五拜三叩頭禮，然後分東西侍立。執事官再將策題案舉到丹墀東，鴻臚寺官奏告儀式結束，再放鞭炮。鞭炮聲中，皇帝退殿，文武百官也依次退出。

接下來就是考試。軍校將準備好的試桌在丹墀東西兩側面北排列，禮部官散卷，貢士們列班跪接，叩頭就位，露天答卷。如遇到大風或下雨，則在奉天殿東西兩廡考試。由於這場考試只是決定排名，這個排名又帶有極大的偶然性，因此殿試對於每個參試者來說，是一件相對輕鬆愉快的事情。又由於殿試只有一道策試，題目也萬變不離其宗，考生們大多是帶着腹稿進入考場的。只要不觸犯忌諱，進士已在囊中。

考試結束後，貢士們將對策交往東角門的受卷官處，並由此出。受卷官將試卷送彌封官糊名。與鄉試、會試不同，殿試不另用硃筆謄錄，故糊名後直接由掌卷官送東閣讀卷官處，以定高下。讀卷官的工作是將試卷分成三等，即一、二、三甲，關鍵是定出送皇帝「欽定」的前十幾名尤其是前三名的試卷。

殿試的第三天有一個「讀卷」儀式，通常在文華殿舉行。這天早朝後，皇帝來到文華殿，讀卷官們各持一份試卷，東西序立，然後按官職的高低依次跪在御前讀卷。每讀完一份，即由司禮監官將試卷收於御案。一般只讀三份，如有旨再讀，則繼續讀卷，直到下旨免讀。然後，司禮監依次收卷於御案，讀卷即告結束，讀卷官退門外候旨。這時，前三名的人選和排名就看御筆欽定了。如果內閣與皇帝及司禮監關係融洽，那麼最先由三位大學士讀的卷子就為一、二、三名，所以許多人認為是「讀卷官取狀元」[1]。嘉靖時禮部尚書席書更專疏劾論：「舊例廷試貢士，掌卷官先行看

1 沈德符：《萬曆野獲編》卷 15《讀卷官取狀元》。

閱，分送內閣，然後以次及於九卿。進士甲第前後，第決於讀卷官職之尊卑，不復論其文之高下，非所以示大公也。」[1] 但慣例已成，不復改變。當然，如果皇帝要表示「乾綱獨斷」，則往往打破次序，但這種情況「十不一二」。[2] 皇帝「欽定」前三名後，其餘試卷被退回東閣，讀卷官也回到東閣，將第二甲第一名以下排列，然後拆卷填寫黃榜，等待「放榜」。

在明代，殿試放榜叫「傳臚」，照例要舉行儀式。比起三月十五日的殿試，傳臚儀式的氣氛更加輕鬆。傳臚的準備工作在華蓋殿（嘉靖以後稱「中極殿」，今故宮中和殿）進行。讀卷官在御前按欽定的一、二、三名依次拆卷，拆第一卷即奏第一甲第一名某人，二、三卷亦然，隨即在早已寫好二、三甲進士姓名的黃榜上填上一甲三人，尚寶司官員在黃榜上用印。隨着鼓樂聲，執事官將黃榜捲好交付翰林院官，後者捧至奉天殿（皇極殿）等候，皇帝由導駕官引導，由華蓋殿來到奉天殿升座，文武百官按常朝侍立，作堂下樂，鳴放鞭炮，傳臚開始。

這時，貢士們早已在殿外丹墀兩邊拜位上排列，傳制官請旨後出奉天殿左門，在丹陛東朝西站立，執事官高舉放有黃榜的榜案來到丹墀御道上並放定，傳制官高唱「有制！」待眾貢士跪下後宣制：「某年三月十五日策試天下貢士。第一甲賜進士及第，第二甲賜進士出身，第三甲賜同進士出身。」然後唸第一甲三人、第二甲和第二甲的第一名共五人姓名。唸罷，眾進士隨着口令俯、起、四拜。執事官舉着黃榜案出奉天門左門，將黃榜張掛於長安左門外，眾進士隨出觀榜，順天府官員用傘蓋儀從送新科狀元歸第。宮內，文武百官依次入班，致詞官於丹陛中跪定致詞：「天開文運，賢俊登庸，禮當慶賀！」接着鳴放鞭炮，皇帝起駕，百官退朝。儀式結束。

傳臚後的一兩天，還有一個由新科狀元率眾進士進宮謝恩及往國子監謁先師孔子廟的儀式。儀式結束後，眾進士易冠服，這才算完全「釋褐」，

1　《明世宗實錄》卷 62，嘉靖五年三月乙未。

2　沈德符：《萬曆野獲編》卷 15《讀卷官取狀元》。

即不再是民而是官了。國子監照例立碑題名。除內閣和翰林院共同選拔若干名庶吉士外，三年一次的科舉全部結束。新進士則等待吏部的銓選。

從表面上看，殿試在整個科舉制度中似乎只是一個無足輕重的程序，它由一系列儀式構成。雖說是皇帝「親策於廷」，但除特例，策試題均由翰林院和內閣擬定。從嘉靖後期開始，皇帝有時連儀式也不出席，至於進士名次的排列，也多由內閣會同讀卷官決定。但正是這一系列儀式使科舉取士給人一種神聖和公正的感覺，可以激發新進士們效忠皇室的熱情，並吸引着萬千士子爭取金榜題名的榮光。從一定意義上來說，君主的權威和人們的信念是離不開莊嚴隆重而帶有幾分神祕色彩的儀式的。

五、明代科舉制批判

對明朝科舉的批評，從明代就已經開始。批評主要集中在兩個方面。

一是科舉考試中出現的種種弊端，如考官營私，有司囑託，考生作弊，等等。

這些弊病，有些確有其事。如景泰四年（1453）順天府鄉試錄取的舉人中，經揭發而被查出的冒籍生員有九人；又如景泰七年，大學士陳循、王文因其子鄉試下第而力攻主考官劉儼；再如萬曆四年（1576）順天府鄉試，主考官高汝愚為依附權貴，將張居正之子張嗣修、張懋修及吏部侍郎王篆之子王之衡、王之鼎盡行錄取。[1] 諸如此類，不勝枚舉。但也有不少傳聞屬捕風捉影，並無實據。如正德六年（1511）殿試，大學士楊廷和之子楊慎為一甲第一名，於是有傳言說首輔李東陽私下將策題密示楊慎，故楊慎策對獨詳。[2] 對這件事，武宗並未追究，輿論也認為楊慎以才高及第，不會有先得試題之事。再如折騰幾個月之久的弘治十二年（1499）會試賣題案，給事中華昶劾主考官翰林學士程敏政受賄出賣試題，使江陰縣舉人徐

1 《明史》卷 70《選舉二》。

2 王世貞：《弇山堂別集》卷 82《科試考二》。

經、蘇州府舉人唐寅遭到斥譴，被剝奪考試資格，程敏政也被勒令致仕、含憤而死。但根據《實錄》所記載的情況，並無程敏政泄題的實證。[1] 至於洪武三十年（1397）舉子們攻會試主考官劉三吾等盡取南人之事，更帶有偶然性。

其實，既有考試，就免不了有人作弊，賄買鑽營、懷挾請代、割卷傳遞、頂名冒籍，可說是無代不有。但作弊即是違法，明政府對揭露出來的營私舞弊常常予以重懲，甚至不惜大興詔獄，並不斷完善考試制度，堵塞漏洞。如將鄉試主考官由地方教官改為京官、提高會試主考官品級以遏制囑託賄買的不正之風，完善糊名、謄卷、欽定殿試名次諸程序以防考官營私，嚴禁冒籍、頂替、挾帶、傳條以絕考生投機，並制定了大臣迴避制度。整個制度雖說弊端百出，屢禁不止，但相對來說還是較為嚴密的，因此考生競爭也就相對公平。平心而論，在當時的條件下，要基本革除蔭子制度、合理選拔人才，除了進行統一的考試，確實別無他途。

二是考試本身的不合理性。關於這一點，古人和今人的角度並不一樣。

正德六年殿試第一的楊慎對考經義只考「本經」進行了批評：「本朝以經學取士，士子自一經之外，罕所通貫。近日稍知務博，以嘩名苟進，而不究本原，徒事末節。五經諸子，則割取其碎語而誦之，謂之『蠡測』；歷代諸史，則抄節其碎語而綴之，謂之『策套』。其割取抄節之人，已不通經涉史，而章句血脈，皆失其真，有以漢人為唐人、唐事為宋事者，有以一人析為二人、二事合為一事者。」[2]

在明代學者中以博學多聞著稱的何良俊則對永樂以後以四書、五經「大全」為標準答案進行了批評：「太祖時，士子經義皆用註疏，而參以程朱傳註。成祖既修五經四書大全之後，遂悉去漢儒之說，而專以程朱傳註

1　《明孝宗實錄》卷147，弘治十二年二月丁巳；卷148，弘治十二年三月丙寅；卷149，弘治十二年四月辛亥；卷151，弘治十二年六月己丑。

2　參見黃雲眉：《明史考證》卷70《考證》。

為主……學者但據此略加敷演，湊成八股，便取科第，而不知孔孟之書為何物矣，以此取士而欲得天下之真才，其可得乎？」他認為，用八股文考經義，猶如用程朱語填詞，做文字遊戲而已。[1]

對考試制度進行全面批評的是明末清初的大學者顧炎武，除了批評考試只考一經並以程朱傳註為標準答案，他集中抨擊了試文格式，即八股文。所謂八股文，其實是一種答題格式，始於成化二十三年（1487）會試，考生答卷按破題、承題、起講、入手、起股、中股、後股、束股的順序進行，而起股、中股、後股、束股四段又規定各有兩組排比對偶的文字，故稱「八股」。考卷從無定式到有定式，單純從閱卷角度看應是一個進步。但明太祖在洪武二十五年規定，學校、科舉一應文字只用散文，不許作四六駢文，而八股文強求考生用八組排比對偶文字答題，從文風來說是倒退。加上明朝以科舉取士，科舉重在經義，經義又以八股文為考試格式，從而導致人人習八股，稱其為「時文」，致使文風敗壞。後來更發展到有人以賣八股時文為業，稱「十八房之刻」，考生只需熟記若干篇時文，即可取得功名。本來是「十年寒窗苦」，結果有人背一年時文就金榜題名，但其人對於本經原史，茫然不知。所以顧炎武認為，「八股之害，等於焚書，而敗壞人材，有甚於咸陽之郊，所坑者但四百六十餘人也」[2]。

楊、何均為飽學之士，顧炎武更為一代名儒，他們對明朝科舉制度的批評是具有代表性的，也確實切中時弊。但是他們並不反對考試以經義為主，只是反對只考一經且斷章取義；他們也不反對用註疏答題，只是反對僅用宋儒註疏而摒斥漢儒乃至不通孔孟原文；他們更不反對以科舉取士，只是反對文用八股。顧炎武還為改革科舉制度提出了三項措施。一曰：「欲革科舉之弊，必先示以讀書學問之法，暫停考試數年而後行之。」二曰：「欲振今日之文，在毋拘之以格式，而俊異之才出。」三曰：「救今日之弊，

1 何良俊：《四友齋叢説》卷 3《經三》。

2 顧炎武：《日知錄》卷 16《擬題》《十八房》。

莫急乎去節抄剽盜之人。」[1] 中心思想仍然集中在如何通經史、去八股之上。

其實，八股文是困不住真才的，如柳詒徵先生所說：「以帝王之尊崇，及科舉之需要，故凡向風慕化者，無不渲染浸漬於身心性命之說，而其蔚然成為儒宗者，則由科舉之學，進而表示人格，創造學說，而超出八股之生活者也。」何良俊、楊慎固遜一籌，而顧炎武正是由「科舉之學，進而表示人格、創造學說」者。[2]

其實，即使在當時，人們對科舉、對八股文的看法也不盡一致。

李贄《焚書》將當時的科舉時文與六朝的駢文、唐代的詩歌和傳奇、金元的院本雜劇、明代白話小說並列，稱其為「至文」：

> 詩何必古選？文何必先秦？降而為六朝，變而為近體，又變而為傳奇，變而為院本、為雜劇、為《西廂曲》、為《水滸傳》，為今之舉子業，皆古今至文，不可得而時勢先後論也。[3]

沈德符《萬曆野獲編》說：

> 今教坊雜劇，約有千本，然率多俚淺，其可閱者十之三耳。元人未滅南宋時，以此取士子優劣，每出一題，任人填曲。如宋宣和畫學，出唐詩一句，恣其渲染，選其得畫外趣者登高第。於是宋畫元曲，千古無匹。[4]

明代科舉時文，如同宋畫元曲，乃明人用以取榮華富貴的手段，所以也經千錘百煉，遂為「古今至文」。將這些古今至文傳播於世，起始本為官方

1　顧炎武：《日知錄》卷 16《擬題》《程文》《三場》。

2　柳詒徵：《中國文化史》，上海：中國大百科出版社，1988 年，第 611 頁。

3　李贄：《焚書》卷 3《童心說》。

4　沈德符：《萬曆野獲編》卷 25《詞曲．雜劇院本》。

的示範行為，但在利益的驅動下，發展為傳抄、私刻、商刻。

至嘉靖中後期，刊行時文已風靡各地，時文也成為具有重要影響的文學品種，一些戲劇作家甚至以作時文的手法寫劇本。徐渭對此進行了批評：

> 以時文為南曲，元末、國初未有也。其弊起於《香囊記》。《香囊》乃宜興老生員邵文明作，習《詩經》，專學杜詩，遂以二書語匀入曲中，賓白亦是文語，又好用故事作對子，最為害事。夫曲本取於感發人心，歌之使奴童婦女皆喻，乃為得體。經、子之談，以之為詩且不可，況此等耶？直以才情欠少，未免輳補成篇。[1]

明代有影響的科舉時文彙編，始於《藝海元珠》《閱藝隨錄》，選家為馮夢楨和王士驌。沈德符《萬曆野獲編》說：

> 南宮放榜後，從無所謂房稿。丁丑（萬曆五年），馮祭酒（夢楨）為榜首，與先人（按：指沈德符的父親沈自邠）俱尚書首卷，且同邑同社，兩人為政，集籍中名士文，匯刻二百許篇，名《藝海元珠》，一時謂盛事亦創事。至癸未（萬曆十一年），馮為房考，始刻書《一房得士錄》，於是房有專刻。嗣是漸盛。然壬辰（萬曆二十年）尚少三房、乙未（萬曆二十三年）少一房，俱京刻，無選本。至戊戌（萬曆二十六年）則十八房俱全。而婁江王房仲（士驌）有《閱藝隨錄》之選。至辛丑遂有數家。今則甲乙可否，入主出奴，紛紛聚訟，且半係捉刀，譖不足重輕矣。[2]

不僅有選本，而且有評論，並出現了一批以評點科舉時文而著名的大家，如沈一貫、李廷機等。現存的明代科舉應試文集及有關論集主要有：武之望《舉業卮言》、郭子章《舉業利用拔奇》、沈一貫《沈相國續選百家舉業

---

1 徐渭：《南詞敍錄》。

2 沈德符：《萬曆野獲編》卷16《科場・進士房稿》。

奇珍》、申紹芳《四書順天捷解》、鄒守益《續文章軌範百家批評註釋》、余有丁《標題論策指南綱鑒纂要》、朱之蕃《劉太史匯選古今舉業註釋評林》、李廷機《翰林評選註釋程策會要》、朱呈滋《午未註釋二三場程論玉穀集》、張瑞圖《翰林評選歷朝捷錄總要》、顧東謙《癸丑科翰林館課》、顧充《評林註釋歷朝捷錄》、歸有光《批釋舉業初要古今文則》、李叔元《諸名家前後場六部肆業精決》、袁黃《增訂二三場羣書備考》、丁紹軾《十六翰林擬纂酉戌科急出題旨棘圍丹篆》、魏浣初《魏仲雪補李卓吾名文捷錄》、邵景堯《翰林評選註釋二場表學司南》和《邵翰林評選燴業捷學宇宙文芒》、徐奮鵬《筆洞山房批點詩經捷渡大文》、劉元震《乙未科翰林館課東觀弘文》、薛應旗《舉業明儒論宗》等。當然，若論數量之多、挑選之嚴，自然是清乾隆時所編的《欽定四書文》，收錄明永樂至崇禎二百多年間科舉文共 486 篇。

任何一種選舉制度，均受當時社會制度的制約，科舉亦然。科舉制度的目的是選拔官員而不是選拔學者及其他專門人才，這就決定了它的考試內容；同時，由於生產力發展水平的限制，很難要求科舉考試內容中增加諸如數學、物理、農學乃至商業管理等尚未形成體系或尚未出現的學科。清末之所以能夠廢科舉，並不在於科舉本身的弊病，而在於社會制度發生變革。

當然，明朝科舉制度以實用主義引導讀書人斷章取義地對待文化遺產、鑽研甚至強記八股時文去奪取功名利祿，對於思想文化和科學事業的進步，確實產生了極為惡劣的影響。

第三節　明代的吏及其在國家權力結構中的地位

一、「吏」的種類與職責

明朝繼承了宋元以來的傳統，將「官」與「吏」分為兩途。官為國家權力各層面的決策者和主持者，所謂「領持大概者，官也」；吏是各衙門的具體辦事人員，所謂「辦集一切者，吏也」[1]。官雖然管吏，具體事務卻得依靠吏來完成；官有罪可能貶為吏，吏考滿也可升為官。但一般來說，吏所充之官多為「首領官」，而難以成為主政官。所以民間將官與吏之差別比之為天與地、東與西。[2] 儘管如此，在民眾眼中，國家權力的具體體現，卻未必是官而往往是吏，國家權力的行使狀況，也往往決定於吏。因為他們才是國家意志和國家權力的貫徹者，是一切國家事務的「操盤手」，也只有他們才最直接地與普通民眾打交道。

萬曆《明會典》列有十二種主要吏員的名目：提控、都吏、令史、通吏、掾史、司吏、典吏、書吏、承發、胥吏、攢典、獄典，分佈在京師及各地所有的衙門。但除典吏在各類衙門均有設置之外，其餘十一種吏按衙門的性質靈活設置。其特點有二：一、文職衙門和武職衙門主管吏員的名目不同。文職衙門中南北兩京六部及都察院的主管吏員均為「都吏」，其他衙門為「令史」或「司吏」，地方衙門則是「通吏」或「司吏」。武職衙門的五軍都督府及各省鎮守總兵府的主管吏員為「提控」或「掾史」。二、衙門性質不同，吏的配置也不盡相同。如都察院、刑部、大理寺、按察司等衙門職在監察與刑罰，故設有胥吏、獄典等，其他在京衙門則無。而主管財政的戶部、工部及各地庫、倉、局、所，多配置攢典，其他衙門則無。[3]

上述十二種吏員，可以分為四大類：主管吏員、案牘吏員、司財吏員、司獄吏員。

主管吏員包括宗人府、都督府、順天府的提控，六部、都察院的都吏，各省總兵衙門的掾吏，各理刑衙門的胥吏，以及其他在京、在外衙門的令史或司吏。其職責是協助首領官檢視、起草文案，統領該管事務內的

1 王惲：《秋澗集》卷 46《吏解》。

2 明代民謠説熱戀男女的海誓山盟：「要分離，除非是天做了地；要分離，除非是東做了西；要分離，除非是官做了吏！」（《明清民歌時調集．掛枝兒》卷 2《分離》，上海：上海古籍出版社 1987 年，第 62 頁。）

3 萬曆《明會典》卷 7《吏部．吏員》。

典吏、書吏等。丘濬曾將主管吏員如都吏比作《周書》中的胥：「胥，若今之都吏，所謂一胥則十徒，才智為什長者也。」[1] 可見都吏等主管吏員在全部吏員中的地位，也可以看出許多官員受制於吏員的原因。

案牘吏員包括內外各衙門的典吏、承發、書吏等。而典吏是數量最多、設置最普遍、地位最低下的吏員。除了翰林院及各省總兵衙門和府州縣所屬庫、倉，所有衙門均有設置。其中，戶、刑二部達百人以上。其職責主要是抄寫、收發、保管文案，並分房辦事。

司財吏員指戶部、工部及所屬各處庫、倉、稅課司、抽分局和各布政司、府、州、縣、衛、所所屬庫、倉的攢典。其職責是協助首領官及大使、副使保管、收支錢糧及工料、實物等。司獄吏員指刑部、都察院、大理寺、按察司及各府、州、縣的獄典。其職責是分管獄卒、管理人犯。此外，還有驛吏、閘吏、壩吏及承差、知印等，均為業務性衙門的吏員。

二、吏的來源

明朝吏員主要有兩個來源：僉充、罰充。吏員的選任由吏部及禮部主持。

僉充。從農民中僉充的吏役是明朝吏員的最初來源。

《明會典》說：「凡僉充吏役，例於農民身家無過、年三十以下能書者選用。」同時禁止曾在元朝及本朝做過案牘吏員者以及市民、隸卒、還俗僧道充吏。不僅如此，父兄伯叔有人已在充吏但服役未久，或因犯贓罪充軍及為民者，其弟男子姪也不許充吏。作為「憲司」的都察院和按察司，對其下吏員的選擇比其他部門更為嚴格，除上述禁止人員外，犯過奸、貪罪者均不得錄用。[2] 可見，明初對於「吏」的僉充是相當嚴格的，這自然是鑒於元朝官昏吏貪、政治腐敗的教訓。但將「吏」作為「役」來僉發，本身就是對吏員的歧視。

1　丘濬：《大學衍義補》卷 98《治國平天下之要・備規則》。

2　正德《明會典》卷 9《吏部・事例》、萬曆《明會典》卷 8《吏部・吏役參撥》。

罰充。因故罰充吏役或貶謫為吏的各級學校的學生、舉人及官員，是明朝吏員的又一來源。具體包括以下幾種情況。

生員充吏。明代府州縣皆設官學，學員稱「生員」。洪武時定，凡生員官給廩膳，並免其家二丁差役。後擴充名額，稱「增廣生」，亦免其家二丁差役，但無廩膳。於是稱官給廩膳者為「廩膳生」。其後又有「附學生」。學校及生員的有關政策均由禮部制定並督促實施，生員罰吏條例的制定和實施也由禮部主持。洪武十八年（1385）正月，禮部奏准，天下歲貢生員考試不中者再試，再試而不中者，罰為吏[1]。洪武二十七年十月，命生員凡食廩十年而其學無成效者，罰充吏。[2]這個條例至少在相當長的時期內實行。永樂時，禮部引奏北方歲貢生員入學十年考不中式者，例當充吏。[3]正統時又定，生員入學六年以上「不諳文理者」，廩膳生悉發為吏、增廣生罷黜為民當差。[4]

貢生充吏。洪武十六年定，歲貢生員至京，由翰林院考試，中式者入國子監，不中者罰為吏。其後稍有放寬，不中者已食廩五年以上者充吏，不及五年者可在次年再考，仍不中者乃充吏。[5]

監生充吏。洪武三十年定省親等項期限，凡監生因省親、丁憂等返家，視道路遠近，超過期限三個月至一年者，俱發充吏。[6]

1 《明太祖實錄》卷 170，洪武十八年正月乙酉：「禮部奏天下歲貢生員考試不中者，當罰為吏。上曰：『人資質有高下，故成效有遲速。且令還學讀書，以俟再試。再試不中者，罰之。』」

2 《明太祖實錄》卷 235，洪武二十七年十月庚辰。這次的條例較早年寬鬆。至永樂，更加寬鬆了。

3 《明太宗實錄》卷 28，永樂二年二月癸酉。但這一次成祖作了寬限，原因是「北方近三四年間，兵戈擾攘，諸生捨俎豆而事軍旅，飛芻輓粟之勞、奔走流離之苦，豈暇於學」，故將其發回原學，補其廢學年數，以俟再試，再試不中，則罰充吏。

4 《明英宗實錄》卷 17，正統元年五月庚寅。

5 萬曆《明會典》卷 220《國子監》。

6 萬曆《明會典》卷 220《國子監》。

舉人及教官充吏。下第舉人試用為教師，可以說是明朝的普遍做法。舉人考試不第則罰為吏的條例是在建文繼位之後頒佈的。洪武三十一年九月，對寄監的下第舉人進行考試，其中中式者 415 人，按其名次除授府學教授、州學教諭及縣學訓導，不中者 87 人，皆罰為州吏目。[1] 此後即為慣例。

此外，弘治時定，凡參加鄉試的生員、儒士、監生，以及參加會試的舉人，因舞弊而被搜檢暴露者，皆罰充吏。這個「例」，非常有可能和當時發生的科場案有關。[2]

官員充吏。洪熙元年（1425）正月，命文職官自永樂二十二年（1424）八月十五日以前，有犯罪充辦事官及吏典承差者，並送吏部，隨才授職。但犯贓罪者不在此例。[3] 官員充吏也不在少數。如洪武二十三年，國子生李約因父李允恭以事謫廣東充吏，請以身代。[4] 建文時，監察御史高以正因事謫河州充吏，給事中馬麟、王徵、楊恭、張景安、官麟等皆因言事發雲南充吏。[5] 永樂時給事中張昭、鄭傑、周岐，漢王朱高煦王府長史程石琮、紀善、周巽等，尚寶司丞范寧，洪熙時監察御史竇信、給事中劉渙，皆因言事發交趾充吏。[6]

1 《明太祖實錄》卷 256，洪武三十一年九月己丑。

2 《明孝宗實錄》卷 151，弘治十二年六月己丑條載：先是給事中華昶奏學士程敏政會試漏題事。既午門前置對，敏政不服，且以昶所指二人皆不在中列，而覆校所黜可疑十三卷，亦不盡經校閱，乞召同考試官及禮部掌號籍者面證。都御史閔珪等請會多官共治。得旨：不必會官，第從公訊實以聞。復拷問徐經，辭亦自異，謂來京之時，慕敏政學問，以幣求從學問，講及三場題可出者，經因與唐寅擬作文字，致揚於外。會敏政主試所出題有嘗所言及者，故人疑其買題。而昶遂指之，實未嘗賂敏政，前懼拷治，故自誣服。因擬敏政、經、寅各贖徒，昶等贖杖，且劾敏政臨財苟得不避嫌疑，有玷文衡，遍招物議，及昶言事不察實，經、寅等夤緣求進之罪。上以招輕參重，有礙裁處，命再議擬以聞。珪等以具獄上。於是命敏政致仕，昶調南京太僕寺主簿，經、寅贖罪畢送禮部奏處，皆黜充吏役。

3 《明仁宗實錄》卷 6 下，洪熙元年正月丙戌。

4 《明太祖實錄》卷 201，洪武二十三年四月壬申。

5 《明太宗實錄》卷 16，永樂元年正月癸巳；卷 20 上，永樂元年五月庚寅。

6 《明太宗實錄》卷 114，永樂九年三月丁丑；卷 186，永樂十五年三月丙午；卷 229，永樂十八年九月己巳；《明仁宗實錄》卷 6 下，洪熙元年正月庚寅；卷 7 上，洪熙元年二月丁卯。

三、吏的地位與「求充」

吏員的僉充和罰充，都和吏的法律地位相關。自太祖開始，明朝統治者就表現出對吏的歧視和不信任。洪武四年（1371）五月，命天下吏人與倡優同服皂衣，以在服色上將吏與官、民區別。[1] 當年開科舉，中書省奏請諸生、俊民、吏胥皆得應舉，明太祖明確表態：「吏胥心術已壞，不許應試。」[2] 洪武九年九月，福建布政司參政魏鑒、瞿莊拷訊奸吏時致其死，中書省以此事上奏，請治魏、瞿之罪。明太祖卻特賜二人璽書，以「吏詐則蠹政，政既隳矣，民何由安」為由，稱其「惟仁人能好人能惡人」。[3] 而《大誥》及其續編、三編，更連篇累牘地斥責吏的禍害。[4] 所以，對於生員、儒士及準備入學求仕的農民子弟來說，為吏是有失身份的，更毋論官員。故唐寅一旦被謫為吏，則更為放誕和玩世不恭，政府也常為貶為吏員的官員留着復任的後路。

對吏的歧視可以說貫穿明代始終，這既與吏的所作所為有關，更與明代乃至歷代政治體制及權力結構的不盡合理有關。顧炎武《郡縣論》在自己的認識範圍內指出了這種不合理並開出了藥方：

> 善乎葉正則（按：葉適）之言曰：「今天下官無封建而吏有封建。」州縣之敝，吏胥窟穴其中，父以是傳之子，兄以是傳之弟。而其尤桀黠者，則進而為院司之書吏，以掣州縣之權。上之人明知其為天下之大害而不能去也。使官皆千里以內之人，習其民事，而又終其身任之，則上下辨而民志定矣、文法除而吏事簡矣。官之力足以御吏而有餘，吏無所以把持其官而自循其法。昔人所謂養百萬虎狼於

1　《明太祖實錄》卷 65，洪武四年五月辛酉。

2　《明太祖實錄》卷 67，洪武四年七月丁卯。

3　《明太祖實錄》卷 108，洪武九年九月己卯。

4　參見方志遠：《明代蘇松江浙人「毋得任戶部」考》，《歷史研究》2004 年第 6 期。

民間者，將一旦而盡去。治天下之愉快，孰過於此。[1]

顧炎武認為吏之弊主要是因為官員的異地任職及任職年限過短，從而使吏有作弊的空間。但實際情況遠比顧炎武的認識複雜，可以說在這一點上明武宗甚至看得更清楚：吏治和官風從來都是聯繫在一起的，官場腐敗，又怎能要求吏員清廉？

雖然明代法律賤吏員，但吏員可以自尋富貴。其一，他們既可利用官員的昏庸無能而大行己意，或者有所作為，或者從中作弊；也可以與官員連為一體，或共同為國為民謀利，或共同貪贓索賄。其二，雖然官、吏懸隔，但吏員仍然不失為入仕之途。尤其是天順、成化之後，隨着商品經濟的發展和人們等級貴賤觀念的淡化，充吏成了一些科舉無望的讀書人、營生無門的農家子弟謀求生計乃至進入仕途的出路。於是，吏員在僉充、罰充之外，又有了「求充」。

吏員求充的發生應該有一個從地下到公開的過程。最初是打通關節，牟求吏的身份和職務，其後則公開標價、公平競爭。納銀的數量，例為白銀十五兩。其後求充者日多，納銀數也隨着增加。納銀之後，還得進行考試，考試合格，才能獲得為吏的資格，以守缺頂補。由於缺額少而候者多，又得向有關官員和吏員交「頂頭銀」「替頭銀」數十兩乃至數百兩，以求早日頂編。[2]

吏員的罰充特別是求充，使得僉充的一些積極意義盪然無存。罰充的生員和監生既被褫奪功名，乾脆一心一意謀私利；求充者既然花了數十數百兩的銀子才得以頂缺，自然要千方百計地尋回本息。而他們對於官場的腐敗又洞察秋毫，他們可以瞞着官員幹壞事，官員的隱私卻瞞不了他們。明後期國家權力效能的降低和吏治的腐敗，以及吏員挾持官員、操縱地方及部門事務，與此有極大的關係。

1　顧炎武：《亭林文集》卷 1《郡縣論八》，《顧亭林詩文集》，第 17 頁。

2　參見趙世瑜：《明代吏典制度簡説》，《北京師範大學學報》1988 年第 2 期。

第三章

明代財政管理中的權力關係

第一節　中央財政管理系統

一、外廷財政管理衙門：戶部、工部

明朝中央財務行政機關為戶部，這是排序僅次於吏部而實際事務最為繁重的一個衙門。財政對於國家權力的意義是不言而喻的，唐末五代及宋甚至將其事務分由戶部、度支、鹽鐵三個部門管理，分理戶口賦役、財政預算及工商稅收，而「三司使」則成為地位僅次於宰相的主持全國財政事務的重臣。這既反映了當時經濟發展的新動態，也可以說是中國歷史上最具典型意義的經濟基礎推動上層建築變化的事件。但這一國家體制和權力結構方面的重大創新並沒有被元、明繼承。

作為主管全國財政事務的衙門，為了工作上的便利，明代戶部設了十三個清吏司，分領十三個布政司，同時「帶管」在京各衙門及在外各倉、司、關、局，其分工見下表。

表 2　戶部十三清吏司「帶管」分工

清吏司	在京諸司	在外諸司	各倉、場、司、關
浙江	羽林右、留守左、龍虎、應天、龍驤、義勇右、康陵等 7 衛及神機營	浙江布政司	
江西	旗手、金吾前、金吾後、金吾左、濟陽等 5 衛	江西布政司	

續表

清吏司	在京諸司	在外諸司	各倉、場、司、關
湖廣	國子監、教坊司，羽林前、通州、和陽、豹韜、永陵、昭陵等6衛	湖廣布政司 興都留守司	
福建	順天府，燕山左、武驤左、武驤右、驍騎右、虎賁右、留守後、武成中、茂陵、通州右等9衛，五軍、巡捕、勇士、四衛各營	福建布政司 北直隸各衛所及永平、保定、河間、真定、順德、廣平、大名等7府，延慶、保安二州，大寧、萬全二都司	北直隸山口、永盈、通濟各倉
山東	錦衣、大寧中、大寧前等3衛	山東布政司 遼東都司	兩淮、兩浙、長蘆、河東、山東、福建各鹽運司，四川、廣東、海北及雲南黑鹽井、白鹽井、安寧、五井等7鹽課提舉司，陝西靈州鹽課司、江西南贛鹽稅
山西	燕山前、鎮武、興武、永清左、永清右等5衛	山西布政司 宣府、大同、山西各鎮	
河南	府軍前、燕山右、大興左、裕陵等4衛，牧馬千戶所	河南布政司 南直隸漳關衛、蒲州馬戶所	
陝西	宗人府、五軍都督府、六部、都察院、通政司、大理寺、詹事府、翰林院、太僕寺、鴻臚寺、尚寶司、六科、中書舍人、行人司、欽天監、太醫院、五城兵馬司、京衛武學、文思院、皮作局，留守右、長陵、獻陵、景陵等4衛，神樞、隨侍二營	陝西布政司 延綏、寧夏、甘肅、固原各鎮	
四川	府軍後、金吾右、騰驤左、騰驤右、武德、神策、忠義後、武功中、武功左、武功右、彭城等11衛	四川布政司 應天府、南京49衛，南直隸安慶、蘇州、松江、常州、鎮江、徽州、寧國、池州、太平、廬州、鳳陽、淮安、揚州等13府及徐、滁、和、廣德四州，中都留守司並南直隸各衛所	

續表

清吏司	在京諸司	在外諸司	各倉、場、司、關
廣東	羽林左、留守中、鷹揚、神武左、義勇前、義勇後等 6 衛，蕃牧、奠靖二千戶所	廣東布政司	
廣西	太常寺、光祿寺、神樂觀、犧牲所、司牲司，瀋陽左、瀋陽右、留守前、寬河、蔚州左等 5 衛	廣西布政司	太倉銀庫、內府十庫，二十三馬房倉，各象房、牛房倉，京府各草場
雲南	府軍、府軍左、府軍右、虎賁左、忠義右、忠義前、泰陵等 7 衛	雲南布政司	大軍倉、皇城四門倉，臨清、德州、徐州、淮安、天津各倉
貴州	上林苑監，濟州、會州、富峪等 3 衛	貴州布政司 薊州、永平、密雲、昌平、易州各鎮	寶鈔提舉司、都稅司，正陽門、張家灣各宣課司，德勝門、安定門各稅課司，崇文門分司，臨清、滸墅、九江、淮安、北新、揚州、河西務各鈔關

資料來源：萬曆《明會典》卷 14《戶部·十三司職掌》

上表所列為嘉靖二十九年（1550）尤其是萬曆三年（1575）調整以後的戶部十三司分工。嘉靖二十九年的調整主要是歸併府州衛所，即將原來由各清吏司分散帶管的北直隸府州衛所歸併於福建司，南直隸府州衛所歸併於四川司。萬曆三年調整的主要是理順財源，亦將原來由各清吏司分散帶管的各鹽司統一由山東司帶管，在外之臨清、德州諸倉統歸於雲南司，在內之御馬、象房等倉及草場統歸於廣西司，而崇文門及臨清、滸墅諸關稅收則統歸於貴州司。這樣，山東、貴州二司在一定意義上分別成了全國鹽政、關稅的管理機關，而雲南、廣西二司則分別主管在外及在內的糧錢儲備。

十三清吏司之下又各設民科、度支科、金科、倉科等四個業務部門。民科掌該司所分管的省府州縣的地理、人物、圖志、古今沿革、山川險易、土地肥瘠寬狹、戶口物產多寡及升降等數；度支掌會計夏稅秋糧的存留、起運及賞賚、祿秩等項經費；金科掌市舶、魚鹽、茶鈔稅課，以及贓罰的收折等；倉科掌漕運、軍儲出納科糧等。可見，四科分別具有編造圖冊、計劃預算、工商管理、儲運出納的職能。也就是說，戶部的每個清吏司，幾乎都相當於一個部，只是下轄的不是「司」而是「科」。

雖然明代的戶部不具備「三司使」的地位，但戶部內部的這種地區劃分與業務分工相結合的機構設置，不僅在明朝的六部中獨一無二，即使在中國財政管理制度史上，也是開創性的。

此外，為了保證京師的糧食供給，戶部從宣德五年（1430）起，專設總督倉場一人，或尚書，或侍郎，掌督在京及通州等處倉場糧儲，但不治部事。

戶部固為明代中央最高財政管理機關，但工部也有一定的財政管理職能。正如嘉靖、萬曆年間歷任內外要職的張瀚所說：「明興，關市之禁視前代尤詳。舟車掌於鈔關，為司徒屬。竹木掌於抽分，為司空屬。」[1]

工部設有營繕、虞衡、都水、屯田四清吏司，以及寶源局、抽分局等機構。營繕司主經營興作之事，故三年一役的輪班工匠、月役一旬的住坐工匠，以及各色工役人員均由其管理，一應工料由其籌辦。虞衡司主山澤採捕及陶冶之事，故山貨土產的徵稅、製陶冶煉的費用，以及山場、園林的收入，由其負責。都水司主川澤、陂池、橋樑、舟車、織造、券契之事，以及與此有關的力役和費用均由其籌措。屯田司主屯種、抽分、薪炭、伕役、墳塋之事，組織墾殖與工商管理的職能十分明顯。至於寶源局主造錢幣、抽分局主持竹木抽分，更直接與財政相關。[2] 嘉靖三十五年定，工部四清吏司的歲額料銀共五十萬兩，以及由內府提辦的各種物料，均不通過戶部而由工部直接下達到各省及直隸府州。[3] 即以戶口而言，民戶統於

1　張瀚：《松窗夢語》卷 4《商賈紀》。

2　《明史》卷 72《職官志一》、萬曆《明會典》卷 181—206《工部》。

3　萬曆《明會典》卷 207《工部·料銀》。

戶部，匠戶則由工部管理。

二、內廷管理衙門：司禮監、御馬監及內官、御用諸監

如同在中央決策系統所見到的那樣，明朝的財政管理也有兩個系統。除外廷的戶部、工部等之外，還有內廷的宦官諸衙門。在宦官二十四衙門中，與財政管理直接相關且權力較重者主要有以下幾個。

司禮監。司禮監既為明朝「朝廷」的代表，又負有多種具體的行政職能，財政管理即為其一。洪武二十四年（1391）第二次大造黃冊時，命各布政司及直隸府州並各土司衙門均將黃冊送戶部轉南京後湖收架，由「司禮監、戶部收掌鎖鑰，並不許一應諸人往來」。[1] 其時司禮監還只是宦官諸衙門中的一個普通衙門，但在黃冊管理中的地位已在戶部之上。其外差則是提督大壩等處馬房及蘇、杭二府的織造，[2] 其實是分割並監督戶部所屬太僕寺及工部之權。

御馬監。御馬監是一個被後人忽略卻權力極為重要的一個宦官衙門。它不僅掌兵符令旗，與兵部相頡頏，又多出鎮守中官，與巡撫、總兵並稱「三堂」[3]，而且掌牧馬草場和皇莊、皇店，兼管象房、馬房等，握有宮中經濟命脈，與外廷的戶部極為相似。在外之督倉中官、市舶中官也多由該監宦官充任。[4]

內官監和御用監。這是被劉若愚稱為「盈餘肥潤」的兩個內府衙門。洪武、永樂時，內官監為宦官二十四衙門之首，宣德以後專掌營造宮室陵墓，下有木、石、瓦、土、塔材、東行、西行、油漆、婚禮、火藥十作，以及米鹽、營造、皇壇等庫。其外差則有真定府管理抽印木植等，與外廷

1 正德《明會典》卷 21《戶部·事例》。

2 劉若愚：《酌中志》卷 16《內府衙門職掌》。

3 編輯註：參見方志遠《撫按、司道與鄉里組織：明代地方國家權力的調整與重組》第一章，香港：中華書局（香港）有限公司，2025 年。

4 參見方志遠：《明代的御馬監》，《中國史研究》1997 年第 2 期。

工部職掌相關。御用監是明朝皇帝日常用品及奢侈品的採辦和管理機關，大凡皇家玩物用具的採買，均由御用監操辦。[1]

內府供用庫、司鑰庫。前者掌宮中及山陵一應人等的食糧及蠟、香等物，後者掌收貯製錢以給賞賜。更為重要的是內承運庫及內府十庫，凡宮中所用金銀及諸寶貨、諸物品皆隸之，且自正統開始，戶部太倉的錢糧不斷調撥至內承運庫。

京、通二倉及各水次倉從宣德開始均設有督倉中官，與總督倉場戶部尚書共理倉儲。

在明朝的財政管理中，外廷的戶部、工部及其他部門與內府的司禮監、御馬監及其他衙門形成了權力的分工和制衡。前者的職責側重於國家正常的財政預算、錢糧徵收與支出，後者的職責則側重於國家錢糧的儲藏和皇室用度。一些研究者以為皇室用度可以不受外廷制約、皇帝的用度可以擺脫戶部和都察院的監督，其實是一種誤解。實際情況是，外廷掌管的國家財政收入和支出固然要受到內府衙門的制約，皇室的用度、內府的開支同樣也要受到戶部、工部及都察院等衙門特別是科道的監管。

第二節　中央派出財政管理機關

一、各鹽運司及鹽課提舉司

為了控制財源，明廷在各地設立了行業性的壟斷機關，對一些與國計民生密切相關或獲利較大的物產如鹽、茶等進行控制，又在水陸通商口岸設立徵稅機關如鈔關、抽分局等，與各地行政機關共同構成地方財政管理體系。其中所透露的，則是中央與地方的財權分配關係。

在當時，除了田賦和力役，國家的最大財源在於鹽。因此，在中央派

1　劉若愚：《酌中志》卷16《內府衙門職掌》。

出的所有財政管理機構中，鹽運司及鹽課司是最為龐大的系統。

至正二十一年（1361）二月，朱元璋集團在南京設立了鹽法局，凡商人販鹽，皆二十取一，以資軍用。[1] 這是明代鹽司設置之始。至正二十六年二月，置兩淮都轉運鹽使司，設運使、同知、判官、經歷、照磨、知事等官，下轄三十九場鹽課司。[2] 這是中央在地方設置的第一個鹽政管理直屬機關。此後，各主要產鹽區皆次第設司，計有兩淮、兩浙、河間長蘆、山東、福建、河東六個都轉運鹽使司，廣東、海北、四川、雲南七個鹽課提舉司（其中雲南為四個），及陝西靈州鹽課司。其設置如下表。

表 3　明代鹽運司鹽課司機構設置表

鹽運司	分司名	批驗所	鹽課司（場）
兩淮都轉運鹽使司	泰州、淮安、通州	儀真、淮安	富安、栟茶、安豐、角斜、梁垛、東台、何垛、小海、草偃、丁溪（以上泰州分司）、白駒、劉莊、廟灣、板浦、伍祐、徐瀆浦、莞瀆、臨洪、新興（以上淮安分司）、呂四、余東、余中、余西、金沙、西亭、石港、馬塘、掘港、豐利、天賜（以上通州分司），凡 30 場
兩浙都轉運鹽使司	嘉興、松江、寧紹、溫台	杭州、紹興、嘉興、溫州	許村、仁和（以上直轄）、西路、鮑郎、蘆瀝、海沙、橫浦（以上嘉興分司）、下沙、青村、袁浦、浦東、天賜、青浦、下沙二場（後增）、下沙三場（後增，以上松江分司）、西興、錢清、三江、曹娥、龍頭、石偃、鳴鶴、清泉、長山、穿山、玉泉、大嵩、昌國（正統五年裁革，以上寧紹分司）、永嘉、雙穗、長林、黃巖、杜瀆、長亭、天富南、天富北（以上溫州分司）凡 36 場

1　《明太祖實錄》卷 9，至正二十一年二月。

2　《明太祖實錄》卷 16，至正二十六年二月。

續表

鹽運司	分司名	批驗所	鹽課司（場）
河間長蘆 都轉運鹽使司	滄州、青州	長蘆、小直沽	海潤、阜民、利國、海豐、利民、益民、海阜、阜財、富民、潤國、海盈（以上滄州分司）、越支、嚴鎮、惠民、興國、富國、蘆台、豐財、厚財、三汊沽、石碑、歸化、濟民（以上青州分司）凡23場
山東 都轉運鹽使司	膠萊、濱樂	洛口	信陽、濤洛、石河、行村、登寧、西由、海滄（以上膠東分司）、王家岡、官台、固堤、高家港、新鎮、寧海、豐國、永阜、利國、豐民、富國、永利（以上濱樂分司）凡19場
福建 都轉運鹽使司			上里、浯州、海口、牛田、惠安、州、潯美凡7場
河東 都轉運鹽使司	解河東、解鹽西、解鹽中		
廣東 鹽課提舉司			小江、石橋、東莞、招收、靖康、矬銅、隆井、淡水、雙恩、咸水、歸德、黃田、海晏、香山凡14場
海北 鹽課提舉司			博茂、新安、武郎、茂暉、白石、大小英感思、三村馬裊、臨川、官寨丹兜、白沙、博頓蘭馨、西鹽白皮、蠶村調樓、陳村樂會、東海凡15場
四川 鹽課提舉司			廣福等三井、仙泉井、華池等三井、郁山井、通海等三井、塗甘井、上流等九井、永通等七井、羅泉等五井、黃市等二井、大寧縣大寧和福興等六井、新羅等二井、雲安場等五井、富義等十三井、鹽井衛黑鹽井及白鹽井，共63井及大寧凡17鹽課司

續表

鹽運司	分司名	批驗所	鹽課司（場）
雲南 黑鹽井 白鹽井 安寧鹽井 五井 四鹽課提舉司			黑鹽井、阿陋猴井、琅井凡 3 鹽課司 白鹽井鹽課司 安寧鹽井鹽課司 師井、諾鄧鹽井、山井、大井鹽井、順盪鹽井凡 5 鹽課司
陝西 靈州鹽課司			漳縣、西河縣

資料來源：正德《明會典》卷 35《戶部二十・鹽法一》
按：浙江下沙二、三場二鹽課司為後增，昌國鹽課司正統五年裁革；河東解鹽東、西二分司設於成化十年，解鹽中分司設於弘治五年。

從都轉運鹽使司、鹽課提舉司特別是各場鹽課司分佈的廣泛，可以看出明朝政府對食鹽控制的嚴密，大凡有鹽場之處，便設有鹽課司進行管理。

其官員的配置，各都轉運鹽使司均設運使一人（從三品）、同知一人（從四品）、副使一人（從五品）、判官若干人（從六品），其屬有經歷司經歷、知事及庫大使、副使各一人；所轄分司由同知、副使及判官分領，各場鹽課司及鹽倉、批驗所均設大使、副使各一人。各鹽課提舉司均設提舉一人（從五品）、同提舉一人（從六品）、副提舉無定員（從七品），所轄各鹽倉及場、井鹽課司均設大使、副使各一人。

這些鹽司的職責是管理各處鹽場、鹽井，向灶戶徵收鹽課，並根據鹽引將鹽批發給鹽商。因此，它們既是鹽業生產的管理機構，又是官鹽售賣的壟斷機構，代表國家對食鹽產、銷兩個環節的控制。從制度上說，各鹽司是戶部權限的延伸，並由戶部各清吏司帶管，如廣東司帶管廣東、北海二鹽司，福建司帶管福建鹽司。課額也定於戶部。鹽商至各場支鹽，必須持有戶部發給的鹽引，鹽司憑引給鹽，否則即為私鹽。萬曆三年（1575），為了便於統一管理，各鹽司並歸戶部山東清吏司帶管，形成了戶部山東司—各都轉運鹽使司、鹽課提舉司—鹽課司這樣一個自上而下的鹽政管理體制。但是，各鹽司同時又要受巡鹽御史或鹽法道副使的監督，以免其上下其手、從中作弊。

通過這些鹽司，鹽利幾乎全由中央控制，地方財政只能在食鹽的運銷過程中分得利潤，或者通過中央的特批而截流。如王守仁在南贛巡撫任上，為籌措軍餉而獲批允許粵鹽行銷吉安、臨江、袁州三府，從而將部分鹽稅「以備軍餉」。[1]

二、鈔關與市舶司

鈔關指明代在運河及長江沿岸商賈輳集處設置的稅關，因疏通鈔法而設，故名。市舶司始為接待海外貢使的機關，後兼為對海外來華商船的徵稅機關。

明初在各地設有稅課司、局近 400 處，向商人徵收過稅和坐稅；又有河泊所、抽分局等，均轄於當地府、縣有司。[2] 宣德四年（1429），戶部認為鈔法不通，皆由商人逃稅所致，於是一面增加京、省市鎮的店肆門攤稅，一面在運河沿線的漷縣（今北京通縣）、臨清、濟寧、徐州、淮安、揚州、南京上新河等客商輳集處設立鈔關，差御史及戶部官對過往商船按其尺寸大小和路程遠近監收船料鈔。以遮洋船為例，頭長一丈一尺、梁頭十六座為百料，從南京至淮安、淮安至徐州、徐州至濟寧、濟寧至臨清、臨清至通州，俱每百料收鈔 100 貫。如從北京直抵南京或南京直抵北京，則每百料收鈔 500 貫。[3]

正統四年（1439），罷徐州、濟寧二處鈔關；六年，罷上新河鈔關；十一年，移漷縣鈔關於河西務。景泰元年（1450），差戶部主事四人分往湖廣武昌的金沙洲、江西九江及南直蘇州、松江，增設鈔關，監收船料

1　王守仁：《王文成全書》卷 9《別錄一・奏疏一・疏通鹽法疏》。

2　《明史》卷 81《食貨志五》。

3　《明宣宗實錄》卷 55，宣德四年六月壬寅；正德《明會典》卷 32《戶部・課程・船料鈔》。

鈔。又遣南京戶部主事一員，往浙江杭州設置北新鈔關。[1] 此後，各地鈔關或罷或置，但有七處大致屬於常設，即運河沿岸的河西務、臨清、淮安、揚州、蘇州、杭州，以及長江南岸的九江。於此也可以看出當年運河在南北物質交流中的作用。而九江的鈔關，主要的徵稅對象並不是過往長江的船隻，而是進出鄱陽湖，即從長江進入贛江或由贛州進入長江的船隻，由此可以看出贛江水運在當時的地位。至於長江，由於江面廣闊而難以控制，因此明中央政府除在荊州等處設有抽分局外，幾乎不將其作為稅源。

各處鈔關設置之初，多由戶部差主事一員管理，或由御史和主事共管。景泰時，曾召回各鈔關御史、主事，由所在府、州委佐貳官一員監收船料，另有巡河御史或巡按御史提督兼管。至弘治六年（1493），各鈔關重由戶部差官管理。河西務、臨清、蘇州、九江錢糧多處，由戶部差官一員；淮安、揚州、杭州錢糧少處，由南京戶部差官一員。各給精微批文一道，直接對中央戶部負責。[2] 所有差官均一年一換，以防日久生弊。萬曆三年，各處鹽司統歸戶部山東清吏司帶管，各處鈔關則統歸貴州司帶管。

設稅關向過往商船收稅，本為歷代通例。但明朝將這些稅關稱為「鈔關」，對過往商船徵收「船料鈔」，是為了挽救危機重重的鈔法。洪武八年（1375）初行鈔法時，將「大明寶鈔」作為法定貨幣，不僅禁止金銀流通，還試圖逐步取消銅錢。當時規定每銅錢千文、銀一兩、金二錢五分，折合「寶鈔」一貫。但十年後，鈔值已下降十之八九；至永樂末，鈔值已不及初時的 1/60；至成化，鈔一貫已不值錢一文，其實際價值幾乎盪然無

1 正德《明會典》卷 32《戶部・課程・船料鈔》。

2 《明孝宗實錄》卷 80，弘治六年九月己酉載：「覆命戶部差官屬領蘇州、九江等處鈔關，南京戶部差官屬領淮安、揚州等處鈔關，其折徵銀鈔，解內府供用。以前此改委府縣佐貳官收受船料，其弊多而歲課日損故也。」

存。[1] 這樣，鈔關不僅救不了鈔法，徵收的船料鈔也只是一堆廢紙。基於這些原因，鈔關開始徵收「折色」銀、錢，至成化、弘治以後，大抵皆折收銀兩。至萬曆時，河西務、臨清等八鈔關（加上北京崇文門鈔關），每年額徵商稅 32 萬餘兩，[2] 成為重要的稅源。而在明政府設置鈔關的同時，各地的稅課局等仍然存在，也仍然在收商業稅。也就是說，鈔關的設置，不僅僅是為了挽救鈔法，還是中央和地方分利的重要手段。

宋元時期曾在沿海的廣州、泉州、明州（寧波）等地設立市舶司，徵收國內外商人的進出口貿易稅。明朝建立後，曾在蘇州太倉黃渡設市舶司，接待各國使節，民間稱之為「六國馬頭」。

洪武三年，海上「不靖」，而黃渡過於靠近京師南京而罷去該市舶司[3]，另設浙江、福建、廣東三市舶司於寧波、泉州、廣州。但這時的市舶司已和宋元時期大不相同，其目的不是開海禁、促海交，而是「通夷情，抑奸商」。其職責不是徵收進出口商品貿易稅，而是接待來華的海外各國「貢使」。因此，市舶司不由戶部而由禮部管轄。即使是海外貢使，其入貢的路線、時間、人數、船隻也有限制：寧波市舶司只接待日本貢使；泉州市舶司只接待琉球貢使；廣州市舶司遠離中原腹地，又近南洋，故可接待占城、暹羅及南洋、西洋各國貢使。故從嚴格意義上説，在明朝已經形成了廣州「一口通商」的格局。琉球、占城以及由陸路進貢的朝鮮因為是明朝的屬國，皆兩年一貢；日本因倭寇問題，只能十年一貢；其餘國家可三年一貢。如果未至貢期或過了貢期，除有特恩，市舶司皆不予接待。每次

1　《明史》卷 81《食貨志五》、卷 82《食貨志六》。

2　《明神宗實錄》卷 376，萬曆三十年九月丙子，戶部尚書趙世卿疏云：「國家置立鈔關，仿古譏市徵商之法，內供賞賚，外濟邊疆，法至善也。臣莅任以來，備查崇文門、河西務、臨清、九江、滸墅鈔關，揚州、北新、淮安等鈔關會計錄，載原額每年本折約共徵銀三十二萬五十五百餘兩。」但由於礦監稅監的敲剝，於萬曆二十五年增銀八萬二千兩，但從萬曆二十七年之後，歲減一歲，至二十九年，各關解到本折銀止二十六萬六千八百兩。

3　鄭曉：《今言》卷 3 之 208；沈德符：《萬曆野獲編》卷 12《戶部・海上市舶司》。另見《明太祖實錄》卷 49，洪武三年二月甲戌。

接待的貢船只能是一至兩條，隨行人員則限定在150—200人，超過的船隻及人員不得入港。[1]

洪武七年九月，為配合海禁，革除廣州等三處市舶司[2]，至成祖即位後，才於永樂元年（1403）八月重新恢復。各市舶司設提舉一員（從五品）、副提舉二員（從六品），另有吏員（包括負責翻譯的「通事」）若干。[3]在各市舶司置驛館，以接待來華的外國貢使及其隨行人員。[4]「平定」交趾後，又在該處增設雲屯、新平、順化三市舶提舉司[5]，市舶司的數量增加到六個。其後因「夷變」，明軍撤出交趾，雲屯等三市舶司也自然不復存在。嘉靖三年（1524）以後，日商爭貢事件誘發了曠日持久的倭患，三市舶司被罷去，至三十九年方又恢復。

按永樂元年恢復市舶司時，明確了市舶司的隸屬關係，即在業務上聽命於中央的禮部，而行政上則歸各布政司管轄。但為了貢品的不致流失，也為了更好地控制進出口貿易稅的徵收，自正統、景泰始，或由所在省份的鎮守中官兼領市舶司事，或在市舶司增設提督市舶太監。從此，市舶司雖然表面仍受禮部和所在地布政司管轄，但實質上受內府控制。[6]人員、物

1 《明史》卷81《食貨志五．市舶司》。

2 《明太祖實錄》卷93，洪武七年九月辛未。

3 《明太宗實錄》卷22，永樂元年八月丁巳。

4 《明太宗實錄》卷46，永樂三年九月甲午：「上以海外諸番朝貢之使益多，命於福建、浙江、廣東市舶提舉司各設以館之，福建曰『來遠』、浙江曰『安遠』、廣東曰『懷遠』各置驛丞一員。」

5 《明太宗實錄》卷84，永樂六年十月庚子。

6 《明英宗實錄》卷236，景泰四年十二月丙午條載：召鎮守福建少監戴細保還京，命奉御來住代之，「仍兼領市舶司事」。是戴細保以鎮守福建中官的身份兼領泉州市舶司事。《明憲宗實錄》卷21，成化元年九月丙午條載：「浙江提督市舶內官福住居寧波所為多不法，役占匠作，人以千數，橫取公私財賄無算，別築公館於杭州。」卷152，成化十二年四月乙未條載：「巡按福建監察御史葉稠及都布按三司奏市舶提舉司專理琉球一國貢物，事務不繁。內官施斌既卒，宜勿更差，而兼屬之鎮守太監盧勝，庶民不擾。上不從，即敕內官韋查以往。」卷198，成化十五年十二月辛未條載：「給提督廣東市舶提舉司太監韋眷均舶餘戶三十名。」是至成化年間，三市舶司已各設專職市舶宦官。

資的提供及館舍的修繕由布政司負責，「賞賜」給貢使的禮品由禮部籌辦，而貢品中的珍品則由市舶太監直送內府。

受國內商品經濟發展和海外「舶來品」湧入的雙重影響，進出口貿易日漸增加，市舶司也開始由單純的外事管理部門轉化為外事、外貿雙重管理部門，而且外貿的意義越來越明顯。市舶司遂成了明政府派駐沿海的財政管理機關。

此時的市舶司，其職責可以分為兩個方面。一是接待貢使，驗收貢物。凡貢船進港，市舶司官須會同地方行政官員登船檢驗明政府及該國政府所發的證件即「勘合」，以辨明貢使身份的真偽；同時檢驗並封存貢使所攜貢品，如有必要，遣員將貢使和貢品一道護送進京。貢使及其隨員回國時，照例設宴餞行，護送上船。二是對進口商品抽稅。貢使及其隨員來華，多攜帶私貨進行貿易。洪武二年九月曾規定對其進行 6% 的抽分，但同時「給價償之，仍免其稅」[1]，其實是補償貿易，以顯示天朝大國的氣度。永樂恢復市舶司，戶部重新提出抽稅問題，成祖一如其父：「商稅者，國家以抑逐末之民，豈以為例？今夷人慕義遠來，乃侵其利，所得幾何，而虧辰大體萬萬多矣！」[2] 仍免徵稅。直到正德十二年（1517），戶部議准廣東右布政使吳廷舉對「番舶」抽分的建議，規定由市舶司對所有商船實行 20% 的抽稅。[3] 其後，又改「抽分」為「丈抽」，並改徵收實物為徵收貨幣：西洋船面闊一丈五以上，每尺徵銀五兩，面闊一丈七以上，每尺徵銀五兩五

1　清敕修《續文獻通考》卷 26《市糴考》。

2　《明太宗實錄》卷 24，永樂元年十月甲戌。

3　《明武宗實錄》卷 149，正德十二年五月辛丑。但吳廷舉的這一提議在嘉靖初受到修撰《實錄》諸臣的嚴厲指責：「右布政使吳廷舉巧辯興利，請立一切之法，撫按官及戶部皆惑而從之。不數年間，遂啟佛朗機之釁，副使汪鋐盡力剿捕，僅能勝之。於是每歲造船鑄銃為守御計，所費不貲，而應供番夷，皆以佛朗機故，一概阻絕，舶貨不通矣，利源一啟，為患無窮。廷舉之罪也。」並將葡萄牙佔領滿加剌的賬算在吳廷舉的頭上。（《明武宗實錄》卷 194，正德十五年十二月乙丑條）

錢，每多一尺，加銀五錢。東洋船按這一稅率的 70% 納稅。[1]

除了上述鹽司、鈔關、市舶司，明政府在各主要茶場及金、銀、銅、鐵諸礦場也都派出官員進行直接管理，而各行太僕寺、苑馬寺等也可被視為中央太僕寺、苑馬寺在各地的辦事機關。而這些機關，無一不是中央與地方爭奪財權的反映。

1 參見陳尚勝：《論明代市舶司制度的演變》，《文史哲》1986 年第 2 期。

第四章
明代的軍事力量及領導系統的「三權分立」

第一節　明代軍隊的編制與佈防

一、明朝軍隊的基本編制：衛所

《明史・兵志・序》說：「明以武功定天下，革元舊制，自京師達於郡縣，皆立衛所。」衛所為明軍的基本編制自不待言。但就整個明朝而言，軍隊的基本編制並不只有衛所制，而有一個由衛所制到衛所制和營兵制並存的過程。元至正十五年（1355）六月，明太祖自和州渡江取太平，置太平興國翼元帥府，自領元帥事。此後，太祖於所下之地，各置翼元帥府以總制軍民。所部將領則沿襲元朝之舊，有樞密、平章、元帥、總管、萬戶等官號，各自招兵買馬，編成軍隊，兵員固然多寡不一，名號也是五花八門。[1]

至正二十四年，明太祖稱「吳王」、立百官，江南半壁政權粗具規模，在劉基等人的幫助下，也開始對軍隊編制進行全面整頓。先是置武德、豹韜、飛熊、威武等十七衛親軍指揮司，以「衛」為單位規劃親軍；繼而改各總管府為千戶所，又有了「所」的編制。[2] 明太祖對此解釋說：「為國當先正名，今諸將有稱樞密、平章、元帥、總管、萬戶者，名不稱實，甚無謂。」於是悉罷之，諸將所部，「有兵五千者為指揮，滿千者為千戶，百人

1　《明太祖實錄》卷 3—14。

2　《明太祖實錄》卷 14，至正二十四年三月庚午。

為百戶，五十人為總旗，十人為小旗」。一方面，軍官地位的高低，主要據其所擁有軍隊的多寡；另一方面，以衛、所作為軍隊的基本編制，每衛下轄五千戶所，以指揮、千戶、百戶為各級軍官的官號，編制劃一，名實相符，部伍整齊。這就是所謂「部伍法」，也是衛所制度的基本內容。據稱，當時「眾皆悦服，以為良法」[1]。

隨着戰事的發展和軍隊的擴充，到洪武六年（1373）八月，內外軍衛已有 164 個，獨立的千戶所 84 個。當時一衛統十個千戶所，每衛兵員已不是初時的 5000 人，而是萬餘人。因而，衛所官軍當有 170 餘萬人。洪武七年，對衛所進行了一次大規模的整頓，「度要害地，係一郡者設所，連郡者設衛。大率五千六百人為衛，千一百二十人為千戶所，百十有二人為百戶所，所設總旗二，小旗十。大小聯比以成軍」。[2]

至此，衛所為明軍的基本編制即成定制，無論是京、省駐軍，還是皇帝、藩王的親軍、護衛軍，均按衛所編制。除上十二衛親軍（永樂時增為上二十二衛）和宣德時增設的騰驤等四衛，以及各陵衛軍外，在外衛所分統於各省及特別區的都指揮使司和行都指揮使司，並與在京衛所一道統於中央大都督府。洪武十三年大都督府分為五軍都督府，在京在外各都司衛所又分統於五軍都督府，形成了五軍都督府一都司、行都司一衛一千戶所一百戶所一總旗一小旗這樣一個以衛所為基本單位、從上到下的軍事編制體系。

洪武二十六年，共有都司、行都司 20 個、留守司 1 個。永樂以後增為都司、行都司 21 個，留守司 2 個，內外衛所 493 個，守御、屯田、屯牧千戶所 359 個，總兵力達 280 萬人。這應該是明代衛所也是明代兵力最盛的時候。

然而，衛所一方面是明軍的基本編制，另一方面逐步由戰時軍事建制向駐防、屯種乃至預備兵編制轉化。

---

1 《明太祖實錄》卷 14，至正二十四年四月壬戌。

2 《明史》卷 90《兵二 · 衛所》。

明朝絕大部分衛所分散在邊省，「係一郡者設所，連郡者設衛」。既然戰爭已基本結束，衛所的職能轉以駐防為主。為解決軍糧問題，洪武二十一年更定軍衛屯種法，衝要地區衛所及王府護衛的軍士，十分之五用以屯田，其他衛所均十分之八用以屯田。[1] 洪武二十五年，又命衛所軍士以十分之七屯種，十分之三守城。[2] 永樂時則規定，邊地守軍多於屯軍，內地屯軍多於守軍，並命屯兵每百名委百戶、三百名委千戶、五百名以上委指揮提督。這樣，「東自遼左，北抵宣、大，西至甘肅，南盡滇蜀，極於交趾，中原則大河南北，在在興屯矣。」[3] 軍糧問題部分地解決了，但衛所以屯種為業，其機動性和戰鬥力自然下降。

從洪武時開始，凡有戰事，均命將充總兵官，調各衛所軍中的精壯從征，臨時組合成戰時編制。永樂時，以京衛和中都、山東、山西、河南、陝西、大寧各都司及江南、江北諸衛所番上軍士組成五軍營，與三千營、神機營並稱「京軍三大營」，營制開始成為京軍的備操編制。與此同時，為運送漕糧而組成的漕軍，為邊境防務而設置的戍兵，以及為地方治安而增置的總兵、巡撫所屬軍，均從衛所抽調並以營為建制。[4] 於是，從永樂時直至明末，明軍的編制實際上是衛所制和營兵制並存。衛所制為法定的軍事編制，但只是軍籍管理及屯種、駐防單位；營兵制為機動兵力及駐防軍隊的編制，但「營」制既因時局的變化而多次改制，京軍與邊軍及地方駐軍的編制也有所不同。

二、永樂、正統間的「京營」：京軍三大營

明朝的軍隊分別駐紮在京師、邊省，根據其駐地和職責的不同，稱為「京軍」「鎮戍軍」。京軍由三大部分組成。一是京營，這是明朝京師衛戍

1　《明太祖實錄》卷 194，洪武二十一年十月丁未。

2　《明太祖實錄》卷 216，洪武二十五年二月庚辰。

3　《明史》卷 77《食貨志一》。

4　參見萬曆《明會典》卷 126—131《兵部．鎮戍一至六》。

軍及主要的機動部隊；二是親軍，又稱「侍衛上直軍」，是皇帝的侍衛軍及皇城守衛軍；三是四衛軍，即四衛、勇士營，這是由御馬監宦官統率的禁軍。從其作用來看，京營大致相當於漢初的北軍，親軍類似於南軍，四衛軍則介乎二者之間，是一支具有特殊職能的部隊。本節主要討論京營，親軍和四衛軍則在下節討論。

萬曆《明會典》説：「國初設京營，隸大元帥府，後改五軍都督府，以訓練在京官軍。永樂間遷都，又於中都、大寧、山東、河南附近衛所摘撥官軍，輪班上操，以內衛京師、外備征伐，名曰『三大營』。景泰三年（1452）分為十營，成化三年（1467）分十二團營。正德六年（1511），更為東西兩官廳。嘉靖二十九年（1550），復三營制，名曰『京營』。」[1] 這段話，大體勾畫出了明代京營的演變過程。

明初定都南京，駐有官軍四十八衛約 20 萬人，先由大都督府，後由五軍都督府統領，置大小二校場操練，以捍衛京師。這時軍制初定，部伍嚴整，南京為明太祖龍興之地，又處江南太平富庶之鄉，四十八衛京軍完全有力量保衛京師的安全。因為四十八衛由五軍都督府分統，所以京營又有「五軍營」之稱。

成祖遷都北京，地近邊陲，京師成為整個北部邊境防禦體系的中心。根據這一形勢，成祖一方面將南京的部分駐軍調往北京，使京營兵力增加到七十二衛共 30 餘萬人，加上畿內八府駐軍 28 萬，京師及其外圍兵力達 60 萬人。故查繼佐《罪惟錄》説：「盡邊兵不逾此，而括各藩之兵，不能當也。」[2] 同時，命京師附近的中都、大寧、山東、河南各都司所屬衛所軍於春秋兩期輪番進京，每期八萬人，分屬京營五軍操練，稱「班軍」。[3] 這時的京營，由三部分組成，一是京衛，二是畿內軍，三是班軍。而在京師營操的，則主要是京衛和班軍。這樣，京師及其附近地區的駐軍實際上已

1 萬曆《明會要》卷 134《營操》。

2 查繼佐：《罪惟錄》志卷之 20《兵志》。

3 《明史》卷 89《兵志一》。

有近 70 萬人。故土木之變時，隨征的 50 萬京營盡潰，而于謙括京內三大營軍兵，仍有 10 多萬人。

永樂八年（1410），成祖北征蒙古，分步騎為中軍、左掖、右掖、左哨、右哨，作為戰鬥編制。回師北京之後，即以這一編制分營操練，仍稱「五軍」營。但是，這時的五軍營與洪武時的五軍營有所區別。洪武時的五軍營由五軍都督府分統，五軍之名也由此而來，它是一種備操編制。永樂八年以後的五軍營，既是備操編制，又是戰鬥編制。特別是，由於永樂以後的五軍都督府只是「治常行簿書而已，非特命不與營務」[1]，五軍營已不由都督府統領，它另有一套管理體制。

五軍營設有提督內臣一員，代表皇帝對五軍營進行控制；又有武臣二員、掌號頭官二員，這是五軍營的主要軍事首腦；有大營坐營官一員、把總二員，處理日常營務。中軍、左掖、右掖、左哨、右哨五軍各設坐營官一員，馬、步隊把總各一員，分別掌管各營操練京衛及輪班馬步官軍。在五軍營中還有十二營、圍子手營、幼官舍人營、殫忠效義營等編制。十二營設把總二員，掌隨駕馬隊官軍；圍子手營設坐營官一員，下有四司，每司把總二員，掌操練上直叉刀手及京衛步隊官軍；幼官舍人營設坐營官一員，轄幼官、舍人二營，幼官營把總一員，舍人營下四司把總各一員，掌操練京衛幼官及應襲舍人；殫忠效義營設坐營官一員，轄殫忠、效義二營，殫忠營把總二員，效義營把總二員，掌操練京衛報效舍人、餘丁。

永樂時，京營除五軍營外，還包括三千營和神機營，合稱京軍「三大營」。

三千營最初由邊外降卒三千人組成，均為騎兵，後來擴充到數萬人，以蒙古人為主體。該營設提督內臣二員、武臣二員、掌號頭官二員、見操把總三十四員、上直把總十六員、明甲把總五員。三千營下分五司，各設坐司官一員：一司掌執大駕龍旗、寶、勇字旗、負御寶及兵仗局什物上直官軍；一司掌執左右二十隊勇字旗、大駕旗纛金鼓等件上直官軍；一司掌

1　查繼佐：《罪惟錄》志卷之 20《兵志》。

傳令營旗牌，御用監盔甲、尚冠、尚衣、尚履什物上直官軍；一司掌執大駕勇字旗、五軍紅盔貼直軍上直官軍；一司掌殺虎手、馬轎及前哨馬營上直明甲官軍、隨侍營隨侍東宮官舍、遼東備禦回還官軍。從三千營五司的分工看，顯然負有護衛皇帝、傳遞命令、督戰陷陣的責任，可視為京營中的精銳。

神機營設於張輔平交趾之後。當時得交趾火器法，用其相國黎澄為工部官，專司督造，立營肄習，稱「神機營」。[1] 神機營的編制和五軍營一樣，也分為中軍、左掖、右掖、左哨、右哨五營。每營各設坐營內臣一員、武臣一員，下分三司（中軍營分四司），各設監鎗內臣一員、把司官一員、把總官二員，掌操演「神鎗」「神炮」等項火器。整個神機營和三千營一樣，設提督內臣、武臣、掌號頭官各二員。神機營另轄「五千下營」，由都督譚廣所部五千騎兵組成，設坐營內臣、武臣各一員，下分四司，各設把司官二員，掌操演火器及隨駕護衛馬隊官軍。[2]

《明史．兵志》說京軍三大營的關係：「居常，五軍肄營陣，三千肄巡哨，神機肄火器。大駕征行，則大營居中，五軍分駐，步內騎外，騎外為神機，神機外為長圍。」[3] 由此可見，三大營既為平時訓練編制，也是戰時戰鬥編制。永樂時，三大營各為教令，自備營操，隨征則成祖本人即為最高統帥。從洪熙時起，命武臣一人總理營政，英國公張輔、寧陽侯陳懋、陽武侯薛祿、成國公朱勇曾先後出任此職，但也只是傳達詔令、處理日常事務。[4]

三、景泰、正德間的「京營」：團營與官廳

土木之變時，隨征的 30 萬大軍幾乎全軍覆沒，但京營留守北京的兵

1　沈德符：《萬曆野獲編》卷 17《火藥》。

2　以上參見萬曆《明會典》卷 134《兵部．營操》;《明史》卷 89《兵志一》。

3　《明史》卷 89《兵志一》。

4　王世貞：《弇山堂別集》卷 87《詔令雜考三》。

力尚存，加上各地赴京「勤王」官軍，京營兵員又達 43 萬人，仍然編為五軍、三千、神機三大營。景泰三年（1452），根據總督軍務兵部尚書于謙和總兵官武清侯石亨等人的建議，於五軍、神機、三千等營選精銳官軍 15 萬（其中五軍營八萬，神機營五萬，三千營兩萬），分為十營團操，稱「團營」。每營 1.5 萬人，置坐營都督一員、都指揮二員。團營以「隊」為基本單位，每隊 50 人，設管隊官二員；十隊為一把總，設把總指揮一員；兩把總設都指揮二員。又於三大營提督武臣中推一人充總兵官，監以內臣，以兵部尚書或都御史一人為提督。三大營其餘軍士仍留本營，稱「老家」。[1]

這樣，京營就由原來的三大營分為兩部分，一為團營，這是京營的精銳；一為老家，即原來的三大營。團營軍分營團練，為征討之兵；老家軍回本營操練，守備京師。英宗復辟後，廢團營，軍士仍回歸三大營。

憲宗即位後，採納兵部尚書馬昂等人的建議，重定團營制，選得一等軍士 14 萬，稱之為「選鋒」，立十二營以團練，分別命名為「四武」營（奮武、耀武、練武、顯武）、「四勇」營（敢勇、果勇、鼓勇、效勇）、「四威」營（立威、揚威、伸威、振威）。每營以武臣侯、伯、都督等一員為坐營官，內官一員協同管操，並設號頭一員、把總二十員。每把總仍領 10 隊，每隊有軍士 50 人。十二營內又各分為五軍、三千、神機三營：五軍營管馬步官軍，三千營管馬隊官軍，神機營管步隊官軍。仍以勛臣、內臣、文臣各一員，提督十二營操練，另遣給事中、御史各一員巡察。未被選入十二營的軍士仍回「老家」，專以供役。[2] 這時，京營軍兵員額為 38 萬人，除 14 萬為選鋒屬團營外，其餘均供役使。即使是這 14 萬「選鋒」，到成化末，也已有 7 萬餘人被權貴隱佔充役。而至武宗即位時，十二營

1　《明英宗實錄》卷 224，景泰三年十二月癸巳；于謙：《建置五團營疏》，《明經世文編》卷 33。

2　《明憲宗實錄》卷 3，天順八年三月戊寅。

「銳卒」只剩6萬餘人。[1]

正德六年（1511），河北流民起義爆發，京營鎮壓不力，乃調宣府、延綏、遼東、大同四鎮邊軍突騎數萬人入援。事平之後，於正德七年十一月留四鎮銳卒三千人於京營，號「外四家軍」。另選團營兵三千人，與外四家軍互調操練，立東、西兩官廳於禁中，由邊將江彬等統領操練。正德九年十一月，又命兵部選團營官軍六千人並分前後二營，於禁兵四衛營和勇士營中各選三千人，由都督張洪等四人分領，於西官廳操練。[2] 以後，又稱東、西兩官廳軍為「威武團練營」，武宗自為大將軍以統之，江彬、許泰為副將軍，操練之時，「甲光照宮苑，呼噪達九門」，稱為「過錦」。[3] 於是，由東、西官廳組成的威武營成為「選鋒」，十二團營也變為「老家」了。

從永樂時的三大營，到景泰、成化時的團營，再到正德時的東西官廳，京營已由原來的以衛所為基本建制，轉變為以營為基本建制。但其兵源，仍然是衛所額軍。正德末，給事中王良佐奉敕選軍，在籍者三十八萬，存者不及十四萬，中選者僅二萬餘人。嘉靖時選東西官廳選鋒，也僅得騎卒三萬人，韃靼兵臨北京，京營竟無可用禦敵之兵。

四、嘉靖以後的「京營」：「三大營」

嘉靖二十九年（1550）「庚戌之變」的危機，暴露出團營的問題，於是罷團營及兩官廳，復三大營舊制，改三千營名為「神樞營」，罷提督、監鎗等內臣。在京的七十五衛及三千戶所，編成三十營，分隸於三大營。團營及兩官廳士卒均劃歸五軍營，另從畿輔、山東、山西、河南募兵四萬，分隸神樞、神機二營，又選邊兵六萬八千人分番入衛，與京軍雜練。

「三大營」由文、武大臣各一員提督，武臣名「總督京營戎政」，例由勛臣充任，文臣名「協理京營戎政」，例由兵部尚書及侍郎或都御史充任。

1 《明史》卷89《兵志一》。

2 《明武宗實錄》卷94，正德七年十一月丁亥；卷118，正德九年十一月丙戌。

3 王世貞：《弇山堂別集》卷89《兵制考》。

三大營仍以營為基本建制，其具體規制是：

五軍營設大將一人，由總督京營戎政的勛臣兼任，三大營將佐均聽其節制。五軍營又設副將二人、左右前後參將四人、游擊將軍四人，分領戰兵四營、車兵四營和城守二營共十營。大將統軍一萬，副將所領戰兵營各七千，參將所領戰兵營和車兵營各六千，游擊所領車兵營和城守營各三千，共有士卒六萬人。另設備兵坐營官一員，專收新補之兵以備十營兵員之缺，備兵定額為 66660 名。又有大號頭官一員，與大將、副、參、游諸將及備兵坐營官，均由兵部推選。又設監鎗號頭官一員，中軍官十一員，隨征千總官四員，隨營千總官二十員，選鋒把總官八員，把總共 138 員，均在本營軍官中推選。另山東領班都司二員。共有軍官 196 員。

神樞營、神機營均設副將二員，各統軍六千；參將四員，各統軍四千；佐擊將軍四員，各統軍三千。二營定額兵員均為四萬人，另有備兵四萬人。與五軍營相同，神樞、神機二營之下也各設戰兵、車兵、守兵十營，軍官名目亦同，其員額，神樞營 208 員，神機營 182 員。

以上，三大營定額兵員為 14 萬人，備兵 146660 名，軍官 586 員。其兵源則有四途，一是原兩官廳、團營及京衛兵，二是邊兵，三是募兵，四是班軍。[1]

此後，京營編制及設官時有變更，但大體上仍為嘉靖時所定的三大營規制。

五、親軍與「四衛軍」

在成祖遷都北京後，北京實際上處於北部防禦的樞紐地位，故京軍「三大營」可以視為明軍的「國防軍」（明人稱其為「征討之兵」）。其主要職能是對外，即抵禦外侮，具體地說，是防禦當時來自北方蒙古的侵擾。當然也根據需要調往各地鎮壓動亂。

1　萬曆《明會典》卷 134《兵部．營操》，《明史》卷 89《兵志一》，查繼佐：《罪惟錄》志卷之 20《兵志》。

京軍之中，又有「親軍」，可視為明軍的「禁衛軍」，主要職能是保衛皇城和皇帝。明代的親軍包括侍衛上直軍、皇城守衛軍。從性質來說，四衛軍也可視為親軍，故一併討論。

至正十六年（1356），明太祖渡江取太平時，即令馮國用典親兵。其後，又從所降陳兆先部擇驍勇者 500 人為親軍，宿衛帳中，開始建立起一支侍衛軍。[1] 至正十八年十二月攻取婺州，明太祖選富民子弟充宿衛，稱「御中軍」，其後，設帳前總制親兵都指揮使，總領侍衛親軍。至洪武初，親軍已有金吾前後、羽林左右、虎賁左右、府軍前後左右等十衛，稱「上十衛」，統於「留守司」。留守司即過去的帳前親兵都指揮使，名義上雖隸大都督府，但只對皇帝負責，並直接與中書省及兵部聯繫，其性質也已發生變化，即由原先的侍衛軍變為皇城守衛軍。而侍衛上直軍，則由錦衣衛和旗手衛組成，主要是錦衣衛。[2]

錦衣衛的前身是拱衛司，設於至正二十四年明太祖即吳王位之後，統領校衛。後改名「儀鑾司」。洪武二年（1369），設親軍都尉府，統中、左、右、前、後五衛軍，儀鑾司也屬都尉府。洪武十五年，罷親軍都尉府及儀鑾司，設錦衣衛，下轄南北兩鎮撫司及十四所將軍、力士、校尉，掌直駕侍衛、巡察緝捕。如以明軍千戶所的編制看，則錦衣「衛」的員額遠遠超過一般建制的「衛」，不是 5600 人而是近兩萬人。

旗手衛的前身是旗手所，洪武十八年升為衛，掌大駕金鼓旗，統領隨駕力士及宿衛等事。[3]

但是，侍衛上直和皇城守衛的責任又並不嚴格地由錦衣衛、旗手衛和府軍等上十衛分別承擔，而是相互調配。永樂時五軍營、三千營所屬的紅盔、明甲二將軍及叉刀圍子手也有侍衛任務。

永樂以後，侍衛上直軍的編制包括：錦衣衛大漢將軍 1507 人；府軍

1 《明史》卷 129《馮國用傳》。

2 《明史》卷 89《兵志一》。

3 正德《明會典》卷 180《上二十二衛》。

前衛帶刀官 40 人；三千營（後改神樞營）紅盔將軍 2500 人、把總指揮 16 人，明甲將軍 502 人、把總指揮 8 人；由公、侯、伯、都督、指揮等高級武官的嫡次子組成的勛衛散騎舍人無定員；旗手等衛帶刀官 180 人。共計約 8000 人。

皇城守衛軍在原親軍「上十衛」的基礎上，先是增加到十二衛（即府軍等上十衛加上錦衣衛和旗手衛），永樂時更擴大到二十二衛：錦衣衛、旗手衛、羽林前左右衛、府軍及其前後左右衛、金吾前後左右衛、燕山前左右衛、虎賁左衛、大興左衛、濟陽衛、濟州衛、通州衛，分工守衛皇城，並與五軍都督府所屬其他京衛輪班巡警京城各門。[1]

四衛軍是親軍中一支非常特殊的部隊，由御馬監提督，被稱為「禁兵」，這也是明朝唯一的一支專由宦官提督的部隊。弘治十年（1497）十月，兵部尚書馬文升在一份奏疏中對明朝的禁兵設置情況作了這樣的回顧：

> 漢制有南北軍，南軍護守皇宮，禁衛之兵也；北軍拱護京師，征討之兵也。各有所掌，而南軍尤託之心腹，其防奸之意嚴且密矣。我太祖高皇帝有天下，法古為治，制兵之法極其周悉。故置十六衛親軍指揮使司，不隸五府，為禁兵，即古之南軍也；其他衛俱屬五府，以備征討，即古之北軍也。永樂中，復設親軍指揮使司十二衛，又選天下衛所官軍年力精壯者及虜中走回男子收作勇士，常數千餘人，俱屬御馬監，更番上直，委以心腹內外官統領，其盔甲器械俱異他軍。[2]

從這份奏疏可知：首先，明朝京軍有「禁衛之兵」和「征討之兵」之分，「征討之兵」為三大營及團營等，「禁衛之兵」包括錦衣、旗手等上十二衛

1　萬曆《明會典》卷 228《上二十二衛》，《明史》卷 89《兵志一》。

2　《明孝宗實錄》卷 130，弘治十年十月辛卯。

(後來是上二十二衛）和御馬監「勇士」。其次，御馬監「勇士」的最初來源有二，一是從各地衛所挑選的精壯之士，二是從蒙古地區逃回的青壯年男子，是一支具有很強戰鬥力的部隊。最後，「勇士」不屬親軍指揮使司管轄，而是統於御馬監，其職責是更番上直，擔任宿衛，可說是禁兵裏的禁兵。

宣德六年（1431），這支由御馬監統領的禁兵有 3100 人，取名「羽林三千戶所」。兩年後，以羽林三千戶所為基礎，充實以京軍各衛養馬軍士及原神武前衛官軍，組編成騰驤左、右衛和武驤左、右衛，統稱「四衛」，又稱「四衛軍」，仍由御馬監統領。[1] 如按當時的衛所編制，5600 人為一衛，則四衛軍當有二萬人以上。

景泰、成化時，京軍三大營改編為團營制。四衛軍的勇士和精壯旗軍被抽出，組成了勇士營和四衛營，在四衛指揮使中推選坐營官。在弘治、正德時，四衛有旗軍三萬、勇士一萬，總數達四萬二千人。而這時京軍十二團營銳卒不過六萬，另有羸弱二萬五千，總共才九萬人。[2] 由此可見四衛軍在明朝京軍中的地位。

對於這支部隊，內外廷都非常重視。正德時的兵部尚書許進公開表示：勇士「名雖養馬，實為禁兵，防奸禦侮，關係重大」[3]。同一時期統領四衛軍的禦馬監太監寧瑾則當仁不讓：「騰驤等四衛勇士旗軍，乃祖宗設立禁兵。以備宿衛扈從，名為養馬，實以防奸禦侮也。」[4] 實際上，每當京師發生變動，四衛軍也確實起了「防奸禦侮」的作用。

正統十四年（1449）土木之變後，瓦剌騎兵直撲京師，北京保衛戰進行了五天，最激烈的戰鬥發生在西直門和彰義門。當時，京軍三大營盡陷，守衛西直門的是禦馬監太監劉永誠的姪子、右軍都督劉聚，而在彰義

1 《明史》卷 89、90《兵志一、二》，《明宣宗實錄》卷 103，宣德八年六月壬戌。

2 《明史》卷 89《兵志一》。

3 許進：《勇士名額疏》，《明經世文編》卷 68。

4 《明武宗實錄》卷 7，弘治十八年十一月乙酉。

門主動出擊的則是御馬監提督的部分留守北京的四衛勇士、旗軍。[1] 天順五年（1461）二月，提督京營司禮監太監曹吉祥與養子昭武伯曹欽在北京發動兵變，平定兵變、擊殺二曹的主力，也是四衛勇士、旗軍。[2] 正德時，流民四起，宗藩叛亂，邊境多事，武宗選團營精銳編為前後二營，和勇士營、四衛營於西官廳操練，稱「選鋒」，統領西官廳的，是御馬監太監張忠[3]。如果說以前的四衛軍是「宿衛之兵」，而這時則向「征討之兵」過渡了。至明末，勇士營和四衛營被合編為「勇武營」，參與抗御清軍、鎮壓張獻忠農民起義軍，完全成了「征討之兵」。[4]

明朝的親軍，無論是「上二十二衛」還是「四衛軍」，雖說不歸京營管轄，但其編制仍在京營。以嘉靖以後的三大營為例，親軍中的府軍前衛、羽林前衛和四衛軍中的武驤左右衛屬五軍營，親軍中的燕山左右衛、錦衣衛、羽林左右衛、濟陽衛、大興左衛、虎賁左衛、旗手衛、府軍後衛、通州衛和四衛軍中的武驤左右衛屬神樞營，而親軍中的府軍及其左右衛、濟州衛、燕山前衛、金吾前後左右衛則屬神機營。因此，親軍也和京營的其他部隊一樣，有「選鋒」和「老家」之分，選鋒以「營」為建制，老家則仍以明軍的基本編制「衛所」為建制。如被稱為四衛軍的騰驤、武驤四衛，當四衛營和勇士營組建後，二營為選鋒，四衛則為老家。

六、邊軍與地方駐軍

《明史．兵志二》說：「天下既定，度要害地，係一郡者設所，連郡者設衛。」這是明初的定制。其時，各邊各省駐軍均以衛所為單位，分隸於都司、行都司，除京衛之外，各地駐軍在洪武二十六年（1393）有 281 個

1　沈德符：《萬曆野獲編》卷 6《內監．內臣掌兵》。

2　沈德符：《萬曆野獲編》卷 6《內監．內臣掌兵》。

3　《明武宗實錄》卷 118，正德九年十一月丙戌。

4　參見方志遠：《明代的四衛、勇士營》，《第二屆明清史國際學術討論會論文集》，天津：天津人民出版社，1993 年。

衛，62 個獨立的千戶所，兵力約有 150 萬人。如有征伐，命將出師，調衛所官軍屬之，事畢，將還於朝，軍士回歸衛所。

成祖為了加強邊疆的防務和對地方的控制，於建文四年（1402）八月即位伊始，便命都督劉真、何福為總兵，分別鎮守遼東、寧夏。遼東在洪武時已立都司，統領定遼左、右等二十個衛；寧夏則有隸屬於陝西都司的寧夏衛和寧夏中護衛。遼東、寧夏二總兵之設，使遼東出現鎮守總兵與都司並存的局面，也使寧夏二衛受着總兵和陝西都司的雙重領導。不久，成祖又命都督韓觀鎮守廣西、鎮遠侯顧成鎮守貴州，隨後，江西、雲南等省也次第設鎮守總兵官，均形成鎮守總兵和都司兩套軍事機關。遷都北京後，京師三面臨塞，東起鴨綠江、西抵嘉峪關，依次設置了遼東、薊州、宣府、大同、偏頭、固原、延綏、寧夏、甘肅九大邊鎮，稱為「九邊」，成了京師的外圍防線。各鎮均設鎮守總兵官，雖然兵源來自遼東、山西、陝西等都司所屬衛所及京衛，卻自成系統。[1]

景泰時，于謙等選京營精鋭官軍 15 萬人別營團操，使京衛營兵和衛所分離，京營營兵制和衛所制並行。而類似的變化永樂時就已在諸邊和各省駐軍中發生，衛所的精鋭漸次被抽調，另立兵營，專事鎮戍，留下的老弱及餘丁仍在衛所「老家」，從事屯田，為營兵提供衣糧。正如方逢時所說：「洪、永以後，邊患日棘，大將之設遂成常員，鎮守權重，都統勢輕，衛所精鋭，悉從抽選。於是正、奇、參、守之官設，而衛所徒存老家之名。」[2]

《明會典》說：「凡天下要害地方，皆設官統兵鎮戍。其總鎮一方者曰總兵，守一路者曰分守，獨守一堡一城者曰守備，與主將同守一城者曰協守……其總鎮，或掛將軍印，或不掛，皆曰總兵，次曰副總兵，又次曰參將，又次曰游出將軍，舊於公侯伯都督指揮等官內推舉充任。」[3] 可見，鎮

1　萬曆《明會典》卷 129《兵部．鎮戍四》、卷 130《兵部．鎮戍五》。

2　方逢時：《大隱樓集》卷 12《審時宜酌羣議陳要實疏》，瀋陽：遼寧人民出版社，2009 年。

3　萬曆《明會典》卷 126《兵部．鎮戍一》。

戍任務已不由各省都司及所統衛所完成，而是由總兵、副總兵、參將、游擊等所統的營兵承擔。據萬曆時呂坤所言營伍之法：50 人為一隊，隊有管帖二人；500 人為司，司有把總一人；1000 人為哨，哨有千總一人；3000 人為營，營有中軍一人。[1] 這與于謙在景泰時所定京軍團營——50 人一隊，設管隊官二人；500 人為一把總，設把總指揮一人，二把總設都指揮二人——基本編制是一樣的。而每營的兵員，則與正德時東西兩官廳威武團練營一樣，均為每營 3000 人。可見，呂坤所說的營伍之法，其實已是明朝中後期京營和邊省駐軍營兵的基本建制。雖然各地營制也因時因事而變，但大抵是以這種編制區劃的。

《明史・兵志》詳載各都司及其所屬衛所的設置情況而不載各地鎮戍軍的編制，顯然只注意了明初的「定制」而忽略了永樂以後軍制的變化；後人研究明代兵制，則往往將《會典》所載的各地鎮戍軍兵員總額視為萬曆時明軍的總兵力，忽略了作為「老家」的衛所軍，沒有考慮明中後期衛所制和營兵制並存的實際情況。以河南為例，除嵩縣、汝寧、唐縣三處守備及領薊鎮班四都司所屬鎮兵及邊操班軍 31000 餘人外，另有軍舍操餘二萬餘人。這二萬餘名「軍舍操餘」，其實正屬衛所「老家」。[2]

鎮戍軍軍官的設置視各鎮兵員的多寡而異，邊鎮和內地也有所不同。宣府額定兵員 15 萬餘人，為諸鎮之最，設有掛「鎮朔將軍」印的鎮守總兵官一員，協守副總兵一員，分守參將七員，游擊將軍三員；坐營中軍官二員兵一員，分守參將七員，游擊將軍三員；坐營中軍官二員，守備三十一員。福建額定兵員 12 萬餘人，是內地各省中兵員較多的一鎮，設有總兵官一員，分守參將一員，守備三員，把總七員，總兵下坐營官一員。河南、山東番上薊鎮備邊，故設有領薊鎮班都司各四員（春班、秋班各二員）。其他各鎮軍官的設置大體類似。由此可以看出軍官設置的慣例：邊鎮的設置為鎮守（總兵官）—協守（副總兵）—分守（參將、游擊）—

1　呂坤：《摘陳邊計民艱疏》，《明經世文編》卷 416。

2　萬曆《明會典》卷 131《兵部・鎮戍六》。

守備，內鎮的設置為鎮守（總兵官）—分守（參將）—守備—把總。但也並不完全劃一：如兵員較少的江西、河南等省不設鎮守，兵員較多的廣東既設鎮守總兵，又設協守副將；至於有番上班軍的河南、山東，則另設領班都司。總兵、副總兵或副將一般由公、侯、伯等勛臣及都督等官充任，參將、游擊多由都指揮使等官充任，守備、把總則由衛指揮及千、百戶充任。

七、海防軍與江防軍

《明史・兵志》説：「沿海之地，自廣東樂會接安南界，五千里抵閩，又二千里抵浙，又二千里抵南直隸，又千八百里抵山東，又千二百里逾寶坻、盧龍抵遼東，又千三百餘里抵鴨綠江。島寇倭夷，在在出沒，故海防亦重。」[1]《明會典》則説：「國初定鼎金陵，倚長江為天險，然江洋巨盜，時有出沒，始設操江、巡江等官。其沿海州縣，洪武間，時有倭警，常遣兵戍守，至嘉靖中，倭寇猖獗，於是增將增兵，畿甸之間，若備邊矣。」[2]

這兩段話都概括了明代設置海防和江防軍的主要原因：一是對內，對付那些殺人越貨、出沒於江湖沿海間的「江洋巨盜」；二是對外，防禦在沿海地區進行騷擾劫掠的倭寇。

吳元年（1367）九月，朱元璋集團攻滅張士誠勢力；接着，盤踞在浙江沿海的方國珍勢力也被迫投降。至此，長江三角洲沿海地區皆在掌握之中，明太祖根據浙江行省平章李文忠的建議，在嘉興、海鹽、海寧等地設兵戍守。但這一措施與以前每得一地即派兵駐守的做法並無二致，不能視為明朝海防設施的開始。明朝設海防軍，實與一次突發事件有密切關係。

洪武元年（1368）二月，御史大夫湯和攻取福建後奉旨班師回明州（今浙江寧波），擬在明州造海舟漕運北徵糧餉。但途經浙江近海舟山羣

1 《明史》卷 91《兵志三》。

2 萬曆《明會典》卷 131《兵部・鎮戍六》。

島時，遭到當地昌國州蘭秀山居民的攻擊，指揮徐珍、張俊戰死。[1] 一波未平，一波又起。當年三四月間，浙江象山縣又被蘭秀山民攻陷。《實錄》對這次事件作了如下記載：「昌國州蘭秀山盜入象山縣作亂，縣民蔣公直等集鄉兵擊破之。初，方國珍遁入海島，亡其所受行樞密院印。蘭秀山民得之，因聚眾為盜。至是入象山縣，執縣官，劫掠居民。公直與王剛甫率縣民數百人欲擊之。適知縣孔立自府計事還，公直等走告立，遂駐兵東禪山，盜來攻，公直乃先伏兵兩山間，自領數十人迎戰，佯敗走，盜追之，伏發，盡禽殺之。」[2]

事件發生之後，引起了明政府的高度重視。這些蘭秀山民不但攻城略地、襲擊國家正規軍隊，而且有方國珍遺留下來的元樞密院印，足以號召江南地區的元朝殘餘勢力，既可另立山頭、與明政府分庭抗禮，也可與退居塞外的蒙古政權遙相呼應。據資料記載，蘭秀山民被明軍擊敗後，並沒有銷聲匿跡，他們遠遁海外，在位於中國黃海東北邊緣、連接日本諸島和朝鮮半島的濟州島建立據點。而類似於蘭秀山民的「島寇」在舟山羣島、在整個東部沿海還有不少，他們或商或盜，對希望把整個國家統治得鐵桶一般的明政府是強有力的挑釁。

為了從根本上鏟除蘭秀山民之類的「島寇」，明太祖在洪武三年批准了曹國公李文忠的建議，在浙江設置七個衛，加強沿海地區的防禦力量；第二年十二月，又命靖海侯吳禎籍方國珍所部溫州、台州、慶元（寧波）三府軍士及蘭秀山無業遊民，共 11 萬多人，隸各衛為軍；又通告朝鮮政府，聯合對濟州島進行清剿。並重申禁海令，沿海居民不得私自出海。[3]

僅僅這樣，還不足以使明太祖下決心在沿海建立一支龐大的軍事力量。更為嚴重的是，在國內戰爭中失敗的日本武士、商人、浪人，長期以

1　《明太祖實錄》卷 47，洪武二年十二月己丑。

2　《明太祖實錄》卷 32，洪武元年五月庚午。

3　《明史》卷 91《兵志三》。關於這一事件的本末，台灣「中研院」《中國海洋發展史論文集》第一輯所載曹永和《試論明太祖的海洋交通政策》一文作了翔實的敘述。

來在中國沿海進行騷擾劫掠，被稱為「倭寇」。明朝建立前後，倭寇在沿海的活動更為猖獗，明太祖曾「數遣使賫詔書諭日本國王，又數絕日本貢使，然竟不得倭人要領」[1]。洪武二年，一股倭寇在海盜的引導下，多次深入到崇明及距京師南京不遠的蘇州一帶，殺掠居民，劫奪貨財，被太倉衛生擒的就有數百人。這一事件幾乎和蘭秀山民事件同時發生，即使二者之間沒有任何關係，明朝政府也將它們聯繫在一起看待。何況，「島寇」與「倭夷」的相互勾結早已不是一朝一夕之事。在當時，凡是沿海地區發生的「倭變」，幾乎都有海盜引導；同樣，凡是大股的海盜活動，也多有倭寇參與其中。外部的倭寇與內部的海盜，以及二者的相互勾結，成為明代海疆的主要問題。於是，在加強陸防的同時，明初在海防線上也佈置了相當數量的兵力。

繼洪武四年吳禎籍兵 11 萬以充實海防力量之後，明太祖又於洪武十七年命信國公湯和巡視海上，在山東、南直隸（今江蘇、安徽）、浙江沿海及近海島嶼建城 59 座；洪武二十年，又命江夏侯周德興在福建的福州、興化、漳州、泉州四府，每三丁抽一人，得 15000 人，為沿海戍兵，並在要害處設置衛所，築城 16 座。與此同時，大規模建造海船，加強海上巡邏，並鼓勵水師出海作戰。到洪武末，沿海包括長江下游兩岸，共有軍衛 54 個、獨立的千戶所 99 個、巡檢司 353 個、烽堠 997 座，總兵力 40 餘萬人、艦船 1000 多艘，形成一個從沿海到近海、再到遠洋的具有縱深防線的海防體系。這支部隊實際上成為後來「鄭和下西洋」的主力部隊。

江防的重點是長江一線。洪武初，在京師南郊的新江口設水兵 8000 人，不久增至 12000 人，有戰船 400 艘；同時，設陸兵於北岸的浦子口，與江南的水兵相呼應，為掎角之勢。沿江諸地，上自九江、廣濟、黃梅，下抵蘇州、松江、通州、泰州，中包安慶、池州、和縣、太平，凡有盜賊及販私鹽者，均行巡捕。其任務，主要是防盜，兼以防倭。永樂時，又設操江都御史及總兵官，統領江防軍隊。

1 《明史》卷 130《張赫傳》。

永樂是明朝向外開拓的重要時期，東北置奴爾干都司及各衛所、西北設置大量衛所、西南推行改土歸流、南邊設置交趾布政司。明成祖還親自統兵深入斡難河一帶，圍擊蒙古主力。並命鄭和率領數萬水師，七次遠航印度洋，成為世界航海史上的壯舉。但是，漢民族長期以來形成的農業生產方式和因循保守習慣，以及由此而帶來的一系列社會問題，使得明政府無法長期推行向外開拓政策。仁宗和宣宗的統治，雖然為自己掙得了「太平天子」的美譽，也換得了「仁宣之治」的好名聲，卻使明朝從此在對外政策上趨於保守，並使中國在以後的世界競爭中逐漸處於劣勢地位。鄭和下西洋的壯舉，也成了中國退出世界先進行列的告別儀式。表現在海防上，則是由積極的遠洋、近海、沿海縱深防禦，改變為消極的近海、沿海乃至單純的海岸防禦。因此，嘉靖年間發生大規模倭患時，沿海各省甚至內地的許多地區都成為防禦倭寇的戰場，造成極為嚴重的損失。直到這時，明政府才重新整頓海防力量，同時，江防也成為政府需要花大力氣解決的問題。

嘉靖以後，沿海大都會各設有總督、巡撫、兵備副使及總兵官、參將、游擊等，以加強對海防的領導。海防與江防部署也重新作了調整，由南到北具體如下。廣東水軍分為東、中、北三路，各由參將一員統領；福建有水寨五座，並於澎湖列島設游擊一員、把總二員，統兵三千，築炮台防守；浙江設六個把總，統領金鄉、磐石等九衛和錢倉、大嵩等千戶所，並分統於四參將。南直隸為留都所在，又處長江、運河交匯之處，故兵力配備更重：乍浦以東，金山衛設參將，黃浦以北，吳淞口設總兵；淮揚一帶，設總兵駐通州（今江蘇南通），設游擊駐廟灣，又於揚州設陸兵游擊，以備調遣；長江江防部隊共有十營，由操江都御史一人、兵備副使五人統領；山東沿海的登州、萊州、青州三府，設巡察海道副使一員、管理民兵參將一員、總督沿海兵馬備倭都指揮一員；大沽海口為京師北京門戶，駐以重兵，設副總兵一人統領，而以密雲、永平兩游擊為應援；山海關外，廣寧中、前、後、左、右五個千戶所均用以巡海，金、復、海、蓋四州駐軍皆用以防海，並以寧前參將為應援，九聯城外另築鎮江城，設游擊一員，統兵 1700 人，巡哨海上，北與寬甸參將陸營相接。以上，廣東、福建、浙江、南直隸、山東、北直隸、遼東，沿海七鎮，共設總兵二員、副總兵一員、參將十一員、游擊六員，守備、把總、分守、巡僥等數百員。[1]

不僅兵員增加，武器裝備也得到加強。僅浙江一省，萬曆二十一年（1593）就有兵船 1100 多隻，相當於洪武時沿海水軍兵船的總和。而且，兵船多裝備火器。嘉靖時戚繼光的水軍戰船，就備有佛郎機（仿荷蘭火炮）、鳥銃、火磚、噴筒、火箭等火器，使用火器的士兵佔參戰士兵的一半。[2]

但到明末，內憂外患接踵而起，明朝沿海兵力內調，海防空虛，致使西班牙、荷蘭殖民主義者乘虛而入。具有諷刺意義的是，曾經被明朝政府視為「海盜」的鄭芝龍、鄭成功父子，此時卻承擔起了保衛海防、收復台灣的使命。

第二節　明代軍事領導系統中的「三權分立」

一、軍事領導原則

嘉靖時曾歷任兵部職方主事、兵部侍郎，又因「知兵事」而以右都御史「協理戎政」的鄭曉，對明朝的軍事領導原則有過頗為精彩的敍述：

> 祖宗微意，不欲武臣權重。在內營操官，止管操練者，無開設衙門，亦無印信。在內五府，有衙門印信，理常行政務，至於營操，非特命不得干預。蓋五府、三營、十二營，職掌不相侵也。至於出征，亦不止大將一人，必選二三人名位謀勇相等者，相參用

1　《明史》卷 91《兵志三》。

2　參見范中義：《明代海防略述》，第三屆明史國際學術會交流論文。

> 之。出師之日，賜平賊、討賊、平虜、平胡、征夷、征虜等印，或將軍，或副將軍，或大將軍，隨時酌與，必由兵部題請，五府亦不得干預。事平之日，將歸於府，軍歸於營，印歸於朝，其意深矣。⋯⋯大抵統軍不專於一人，練軍不專於一人，行軍不專於一人。皆為有意焉。[1]

鄭曉所說，只限於在軍事將領配置上對武臣的防範，但足以說明明朝軍事領導權的分割程度。而明朝的軍事領導原則，又不僅僅是以武臣制武臣，而是以文制武，以內制外，文武相制，內外相制。

以京營為例。永樂立京軍三大營時，各營坐營官即武臣、內臣並設。景泰建十團營，以武臣武清侯石亨、昌平侯楊洪、安遠侯柳溥為總兵官，以內臣曹吉祥、劉永誠為監軍，又以兵部尚書于謙為提督。故王世貞認為，京營提督凡三，曰太監，曰公侯，曰尚書。[2] 嘉靖二十九年（1550）庚戌之變後，為提高京營戰鬥力，以武臣咸寧侯仇鸞總督京營戎政，統帥三大營，並罷提督、監鎗諸內臣，但仍以文臣一人「協理京營戎政」，成文、武共理戎政之勢。隆慶時更是三大營各設一總兵一文臣，形成六提督共議京營戎政的局面。[3]

再如各邊、各省駐軍。永樂開始，在省、邊增置鎮守總兵官，同時又有內臣「協守」，宣德以後另有鎮守、巡撫文臣，也是內臣、文臣、武臣同理兵事。故成化時兵科給事中章鑒等在一份奏疏中認為：「國家之制，邊方以文臣巡撫，以武臣總兵，而內臣綱維之。」[4] 三者有功同賞，有罪同罰。

再如命將出師。正統以後，凡有出征，武臣為總兵官、內臣監軍、文臣提督軍務成為定制。正統二年（1437），討蒙古朵兒只伯等部，以中軍

1　鄭曉：《今言》卷 1 之 50。

2　王世貞：《弇山堂別集》卷 89《兵制考》。

3　《明史》卷 89《兵志一》。

4　《明憲宗實錄》卷 90，成化七年四月甲辰。

都督府左都督任禮為平羌將軍總兵官，又以太監王貴監軍、兵部尚書王驥提督軍務[1]；正統六年討麓川思任發，左軍都督府右都督蔣貴為總兵官，內官曹吉祥、蕭保監軍，王驥則以兵部尚書總督軍務。[2]

在武臣、文臣、內臣三者的關係中，一方面是以文臣制武臣，以內臣制外臣；另一方面，又是內臣外臣相互制約。

在權力結構的制度層面上，大都督府及後來的五軍都督府是國家最高軍事領導機關，三等真署都督（都督、都督同知、都督僉事）均由公侯伯及駙馬都尉等勛臣充任，但軍隊武職軍官的選授升黜、軍隊的調遣則聽命於兵部。各鎮總兵官雖地位尊崇，卻受鎮守太監、督撫文臣的節制。朱國禎說，自永樂六年（1408）丘福敗亡之後，「遣將多以文臣督之，即邊鎮以贊理為名，而事皆歸其掌握」。[3] 雖時間略有前移，卻反映了整體趨勢。事實上，洪熙時，仁宗就已經指責甘肅鎮守總兵官費獻「溺於宴安而懦弱不振，低眉俯首，受制於人」。[4] 這是鎮守太監王安等監督將領的結果。《明史》所說的「監軍、督撫，疊相彈壓，五軍府如贅疣，弁帥如走卒」的情況，至遲到成化、弘治時已相當普遍。故成化時陸容認為，握兵者不應是武弁，而應文武兼資，都司衛所也應以文職為正官，而以武職為佐貳。[5]

兵部雖說是「軍令自所出」，但實際上，軍令的發佈、軍隊的調遣、高級將領的任命、重大的軍事決策，均得經過「廷議」，請旨而後行。而用以調兵的令符火牌，則由內府印綬監和御馬監掌管。沈德符《萬曆野獲編》說：「御馬監雖最後設，然所掌乃御廄兵符等項，與兵部相關。近日內臣用事稍關兵柄者，輒改御馬銜以出，如督撫之兼司馬、中丞。」[6] 正反

1 《明英宗實錄》卷 35，正統二年十月甲子。

2 《明英宗實錄》卷 75，正統六年正月乙卯；卷 86，正統六年閏十一月辛巳。

3 朱國禎：《涌幢小品》卷 12《敗將弛法》。

4 《明仁宗實錄》卷 9 上，洪熙元年四月庚子。

5 陸容：《菽園雜記》卷 3。

6 沈德符：《萬曆野獲編》補遺 1《內官定制》。

映了御馬監與兵部、都督府共執兵柄的事實。由於地處近密，內臣不但與外臣共執兵政，而且是皇帝在軍中的耳目乃至代理人，因而時時壓制外臣。王振、汪直、劉瑾、魏忠賢等人專權時姑且不論，就是王振死於土木堡、于謙主持兵政的景泰時，以及魏忠賢被誅殺、東林黨人佈列朝野的崇禎初年，于謙、袁崇煥等人也得看太監金英、興安及張彝憲等的眼色行事。

但是，御馬監所掌火牌、兵符，必須先經兵部請旨，或由司禮監「傳奉聖旨」方可發出，然後由兵科復奏才發至兵部，由兵部具體執行。正德時武宗北巡，曾命御馬監以火牌調兵，內閣大學士楊廷和等人就以火牌未經司禮監傳奉而提出異議。[1] 在外的監軍、鎮守宦官雖然壓制文武，並可隨軍出征甚至根據需要責成有關衛所提供兵員、軍糧，卻不能單獨領兵及擅提軍職。成化十九年（1483）五月汪直鎮守大同時，請將歸附「達官」收編營中，正德十三年（1518）正月，鎮守江西太監畢真請預南贛軍事，二議皆因「非故事」而被兵部否決。[2]

明太祖、成祖乃至宣宗、英宗都曾親自調遣、指揮軍隊，軍權獨攬自不待言。從憲宗以後，除武宗及崇禎帝外，皇帝大體不視朝、不親政，更不用說指揮軍隊，但軍權未曾旁落。原因就在於形成並堅持以文制武、以內制外、內外相制的軍事領導原則，也可以說是武臣、文臣、內臣共理軍政，分別對皇帝負責。因此，明朝的軍事領導體制，也由武職、文職、宦官三大系統構成。

二、都督府與武職領導系統

任何事物的產生，都有對舊事物的傳承或沿襲。朱元璋集團最初的軍事領導系統，也是沿用元朝舊制：立行樞密院為最高軍事領導機關，由朱

1　《明武宗實錄》卷 168，正德十三年十一月乙巳。

2　《明憲宗實錄》卷 240，成化十九年五月癸丑；《明武宗實錄》158，正德十三年正月癸卯。

元璋自領院事；又有行中書省為最高行政決策機關，下設戶、禮、刑、工四部而無吏、兵二部，兵權獨攬之意於此可見。至正二十一年（1361），改行樞密院為大都督府，以朱文正為大都督，他雖「節制中外諸軍事」[1]，卻長期駐守南昌，大都督府的日常事務由中書省參議兼大都督府司馬李善長等人秉承朱元璋的意旨處理，其實是省府合署辦事。吳元年（1367）更定官制，革去大都督一職，以左右都督為大都督府長官，品秩升為正一品，以同知都督（從一品）、副都督（正二品）、僉都督（從二品）為同官。[2]雖然品秩升高（原大都督為從一品），都督府長官卻由一員增為五員。洪武三年（1370）十一月，命曹國公李文忠領大都督府事，十年五月，又命其與韓國公李善長共議軍國重事。如果考慮當時的政治局勢，二李共議軍國重事顯然是為了制約以胡惟庸為首的中書省。洪武十三年正月，左丞相胡惟庸因「謀反」罪被殺，明太祖在罷中書省的同時，就勢必將大都督府改為中、左、右、前、後五軍都督府，各設左右都督、都督同知、都督僉事三等都督。[3]

從大都督府的設置，到分為五軍都督府，實際上是軍事領導機關有限權力的分割過程。在這期間，受命掌管大都督府的只有朱文正和李文忠。當時明太祖諸子均未長成，無法效唐高祖李淵以親子領兵，這二人可說是血緣關係最親近者，但後來都因「忤旨」獲罪，朱文正更以「胸懷怨望」被鞭殺。[4]雖然因何「怨望」未見明載，但與軍事領導權的爭奪當不無關係。大都督府分為五軍都督府以後，大小都督由五位增加到二十位，內部的牽制和掣肘也更為嚴重。

《明史》是這樣概括五軍都督府職責的：

1 《明太祖實錄》卷 9，至正二十一年三月丁丑。

2 《明史》卷 76《職官五》。

3 《明史》卷 76《職官五》。

4 劉辰：《國初事跡》。

> 都督府各領其都司、衛所，以達於兵部。凡武職，世官、流官、土官襲替、優養、優給，所屬上之府，移兵部請選。既選，移府，以下之都司、衛所。首領官聽吏部選授，給由亦如之。凡武官誥敕、俸糧、水陸步騎操練、官舍旗役並試、軍情聲息、軍伍勾補、邊腹地圖、文冊、屯種、器械、舟車、薪葦之事，並移所司而綜理之。凡各省、各鎮鎮守總兵官、副總兵，並以三等真署都督及公侯伯充之。有大征討，則掛諸號將軍或大將軍、前將軍、副將軍印總兵出，既事，納之。[1]

這段文字雖然參照了萬曆十五年（1587）重修的《明會典》，但主要以洪武二十六年所定的《諸司職掌》為依據。事實上，除武職、土官的襲替、優養、優給屬兵部，首領官選授由吏部外，武官誥敕、俸糧、軍情、軍伍、地圖、文冊、舟車、薪葦、屯種、比試、器械諸項逐漸全部或部分轉移給了兵、戶、禮諸部及都察院，故王世貞說：「（明初）凡天下將士、兵馬大數，蔭授、遷除，與征討進止機宜皆屬之。（洪武）十三年分大都督府為五軍都督府，見若以為品秩如其故者，而兵部陰移之，其權漸分矣。至永樂而盡歸之兵部。所謂五都督者，不過守空名與虛數而已。」[2] 據萬曆《明會典》的記載，五軍都督府的主要職責，從實質上說，是在各所屬京衛及都司衛所與兵部之間起上傳下達的作用，另外，負責京師治安的督促檢查。原來意義上的作為中央最高軍事決策機關的大都督府及五軍都督府已不復發生作用。

永樂、宣德以後，武職軍事領導系統主要是由京營和邊、省鎮戍將領組成，包括京營的提督總兵官、各營統領副將、參將、游擊、佐擊、大號頭官等官，邊、省各鎮守總兵官、協守副總兵、分守參將、游擊、守備等。但需要指出的是，充任總兵、副將、參將、游擊、守備等官的，又均

1　《明史》卷 76《職官五》。

2　王世貞：《弇山堂別集》卷 53《大都督府左右都督同知僉事表》。

為都督府及都司的都督、都指揮、同知、僉事等。於是，都督府和都司成了將領掛銜和領取俸祿、襲替子弟、取得優養優給的衙門，京營及邊、省諸鎮才是任職地所在。

這樣，明朝的武職官其實有兩類。一類可稱為坐衙官，包括南北兩京五軍都督府、中都興都兩留守司、各都司衛所及各宣慰、宣撫司武職官員；另一類可稱為坐營官，包括永樂時設立的三大營、景泰時設立的十團營及成化以後的十二團營的提督官、坐營官、管操官，各鎮總、副、參、游等。坐營官俱由皇帝「特命親信大臣提督之，非兵部所銓擇也」。[1] 兵部所銓擇的，主要是坐衙官中的中下級軍官。

坐衙武官有兩種情況。一種是高級武官，均為流官，分八等：都督府的都督、同知、僉事，都司的都指揮使、同知、僉事，留守司的正、副留守。另一種是中下級武官，均為世官，分九等：各衛指揮使、同知、僉事、鎮撫，各千戶所正、副千戶、鎮撫、百戶、試百戶，以及土官宣慰使、宣撫、安撫及其副貳。

洪武二十六年定，武職官之大者，必由會推。凡五軍都督府缺掌印官，由兵部具奏，會官於現任公、侯、伯中推舉二員；缺僉書官，於帶俸公、侯、伯及在京都指揮使，在外正副總兵官中推舉二人；錦衣衛堂上官及府軍前衛掌印缺，也於侯、伯內推舉二人，最後由皇帝裁定。各省都指揮使及同知、僉事，二都正副留守則由兵部推舉一人簡用，如所在撫、按保舉，兵部應察其賢能，奏請簡用。[2]

衛指揮以下及宣慰使以下官，由兵部選授。選拔的途徑有四：一是世職，二是武舉，三是行伍，四是納級即戰功。每年薦舉，三年有武舉，六年有會舉，而依據則是色目（指從軍腳色）、狀貌、才行、封贈、襲蔭。由於武官選授多依世職，又冒濫嚴重，故許多制度形同虛設，這也是明軍軍紀腐敗、戰鬥力低下的重要原因之一。

1 《明史》卷 71《選舉三》。

2 萬曆《明會典》卷 119《兵部．銓選二》；《明史》卷 71《選舉三》。

三、兵部、都察院與文職領導系統

還在與羣雄逐鹿之時，文臣指揮、武臣作戰的分工在朱元璋集團已初見端倪。如先取陳友諒、後攻張士誠的計劃，拔潼關而守之、直趨大都的部署，均由明太祖和劉基等謀士議定而後行。李善長以行中書省參議兼大都督府司馬處理一應日常事務，後劉基向明太祖稱其「能調和諸將」，洪武十年（1377）又受命與李文忠共議軍事大事，均可見文職官員對軍政事務的參與。[1] 中央主持軍政大計的機關則是兵部。

兵部設於洪武元年，屬中書省。洪武十三年罷中書省，升六部品秩，兵部遂為全國最高軍事行政機關。其後，五軍都督府的實際權力逐漸移於兵部，兵部又為最高軍事領導機關。

《明史・職官志》說：「（兵部）尚書掌天下武衛官軍選授、簡練之政令。」這是洪武二十六年所定的職掌，而永樂以後由都督府「併入」的職掌則被歸於兵部四清吏司。[2]

除作為軍事行政和軍事領導機關外，兵部也直接參與統領軍隊、指揮戰事。從景泰三年（1452）于謙以兵部尚書提督團營，到嘉靖二十年（1541）劉天和以兵部尚書專理京營戎政，此後又於嘉靖二十九年專設協領京營戎政兵部尚書（或侍郎），兵部對京營的控制逐步加強。與此同時，原由御馬監提督的禁兵騰驤四衛和勇士、四衛營也納入兵部的查核之下。[3] 而在外的鎮戍軍和征討軍，從永樂四年（1406）劉俊以兵部尚書贊理成國公朱能軍務以後，多有兵部尚書總督軍務或提督軍務之例；南京兵部尚書則定制參贊軍務，與內外守備節制南京軍隊（見前文）。

兵部之外，都察院的派出單位巡撫都御史和各省提刑按察司的分支機

1　《明史》卷 128《劉基傳》，卷 127《李善長傳》。

2　《明史》卷 72《職官一》。

3　參見方志遠：《明代的四衛、勇士營》，《第二屆明清史國際學術討論會論文集》，天津：天津人民出版社，1993 年。

構兵備副使不但是文職軍事領導系統中的重要組成部分，而且是領導地方軍事力量的主要權力機關。[1]

此外，作為國家監察官員的六科十三道給事中、監察御史，以及各省、邊巡按御史，對軍政事務和軍事行為自然有監督職責（詳見下文）；而作為中樞機關的內閣，對軍國大計則處指導乃至決策地位，故到明末，便有大學士督師，成為戰區統帥，文職總督、巡撫、兵備副使，武職總、副、參、游均受其節制，但尚無定員定制，構不成一級軍事領導機構。

四、司禮監、御馬監與宦官領導系統

早在進行統一戰爭時，明太祖就經常派宦官到軍前向統軍大將徐達、常遇春、李文忠、沐英、傅友德等傳達命令。[2] 洪武十一年（1378）十月，總兵楊仲名討破五開蠻時，又遣宦官尚履、呂玉詣軍吳誠往行營「觀兵閱勝」。[3] 談遷對此事發表評論：「此內臣監軍之始，即不預軍事，恐為所怵也。」[4]

成祖即位後，宦官開始全面參與軍事領導。建文四年（1402）秋成祖即位伊始，命鎮遠侯顧成，都督韓觀、劉真、何福分別出鎮貴州、廣西、遼東、寧夏，又命「靖難」有功的宦官「與之偕行，賜公侯服，位諸將上」。[5] 這可以說是宦官出鎮的開始。永樂三年（1405）六月十五日，命內官監太監鄭和領兵 27000 餘人乘巨船 62 艘下西洋；第二天，又命中官山壽領輕騎出雲州。[6] 這是宦官專征的開始。永樂八年北征蒙古時，都督朱榮、都指揮蘇火耳灰軍中有宦官王安、春山，都指揮王哈剌把都兒軍中有宦官王

1 編輯註：參見方志遠《撫按、司道與鄉里組織：明代地方國家權力的調整與重組》，香港：中華書局（香港）有限公司，2025 年。

2 王世貞：《弇山堂別集》卷 86、87《詔令雜考二、三》。

3 《明太宗實錄》卷 121，洪武十一年十一月庚午。

4 談遷：《國榷》卷 6，洪武十一年十月庚子。

5 傅恆等：《御批歷代通鑒輯覽》卷 102，永樂元年閏十一月。

6 《明太宗實錄》卷 43，永樂三年六月己卯、庚辰。

彥，清遠侯王友、廣恩伯劉才軍中有宦官趙俊、張泰、朱不花。[1] 這是宦官監軍的開始。建三大營時，五軍營設提督內臣一員，三千營設提督內臣二員，神機營設提督內臣一員、坐營內臣六員、監鎗內臣二十員。[2] 這是宦官提督京營、坐營、監鎗的開始。及至永樂二十二年八月，即成祖死後、仁宗即位之前，太監王貴通（景弘）奉命「率下番官軍赴南京鎮守」，洪熙元年（1425）正月，鄭和受命與王貴通同為南京守備。這是宦官為守備之始。[3]

雖然永樂時宦官對軍事行為與軍隊領導的參與多屬臨時性差遣，但除專征之外，後來大多演變為定制。京營提督、坐營、監鎗諸宦官則在永樂時就成為定制。宦官與武職、文職一樣，逐步形成了一套完整的軍事領導系統。

在明朝軍事領導系統發揮作用的，主要是司禮監和御馬監。

司禮監一方面與外廷的內閣對柄機要，另一方面和御馬監在內府共執兵柄，它在軍事領導方面的職責主要有四個方面。一是對經過內閣票擬的軍政事務進行批紅，並可「傳奉聖旨」，命印綬監和御馬監發出調兵遣將的兵符、火牌。二是提督京營，司禮監的這項職責始於土木之變以後，當時司禮太監興安、李永昌同石亨、于謙共理京營軍務[4]；成化以後，劉永誠、汪直先後以御馬監太監提督京營。從此，京營提督的職責在內府由司禮監和御馬監共掌。三是守備南京，洪熙時，鄭和是以內官監太監守備南京的，正統以後，南京守備太監為司禮監「外差」，稱「內守備」，與勛臣「外守備」和文臣參贊機務兵部尚書共同節制南京及沿江部隊。[5] 四是推舉鎮守內臣，各處鎮守內臣例由兵部任命，其人選的確定卻由司禮監。正德初劉瑾就說：「各處鎮守出去，皆司禮監舉用。」[6] 嘉靖初世宗也說：「各處

1　王世貞：《弇山堂別集》卷 88《北征軍情事宜》。

2　《明史》卷 89《兵志一》。

3　《明仁宗實錄》卷 1 上，永樂二十二年八月丁未；卷 7 上，洪熙元年二月戊申。

4　《明英宗實錄》卷 184，正統十四年十月戊午。

5　劉若愚：《酌中志》卷 16《內府職掌》。

6　陳洪謨：《繼世紀聞》卷 1。

內官亦非朕親用，皆係司禮監指名奏請。」[1]

御馬監和司禮監一樣，也設於洪武十七年，但其前身御馬司設於吳元年（1367），是明太祖即位前設置的第三個宦官衙門。御馬監的職掌初為「掌御廄馬匹」，洪武二十八年九月擴充為「掌御馬及諸進貢並典牧所關收馬騾之事」[2]。御馬監以後的發展，都是由這一職掌，確切地說，都是由「馬」而來。一方面，由管理牧馬草場而發展為內府財政部門，皇莊、皇店的採買採辦多由該監內官管理或經辦。另一方面，御馬監因統轄養馬管馬人員及接待關外貢馬人員而發展為內府戎政衙門：兵符令牌由其掌管，騰驤等四衛禁兵以及由此演變而來的四衛、勇士營由其提督；京營固與司禮監共同提督，但坐營、監鎗等內臣多屬御馬監；各地鎮守、分守、監鎗內臣雖由司禮監推舉、兵部任命，但出鎮及監軍內臣也多來自御馬監，可視為御馬監的「外差」。

從機構設置來看，司禮監和御馬監既分外廷兵權，又與外廷相互制約。司禮監酷似明初的兵部，而御馬監則頗類明初的大都督府：司禮監傳奉調軍旨意，御馬監則發出兵符火牌；司禮監推舉監軍、鎮守內臣，御馬監宦官則充任監軍、鎮守；司禮監太監提督京營，御馬監太監則充任坐營、監鎗。二方頗有對掌軍務之勢。而且，司禮監提督東廠，是為皇帝的耳目和別動隊，御馬監則提督勇士、四衛營，是為皇帝的近衛軍。因此在明朝，不僅外廷的兵部、都督府無法單獨調動軍隊，內廷的司禮監、御馬監也同樣無法單獨調動軍隊。[3]

如果說司禮監和御馬監是明朝宦官軍事領導系統中的中央系統，那麼，各地鎮守中官則是它的地方系統。[4]

---

1 《明世宗實錄》卷 80，嘉靖六年九月癸卯。

2 《明太祖實錄》卷 161，洪武十七年四月癸未；卷 241，洪武二十八年九月附條。

3 參見方志遠：《明代的御馬監》，《中國史研究》1997 年第 2 期。

4 編輯註：參見方志遠《撫按、司道與鄉里組織：明代地方國家權力的調整與重組》，香港：中華書局（香港）有限公司，2025 年。

第五章
明代的法律與司法權力結構

第一節　明太祖的立法思想與明朝的「國法」

一、明太祖的立法思想

洪武元年（1368）正月初六，即宣佈建立大明帝國的第三天，明太祖在奉天殿大宴羣臣，即席發了一番議論：「朕本布衣，以有天下，實由天命。……念天下之廣，生民之眾，萬幾方殷，朕中夜寢不安枕，憂懸於心。」御史中丞劉基勸諭：「往者四方未定，勞煩聖慮。今四海一家，宜少紓其憂。」明太祖不以為然：「堯、舜聖人，處無為之世，尚且憂之。矧德匪唐虞，治非雍熙，天下之民方脫創殘，其得無憂乎？夫處天下者，當以天下為憂；處一國者，當以一國為憂；處一家者，當以一家為憂。且以一身與天下國家言之，身小也。所行不謹或致顛蹶，所養不謹或生疢疾。況天下國家之重，豈可頃刻而忘警畏耶？」[1]

這種「寢不安枕，憂懸於心」的心態，在中國歷代開國之君的身上都可以看得到，但三十餘年如一日、始終不移保持這種心態的，幾乎只有明太祖一人。明太祖以布衣取天下，處心積慮，立綱陳紀，既建立了一套自以為萬無一失的政治體制，又制定了一系列禮制法典，希望子孫後代世守勿替，以保天下長治久安。

其實，順治皇帝所看到的「條例章程，規畫周詳」，還只是表面現象。

1　《明太祖寶訓》卷 1《論治道》。

明太祖能夠「規畫周詳」的深層原因，是其對歷代興亡治亂的前因後果都有自己的獨特認識，因而對任何問題的考慮都有一個總體構思和設想，對任何問題的處理都不盲從主管官員的意見而不斷提出基本思路和具體指導。與此同時，由於形勢和個性的因素，也表現出一定程度的隨意性和不穩定性。在立法思想上也同樣是這樣。

在早期，為了適應羣雄逐鹿、爭取民眾支持的需要，明太祖的立法思想主要體現在「寬」與「簡」上。至正十八年（1358）三月，命提刑按察司僉事分巡郡縣錄囚，凡笞罪者釋之，杖者減半，重囚杖七十，有贓者免徵。左右官員以為用法太寬。明太祖則認為：「用法如用藥。藥本以濟人，不以斃人。服之或誤，必致戕生。法本以衛人，不以殺人。用之太過，則必致傷物。百姓自兵亂以來，初離創殘，今歸於我，正當撫綏之。況其間有一時誤犯者，寧可盡法乎！大抵治獄以寬厚為本，少失寬厚則流入苛刻矣。所謂治新國用輕典，刑得其當則民無冤抑。若執而不通，非合時宜也。」這裏強調的是一個「寬」字。[1]

吳元年（1367）十月，命中書省定律令時，明太祖下達了一番指令：「立法貴在簡當，使言直理明，人人易曉。若條緒繁多，或一事而兩端，可輕可重，使奸貪之吏得以夤緣為奸，則所以禁殘暴者，反以賊良善，非良法也。務取適中，以去煩弊。夫網密則水無大魚，法密則國無全民。」這裏強調的是一個「簡」字。[2]

在簡與寬思想的指導下，明初所定的一些律令也多體現這一精神。如《大明律令》僅收令 145 條、律 285 條。同時又命大理寺卿周禎等人根據所定律令，將民間所行事宜，類聚成編，直解其義，名為《律令直解》，以易懂易記。《律令直解》編成之後，明太祖親自審定，覽而喜曰：「吾民可以寡過矣。」[3]

1 《明太祖寶訓》卷 5《恤刑》。

2 《明太祖寶訓》卷 5《恤刑》。

3 《明史》卷 93《刑法志一》。

但是，隨着立國之後統治集團內部矛盾的激化，以及各地不斷發生的新問題，明太祖對形勢的認識隨之發生了變化，其立法思想也由寬而簡轉向嚴而密、由「治新國用輕典」轉而「治亂國用重典」。接二連三的《大誥》及《大誥武臣》的頒佈，《大明律》的較重量刑、錦衣衛和詔獄的設置、廷杖的頻施，正是這種轉變的表現。

洪武四年（1371）三月劉基致仕，明太祖手書問天象，聲稱：「元以寬失天下，朕救之以猛。」劉基的回答是：「霜雪之後，必有陽春。今國威已立，宜少濟以寬大。」[1] 可見，君臣在立法思想上已存在重大分歧，這種分歧甚至直接導致劉基的致仕和被害。到晚年，明太祖自己對皇太孫即後來的建文帝說：「吾治亂世，刑不得不重。汝治平世，刑自當輕。」並解釋說，這就是「所謂刑罰世輕世重也」，即刑輕刑重並無絕對的標準，當以時局的變化為轉移。建文帝即位後回憶：「《大明律》皇祖所親定，命朕細閱，較前代往往加重。蓋刑亂國之典，非百世通行之道也。」[2]

從明太祖立法的一貫思想看，「嚴」與「簡」是貫徹始終的。嚴與簡的結合，構成他立法思想的核心內容。對此，明太祖在吳元年十一月面向中書省和御史台主管官員的一次講話中作了說明：

> 近代法令極繁，其弊滋甚。今之法令，正欲得中，毋襲其弊。如元時，條格煩冗，吏胥緣出入為奸，所以其害不勝……今立法，正欲矯其舊弊，大概不過簡嚴。簡則無出入之弊，嚴則民知畏而不敢輕犯。爾等其體此意。[3]

明太祖晚年對繁法酷刑的修正，可以視為這一思想的回歸。《明史．刑法志》關於明律「視唐簡核，而寬厚不如宋」的評價，可說是洞悉了明律透

1　夏燮：《明通鑒》卷 4，洪武四年三月。

2　《明史》卷 93《刑法志一》。

3　《明太祖寶訓》卷 3《守法》。

露出來的明太祖的基本法律思想。

二、律、例與《大誥》《會典》

明朝的基本法典為《大明律》。《明史．刑法志》說：「太祖之於律令也，草創於吳元年（1367），更定於洪武六年（1373），整齊於二十二年，至三十年始頒示天下。日久而慮精，一代法始定。中外決獄，一準於三十年所頒。」這應該是中國有史以來編纂時間最長的一部法典。

從體例上看，《大明律》沒有沿用北齊確立、隋唐及宋各朝相繼採用的十二篇（名例、衛禁、職制、戶婚、廄庫、擅興、賊盜、鬥訟、詐偽、雜律、捕亡、斷獄）結構，而是在名例之後以吏、戶、禮、兵、刑、工六部為名，共為 7 篇，460 條，分成 30 卷，見下表。

表 4 《大明律》篇目表

大明律	7 篇 30 卷 460 條
名例	1 卷 47 條
吏律	2 卷 33 條：職制 15 條、公式 18 條
戶律	7 卷 95 條：戶役 15 條、田宅 11 條、婚姻 18 條、倉庫 24 條、課程 19 條、錢債 3 條、市廛 5 條
禮律	2 卷 26 條：祭祀 6 條、儀制 20 條
兵律	5 卷 75 條：宮衛 19 條、軍政 20 條、關津 7 條、廄牧 11 條、郵驛 18 條
刑律	11 卷 171 條：盜賊 28 條、人命 20 條、鬥毆 22 條、罵詈 8 條、訴訟 12 條、受贓 11 條、詐偽 12 條、犯奸 10 條、雜犯 11 條、捕亡 8 條、斷獄 29 條
工律	2 卷 13 條：營造 9 條、河防 4 條

這一方面是通過立法的形式來規範社會秩序，另一方面也是通過這一方式來規定國家權力結構及各層面之間的關係。

在立法精神上，明律繼承了北齊以來關於「重罪十條」和隋唐以來關於「八議」的規定，從法律上確保君主專制制度和傳統道德規範的不可侵犯。《大明律．名例》明確指出：謀反、謀大逆、謀叛、惡逆、不道、大不敬、不孝、不睦、不義、內亂為十惡，「雖常赦不原」，又重申了所謂「八議」：議親、議故、議功、議賢、議能、議勤、議貴、議賓。對於「十惡」，明律完全承襲唐律的內容和次序，但對「八議」的次序作了調整，唐律的「八議」為親、故、賢、能、功、貴、勤、賓，明律則將第五位的「功」調至第三位，又將「勤」調至「貴」之前，強調對本朝的效忠。

懲治貪官污吏，是明律的重要內容。對於官員的貪贓罪，唐律列於《職制律》中，而明律首列於《名例律》，可見對貪贓問題的重視。《名例律》定，貪墨之贓有六：監守盜、常人盜、竊盜、枉法、不枉法、坐贓。《職制律》規定：凡官吏受人財禮，以贓罪論；受當事人財物而曲法者，一貫以下杖七十，至八十貫則處以絞刑；受當事人財物而不曲法者，一貫以下杖六十，一百二十貫以上者杖一百、流三千里；只要犯贓罪，官員追奪除名，吏員罷去職役，均永不敍用；至於負有司法監督職責的御史，如受人財物，罪加二等。

薛允升《唐明律合編》在比較了唐律與明律的特點後指出：「大抵事關典禮及風俗教化等事，唐律較明律為重。盜賊及有關幣帑錢糧等事，明律則又較唐律為重。」[1] 這顯然是社會經濟關係發生變化的結果。

明太祖立法思想及明律精神的「重」與「嚴」，主要是針對官吏的。洪武二年二月，明太祖對官員們說到他對貪官污吏的憎惡：「昔在民間時，見州縣長吏多不恤民，往往貪財好色，飲酒廢事。凡民疾苦，視之漠然，心實怒之。故今嚴法禁，但遇官吏貪污蠹害吾民者，罪之不恕。」[2] 洪武三年七月，殿中侍御史尋適及御史王子啟、胡子祺等人分任廣西按察使和按察僉事時，明太祖的訓令便是「嚴明以馭吏，寬裕以待民」。[3] 洪武九年九月，福建參政魏鑒、瞿莊笞奸吏並致其死亡，明太祖不僅沒有責怪，反倒賜璽書嘉獎：「君之馭臣以禮，臣之馭吏以法。吏詐則政蠹，政蠹則民病。

1　薛允升：《唐明律合編》卷9《祭祀》。

2　《明太祖實錄》卷39，洪武二年二月甲午。

3　《明太祖實錄》卷54，洪武三年七月己亥。

朕嘗痛之。……唯仁人能惡人也。」[1]

正是在這一思想的指導下，明太祖於洪武十八年、十九年、二十年，連續頒佈了《大誥》三編及《大誥武臣》，其內容多為懲治貪官污吏的案例。至於《大誥武臣》，更是懲治豪強的案例集，茲將其目移錄於下，以明其情：

冒支官糧、常茂不才、耿良肆貪害民、梅義交結安置人、千戶彭友文等餓死軍人、儲傑曠職、儲欽等擅收軍役、咒詛軍人、守門阻擋、教人作弊、邀截實封、圖財殺人、打死軍人、冒支官絹、克落糧鹽、賣放胡黨、賣放軍人、縱賊出沒、防倭作弊、因奸殺人、姦宿軍婦、男女混淆、以妾為妻、勾軍作弊、監工賣囚、私役軍人、生事害民、生事苦軍、排陷有司、寄留印信、說事過錢

以上共31條，其中直接與贓罪有關的就有近20條。三編《大誥》所列舉的懲治貪官污吏的案件更達數千起。為了懲治貪官污吏，《大誥》曾多次嘉獎「械送」貪官污吏進京問罪的鄉民，成為中國歷史上唯一的一部鼓勵「以民治官」的法典。

除了貪官污吏，《大誥》的懲治對象還有橫行鄉里的惡霸豪強、逃稅抗役的「刁頑」百姓、心懷不滿的讀書人、欺行霸市的買賣人，等等。舉凡洪武時大明皇朝發生的一切案件，明太祖幾乎都要過問，並通過《大誥》的方式進行處理或告誡。

洪武三十年五月頒佈的《大明律誥》，既是洪武一朝，也是明代大規模制定法律的終結。《大明律誥》包括《大明律》七篇、460條和《欽定律誥》147條。明太祖為此在午門告諭羣臣：

> 朕有天下，仿古為治。明禮以導民，定律以繩頑。刊著為令，行之已久。然而犯者猶眾，故於聽政之暇，作《大誥》昭示民間，

1 夏燮：《明通鑒》卷6。按：這段文字依據的是《明太祖實錄》卷108，洪武九年九月己卯條，但作了修飾。

> 使知趨吉避凶之道。古人謂「刑為祥刑」，豈非欲民並生於天地間哉？然法在有司，民不周知，故命刑官取《大誥》條目，撮其要略，附載於律。凡榜文禁例，悉除之。除謀逆并律誥該載外，其雜犯大小之罪，悉依贖罪之例論斷。今編次成書，刊佈中外，令天下知所遵守。「刑期天刑」，庶稱朕恤刑之意。[1]

隋文帝時修《開皇律》，到煬帝則有《大業律》；唐高祖時修《武德律》，太宗時則有《貞觀律》，高宗時又修《永徽律》。而明朝《大明律誥》頒佈之後，即為定本，後世只能恪守，不得更改，故明代只有一部《大明律》。但時代的前進、社會的發展不以人的意志為轉移。實際上，明太祖在位的三十一年間之所以屢次修訂法律並有「刑罰世輕世重」之說，也正是受時局和社會階級關係、生產關係的制約。因此，雖然明太祖明令自己親定的法律和自己設計的國家政治體制一樣，子孫後代必須世世恪守，但他制定的法律也必然和他設計的國家政治體制一樣，只是為子孫後代留下了一種原則，而實際內容，則時時在修正。

由於不允許對《大明律》進行任何修訂，故明太祖去世後，明代的立法活動主要是「編例」，即將一些典型判例進行彙編，以判例作為定罪量刑的依據。

關於律與例的關係，明太祖在世時已有討論。洪武二十五年，刑部官提出，律條與條例有相互矛盾處，應予更定。但明太祖認為，條例是權宜，定律才是萬世之原則，只能是例服從律，不能因例而改律。並於三十年頒佈《大明律誥》時明確表示：「凡榜文禁例，悉除之。」成祖即位後也一再重申，法司問囚，一依《大明律》，「毋妄引榜文條例為深文」。但從另一方面也可以看出，以例代律的情況已經時有發生。

成化至嘉靖，既是明代社會發生重大變化的時期，也是明代法律制度的重要變革時期。

1　《明太祖實錄》卷 253，洪武三十五年五月甲寅。

成化十五年（1479），明朝政府應以恪守祖宗成法著稱的南直隸巡撫王恕之請，將所有現行條例如《會定見行律》等追板焚毀。這恰恰說明以例代律的情形已非常普遍，而且正在成為一種趨勢並已經板刻成書。而就在這次毀板後三年，成化十八年，定「挾詐得財罪例」，可見明廷一面毀例一面又在編例。此後，弘治五年（1492），刑部尚書彭韶等刪定《問刑條例》；十八年，經過九卿會議，增歷年問刑條例「經久可行者」297條，這是明代有史以來規模最大的一次編例活動。孝宗在宦官的唆使下，摘取其中有關宦官利益的六條命九卿再議，卻因九卿的「執奏」而作罷。《問刑條例》一經頒佈，成為量刑定罪的依據。例的地位上升，與律並行不悖。

嘉靖二十八年（1549），在弘治時297條、正德時44條的基礎上，新增249條例，嘉靖三十四年再增九事，從數量上看，例的條款已超過了律。萬曆十三年（1585），刑部尚書舒化等輯錄嘉靖三十四年以後的詔令及宗藩軍政條例、捕盜條格、漕運議單與刑名相關者，雖說「刪世宗時苛令特多」，仍得382條。例繼律之後，成為明代的基本法典。

以例代律的過程，實際上是永樂、宣德，尤其是成化以後明政府根據社會發展的需要對法律的修訂過程。由於明太祖有子孫後代不得修改成令的祖訓，故後世對法律的修訂只能是在不觸動《大明律》的前提下進行修補，這就不可避免產生一系列弊病，如例與律乃至例與例的相互矛盾、例與例之間缺乏應有的聯繫，以及由此而使奸吏貪官有更大的作弊空間等。著名學者、弘治朝的大學士丘濬曾回顧成化十八年編敕律例的背景，並對編例的必要性作了合乎情理的解釋：

> 我朝律文，比前代為省約，其條止四百六十，其死罪止二百二十，用之百餘年於茲，其中固有不用者矣，未聞有所加增也。特所謂例者，出於一時之建請、權宜以救時弊者也。歲月既久，積累日多，朝廷未聞公有折衷，是以刑官猶得以意為去取。伏乞特下明詔，如漢人所云者，命在廷大臣及翰林儒臣，會三法司官，將洪武元年以來，至於成化丁未以前事例，通行稽考，會官集

議，取其可為萬世通行者，節其繁文，載其要語，分類條列以為一書，頒佈中外，與大明律並行。其成化丁未以後有建請者，或救時弊，或達民情，則別為一書，以俟他日之裁擇。如此，則民各所遵守，吏不能為奸矣。[1]

在律、例及《大誥》之外，明初編《大明律令》時，有律與令之分。《明史・刑法志》說：「中外決獄，一準三十年所頒（按：指《大明律》）。其洪武元年之令，有律不載而具於令者，法司得援以為證，請於上而後行焉。」日本學者內藤乾吉《大明令解說》對洪武元年頒佈的《大明律令》中的律與令作了統計，有律 240 條：吏律 18 條、戶律 63 條、禮律 14 條、兵律 32 條、刑律 105 條、工律 8 條；有令 145 條：吏令 20 條、戶令 24 條、禮令 17 條、兵令 11 條、刑令 71 條、工令 2 條。內藤氏還在洪武三十年頒佈的《大明律》中檢索出 35 條是採自洪武元年頒佈的《大明令》。[2] 可見，《大明律》本身已吸收了不少案例。

弘治、嘉靖、萬曆時三次纂修的《大明會典》，也是明代的重要法典。《大明會典》沿用《唐六典》的體例，以官職分卷，記載與其有關的律令、事例，為規定國家權力結構和運行規則的行政法典。

第二節　明代司法系統的權力結構

一、「三法司」與司法權的分工

明朝的司法權事實上由兩個系統構成。一是屬於文官系統的中央和地方司法機關，即中央的刑部、都察院、大理寺，地方的提刑按察司及其分

1　丘濬：《大學衍義補》卷 103《治國平天下之要・慎刑憲・定律令之制（下）》。

2　[日]內藤乾吉：《大明令解說》，《日本學者研究中國史論著選譯》第 8 卷，北京：中華書局，1992 年。

司等。這些都是國家的常設司法機關，其官員任免及職責範圍都以行政法規為依據。二是被稱為「廠衛」的特別司法機關。所謂「廠」指的是東廠，始於永樂時；另有西廠和內行廠，分別設立於成化、正德時，旋設旋罷。雖然所謂「衛」指錦衣衛，但真正理審的則是錦衣衛的北鎮撫司。這些機關直接聽命於皇帝，統領於勛貴及太監，有着廣泛的偵緝和理刑權，不受行政法規的限制。

明朝將刑部、都察院、大理寺三個衙門合稱「三法司」。與唐宋不同，大理寺專管覆核而不掌審判，最高審判權歸於刑部。三法司的分工如《明史·刑法志二》所說：「刑部受天下刑名，都察院糾察，大理寺駁正。」

刑部為國家最高司法機關，設尚書一人、左右侍郎各一人，「掌天下刑名及徒隸、勾覆、關禁」。與戶部一樣，刑部有浙江、江西、湖廣、陝西、廣東、山東、福建、河南、山西、四川、廣西、貴州、雲南十三個清吏司，均設郎中一人、員外郎一人、主事二人，各掌分省及兼領所分京府、直隸軍政及宦官衙門的刑名。事務機關有司務廳、照磨所、司獄司等。

《明史·職官志》對刑部的職責及權限，其實也是對明朝的主要審判原則和程序作了以下的概括：

> 凡軍民、官吏及宗室、勛戚麗於法者，詰其辭，察其情偽，傅律例而比議其罪之輕重以請。詔獄必據爰書，不得逢迎上意。凡有殊旨、別敕、詔例、榜例，非經請議著為令甲者，不得引比。
>
> 凡死刑，即決及秋後決，並三覆奏。兩京、十三布政司，死罪囚歲讞平之。五歲請敕遣官，審錄冤滯。霜降錄重囚，會五府、九卿、科道官共錄之。矜疑者戍邊，有詞者調所司再問，比律者監候。夏月熱審，免笞刑，減徒、流，出輕繫。遇歲旱，特旨錄囚亦如之。
>
> 凡大祭止刑。
>
> 凡贖罪，視罪輕重，斬、絞、雜犯、徒末減者，聽收贖。
>
> 詞訴必自下而上，有事重而迫者，許擊登聞鼓。

> 四方有大獄，則受命往鞫之。
>
> 四方決囚，遣司官二人往莅。
>
> 凡斷獄，歲疏其名數以聞，曰歲報；月上其拘釋存亡之數，曰月報。
>
> 獄成，移大理寺覆審，必期平允。
>
> 凡提牢，月更主事一人，修葺囹圄，嚴固扃鑰，省其酷濫，給其衣糧。

大理寺是司法覆核機關，設正卿一人（正三品）、左右少卿各一人（正四品）、左右寺丞各一人（正五品），掌「審讞平反刑獄之政令」。下設左右二寺，各有寺正一人（正六品）、寺副二人（從六品）、評事四人（正七品），分理京畿及十三布政司刑名。

《明史·職官志二》對大理寺的審讞平反做了概括：

> 凡刑部、都察院、五軍斷事官所推問獄訟，皆移案牘，引囚徒，詣寺詳讞。左、右寺寺正各隨其所轄而覆審之。既按律例，必復問其款狀，情允罪服，始呈堂准擬具奏。不則駁令改擬，曰照駁，三擬不當，則糾問官，曰參駁；有牾律失入者，調他司再訊，曰番異；猶不愜，則請下九卿會訊，曰圓審；已評允而招由未明，移再訊，曰追駁；屢駁不合，則請旨發落，曰制決。凡獄既具，未經本寺評允，諸司毋得發遣。誤則糾之。

都察院的司法監督可以從三個方面來看：一是都御史與刑部尚書、大理寺卿共同審理重大案件；二是有「糾劾百官，辨明冤枉」之責，對刑部及大理寺審理過的案件有糾舉的權力；三是所屬巡按監察御史按臨所至，首先審錄罪囚、吊刷案卷，有證據不足、囚犯不服者，應予重審。實際上，地方要案在送刑部審理之前，大抵已經巡按監察御史處理。從這個意義上說，刑部又在對巡按御史進行司法監督。

對於三法司的工作關係，大致可以作以下敍述。刑部的職責，是受理全國的上訴案件、審核地方重案要案、審理中央各部門案件。由於明朝禁止越訴，因此，刑部受理的地方案件都必須是有關部門審理過的。明朝刑罰分為笞、杖、徒、流、死五等，刑部有權對流刑以下的案件作終審判決，但必須將罪犯連同案卷送大理寺覆核。死刑即使經過覆核，也要經皇帝批准，都察院則對全部審理過程進行監督。

二、廠衛的設置與「另類」司法

明朝的司法系統不僅僅包括「三法司」，還應該包括被今人稱為「特務組織」的廠衛。「廠衛」是指直接聽命於皇帝的特殊偵緝及司法機關，包括東廠和錦衣衛北鎮撫司，也包括曾經設置過的西廠和內行廠。

錦衣衛的前身是拱衛司下屬的儀鑾司。拱衛司始設於明太祖即吳王位的至正二十四年（1364），為正七品衙門。後改名為「拱衛指揮使司」，升為正三品。不久改名「都尉司」。洪武三年（1370），再改名為「親軍都尉府」，管左、右、中、前、後五衛軍士，下設儀鑾司，為正五品衙門。洪武十五年，罷儀鑾司，改設錦衣衛，品秩從正五品升為從三品。錦衣衛位列親軍上十二衛之首，設指揮使一人、指揮同知二人、指揮僉事四人，其屬有「御椅」等七員，皆正六品。出任錦衣衛指揮及同知、僉事者，多為勳戚都督，故可睨視他衛。而且，按明代衛所制度，每衛一般領五個千戶所，但錦衣衛領有 17 個所，恩蔭寄祿者更沒有人數限制，致使嘉靖初進行整頓時，錦衣衛旗校竟達六萬人。而據王世貞《錦衣志》，嘉靖時陸炳領錦衣衛時，「仰度支者凡十五六萬人」。

與明朝軍事編制中的「衛」不同，錦衣衛並非單純的軍事機關。《明史．職官志》説錦衣衛有三個方面的職責：「掌侍衛、緝捕、刑獄之事」。首先是侍衛親軍，凡朝會、巡幸、皆具鹵簿儀仗，率大漢將軍等侍從扈行，宿衛則分番入直，五軍官舍比試武藝，錦衣衛指揮使與兵部尚書或侍郎一道莅視。其次是刑偵機關，凡「盜賊奸宄，街塗溝洫，密緝而時省之」。又是司法機關，凡承制鞫獄錄囚勘事，偕同三法司共同進行。當然，這些都是錦衣衛的法定職責，或者說是它的例行事務。人們通常說錦衣衛，側重於它的法外職能，即在皇帝的特許之下，掌管詔獄。

錦衣衛掌詔獄是明太祖刑用重典的產物。《明史·刑法志》說：「太祖時，天下重罪逮至京者，收繫獄中，數更大獄，多使（錦衣衛）斷治，所誅殺為多。」錦衣衛中有專門的掌刑衙門，起初是各衛均有的鎮撫司。但洪武十五年設置錦衣衛不久，便在鎮撫司之外另設北司，於是錦衣衛鎮撫司有南北之分。北鎮撫司專理詔獄，錦衣衛的司法職能，主要也是由北鎮撫司承擔。《明史·刑法志》對北鎮撫司行使司法職能的演進作了如下敍述：

> 鎮撫司職理獄訟，初止立一司，與外衛等。洪武十五年添設北司，而以軍匠諸職掌屬之南鎮撫司，於是北司專理詔獄。然大獄經訊，即送法司擬罪，未嘗具獄詞。成化元年始令覆奏用參語，法司益掣肘。十四年增鑄北司印信，一切刑獄毋關白本衛。即衛所行下者，亦徑自上請可否，衛使毋得與聞。故鎮撫職卑而其權日重。

實際上，鎮撫司已經是一個掛名在錦衣衛的直接對皇帝負責的獨立司法機關。

明太祖晚年曾下令焚毀錦衣衛刑具，並命內外刑獄均由法司受理，而不再經由錦衣衛。成祖以藩王取皇位，出於鞏固皇位的目的，不僅恢復了錦衣衛理刑的職責，還增設東廠，專事偵緝。但東廠設置的具體時間仍是人們經常討論而尚未統一意見的問題。

中華書局標點本《明史·刑法志》說：「初，成祖起北平，刺探宮中事，多以建文帝左右為耳目。故即位後專倚宦官，立東廠於東安門北，令嬖昵者提督之，緝訪謀逆妖言大奸惡等，與錦衣衛均權勢，蓋遷都後事也。」按這種標點，語多不順，意亦難解。如將「耳目」之後的句號換成逗號，而將「專倚宦官」之後的逗號改成句號，則一目了然。專倚宦官與立東廠是兩層意思。專倚宦官從成祖即位時即如此，而立東廠則在遷都北京之後。

王世貞《弇山堂別集》中的一段話，使人們相信東廠設於永樂十八年

(1420)：「十八年立東廠，命內官一人主之，刺大小事情以聞。案，此不見正史、會典。據大學士萬安奏，成化十二年增立西廠，疏內云東廠之設自文皇帝，至於今五十六年，故考訂於此。」[1]《明史．成祖紀》沿用了這一說法。但萬安將時間說得如此準確，不合古人論事的習慣，反倒使人難以相信。按《明孝宗實錄》所載萬安之疏云：

> 太宗文皇帝建都北京，防微杜漸，無所不用其極。初令錦衣衛官校暗行緝訪謀逆、妖言、大奸大惡等事，猶恐外官徇情。隨設東廠，令內臣提督控制之。彼此並行，內外相制。行之五六十年，事有定規，人易遵守。[2]

萬安這份奏疏的意義有二，一是明確了東廠設於遷都以後，一是時間上只是採用概數，即是「五六十年」而非「五十六年」。這樣，東廠的設置時間大致明確了，是在永樂遷都以後，但並不一定就是永樂十八年。萬安的奏疏和《明史．刑法志》的記載是一致的。

東廠由司禮監提督。但為了避免司禮監掌印太監的權力過重，提督東廠者只能是司禮監的秉筆太監。《明史．刑法志》對東廠的情況作了這樣的敘述：

> 凡中官掌司禮監印者，其屬稱之曰「宗主」，而督東廠者曰「督主」。東廠之屬無專官，掌刑千戶一，理刑百戶一，亦謂之「貼刑」，皆衛官。其隸役悉取給於衛，最輕黠狷巧者乃撥充之。役長曰「檔頭」，帽上銳，衣青素褶，繫小絛，白皮靴，專主伺察。其下番子數人為幹事。京師亡命，誆財挾仇，視幹事者為窟穴。得一陰事，由之以密白於檔頭，檔頭視其事大小，先予之金。事曰「起數」，金曰「買起數」。既得事，帥番子至所犯家，左右坐曰「打

1 王世貞：《弇山堂別集》卷 90《中官考一》。

2 《明憲宗實錄》卷 225，成化十八年三月壬申。

椿」。番子即突入執訊之，無有左證符牒，賄如數，徑去。少不如意，搒治之，曰「乾醡酒」，亦曰「搬罾兒」，痛楚十倍官刑。且授意使牽有力者，有力者予多金，即無事。或靳不予、予不足，立聞上，下鎮撫司獄，立死矣。每月旦，廠役數百人，掣籤庭中，分瞰官府。其視中府諸處會審大獄、北鎮撫司考訊重犯者曰「聽記」。他官府及各城門訪緝曰「坐記」。某官行某事，某城門得某奸，胥吏疏白坐記者上之廠，曰「打事件」。至東華門，雖夤夜，投隙中以入，即屏人達至尊。以故事無大小，天子皆得聞之……衛之法亦如廠，然須具疏，乃得上聞，以此其勢不及廠遠甚。

於此也可以看出廠衛的關係。東廠由司禮監提督，在東廠服役的卻都是錦衣衛北鎮撫司的官校。東廠所主的主要是偵伺，錦衣衛所主的主要是詔獄，二者互為表裏，相互配合，當然也因權力的分配不均而相互鬥爭。無論是東廠還是錦衣衛，都有一幫為之辦事的京師「無賴」。東廠之權重，在於手眼通天，可以直接通過司禮監達於皇帝；而錦衣衛則多一個環節，具疏方得上聞。如果說廠衛的後台是皇帝，那麼，基礎則是地方無賴，幾股勢力紐結在一起，其殘忍無恥和肆無忌憚就不難理解了。弘治九年(1496)，刑部吏典徐珪冒死上疏：

　　臣在刑部三年，見鞫問盜賊，多東廠鎮撫司緝獲。有稱校尉誣陷者，有稱校尉為人報仇者，有稱校尉受首惡贓而以為從令傍人抵罪者。刑官洞見其情，無敢擅更一字，上干天和，災異迭見。臣願陛下革去東廠……則天意可回、太平可致……臣一介微軀，左右前後皆東廠鎮撫司之人，禍必不免，顧與其死於此輩，孰若死於朝廷。願斬臣頭，以行臣言，給臣妻子送骸骨歸，臣雖死無恨。[1]

1　《明史》卷 189《孫磐附徐珪傳》。

這道言之鑿鑿、大義凜然的聲討東廠檄文，竟然使弘治帝震怒，下徐珪於獄。但這又是一件很值得玩味的事情。徐珪抨擊的是東廠，弘治帝如果真要懲罰，當下其於錦衣衛詔獄，卻命將其下於都察院獄，因而徐珪並沒有吃太多的苦頭，只是「贖徒畢、發為民」。可見，對於廠衛的斑斑劣跡，弘治帝心知肚明，但廠衛的設置，本意就是用另類方式、異端手段來偵刺官員和民眾，同時制約外廷司法機關。

西廠的設置更屬無稽。成化十二、十三年間，京師北京接連發生幾樁怪事。先是十二年（1476）七月，在京師西城一帶，有一頭形狀如犬的黑色怪獸時常在夜間出沒傷人，有一夜竟然竄入皇宮，致使滿城騷動。衛士們晝眠夜作，持刀尋捕，怪獸卻又無影無蹤。接着，有一個名叫侯得權的山西籍莽漢，化名李子龍，自稱精通法術、善用符咒，勾結宦官，潛入皇宮，圖謀不軌。雖然經人告發而被捕斬首，卻使住在皇宮的憲宗皇帝感到不安。再過一些時候，早朝時大殿中忽然有刀兵相擊的聲音，經過一番搜查，卻什麼也沒有發現。事情一樁接一樁，憲宗對負責偵緝的東廠和錦衣衛深為不滿，成化十三年，命御馬監太監汪直帶着錦衣衛官校 100 多人，在靈濟宮旁灰廠拘訊人犯。由於灰廠在西城，故稱「西廠」。西廠在成化時設而罷，罷而設，最終在成化十八年因汪直的失寵而廢。[1]

正德初，劉瑾等「八虎」用事，丘聚提督東廠，復設西廠，由谷大用提督；又改惜薪司外薪廠為辦事廠，榮府舊倉地為內辦事廠，由劉瑾親自提督，稱「內行廠」，東西二廠也在其偵伺之中。這一情況的出現，既可以視為「八虎」之間權力的再分配，也可視為宦官內部的派系鬥爭。後來劉瑾為張永所傾，正是這一鬥爭的公開化。劉瑾被殺後，西廠和內行廠都被廢除，東廠則因是「祖宗舊制」而保留。

廠衛之設既是明代君主專制強化的產物，又是明代以內制外、內外相制統治思想的表現。但無論從哪個角度說，廠衛都是對國家正常法制的反動。

1　參見方志遠：《明成化皇帝大傳》第七章，瀋陽：遼寧教育出版社，1994 年。

三、宦官在司法過程中的權力參與

皇帝對司法具有最高裁判權和決定權，這是中國古代也是明代司法的基本原則。明初，明太祖「有大獄必面訊」[1]。後世子孫連大臣也不接見，自然不會去「面訊」大獄，於是由宦官代理其行使司法權。與參與政治、經濟、軍事等事務相似，宦官也廣泛地參與到司法之中，其主要表現在兩個方面，一是司禮監太監主持三法司的大審，二是司禮監秉筆太監提督東廠、控制錦衣衛北鎮撫司。

英宗正統時，始命司禮監太監同三法司堂上官審錄獄囚。成化十七年，「命司禮監太監一員會同三法司堂上官，於大理寺審錄，謂之大審。南京則命內守備行之。自此定例，每五年輒大審」[2]。《明史．刑法志》對此有以下描述：

> 凡大審錄，齎敕張黃蓋於大理寺，為三尺壇。（內官）中坐，三法司左右坐，御史、郎中以下捧牘立，唯諾趨走惟謹。三法司視成案，有所出入輕重，俱視中官意，不敢忤也。……內臣曾奉命審錄者，死則於墓寢畫壁，南面坐，旁列法司堂上官，及御史、刑部郎引囚鞠躬聽命狀，示後世為榮觀焉。

三法司錄囚，是明朝的最高審判。司禮太監以皇帝代表的身份監臨審判，所以聲勢不可一世，他們也以此為殊榮。到了明代中期，內臣犯法，只交司禮監審治，法司不得逮問。[3] 除了司禮監，在外的鎮守中官也在一段時期內享有司法審判權。

東廠自設立起，就由司禮監提督。成化時萬安曾提到成祖朱棣設立

1　《明史》卷 94《刑法志二》。

2　《明史》卷 94《刑法志二》。

3　明世宗時，內臣犯法，惟下司禮監治。刑部尚書、大理寺卿屢言，宜下法司明正其罪，「上報有旨」，不予理睬。

東廠的用意：「初令錦衣衛官校暗行緝訪謀逆、妖言、大奸大惡等事，猶恐外官徇情，隨設東廠，令內臣提督控制之，彼此並行，內外相制。」[1] 即設置東廠的目的是防止負有偵緝理審職能的錦衣衛北鎮撫司及刑部、都察院在重大案件中的徇情，而使內臣「提督控制之」。東廠及後來設置的西廠、內行廠的主要職責便是司法偵緝。因東廠、西廠、內行廠及錦衣衛北鎮撫司均由宦官控制，法律規定的錦衣衛明確職責便是掌「侍衛、緝捕、刑獄」，故廠衛往往結合起來，這使宦官更加廣泛地參與到司法偵緝活動之中。其偵緝的對象上至公卿大臣，下至普通百姓；其偵緝的範圍主要是政治案件，作為皇帝耳目探查危害皇權的潛在因素。憲宗時西廠「所領緹騎倍東廠，自京師及天下，旁午偵事，雖王府不免」[2]；穆宗時「命廠衛密訪部院政事」[3]。這樣大規模且直接對皇帝負責的偵緝，自然使許多無辜者受陷。弘治時，戶部員外郎張倫題稱：「近年設立東廠，密查臣僚過失，因而黜罰，甚至恩仇分明，致陷無辜者多矣。伏望聖慈今後在外有事，不係機密重情，免差官校，惟責巡撫、巡按等官勘報。」[4] 但因有司禮監為後盾，故廠衛的偵緝權不但未受到限制，而且民間的一些細事也成為其偵緝的對象。憲宗時，「西廠搜尋細故，凡街市鬥歐（毆）、罵詈，爭雞縱犬及一時躲避不及者，或加捶楚，或煩瀆聖德，置於重法，以致在城軍民驚惶不安」[5]。廠衛的偵緝涉及社會生活中的方方面面。

廠衛逮捕人犯，需要到刑部簽發駕帖，這是廠衛執行任務時的公文書。最初駕帖不僅需要刑科批定，還需要與司禮監印信、皇城各門關防相配套使用才有效。但到成化時，只憑駕帖甚至沒有駕帖也能逮捕人犯。[6]

1 《明憲宗實錄》卷 225，成化十八年三月壬申。

2 《明史》卷 95《刑法志三》。

3 《明史》卷 19《穆宗紀》。

4 《明孝宗實錄》卷 9，弘治元年正月乙丑。

5 《明憲宗實錄》卷 166，成化十三年五月丙子。

6 王恕：《王端毅奏議》卷 3《駕帖不可無印信疏》。

凡三法司審判重案要案，東廠均派專人進行監督，稱之為「聽記」，並將審判情形直接報告皇帝。劉若愚在《酌中志》中記道：「凡中府等處會審大獄，北鎮撫司拷訊重犯。本廠（東廠）皆有人聽記其口詞一本，拶打數一本，於當晚或次早奏進。」[1]

明代宦官參與司法，同樣體現了明代國家權力運行中的「以內制外」原則。當初成祖設東廠即是為了防止外廷偵緝人員「徇情」，憲宗下令司禮監太監與三法司會審時則說得更為明白：

> 命太監懷恩會三法司審錄罪囚畢，因敕諭法司曰：「……特簡命爾等（三法司）典司刑獄，冀各盡心職業，用輔朕之治理。奈何中間有等或聽斷苟且而鞫問不明，或議擬迎合而比附不當，或任意妄為出入，或徇私恣為重輕，以致人罹冤抑，淹禁歲久。是以怨仇繁興，有傷天地之和。朕念及此情，甚惻然！已敕司禮監太監懷恩，同爾等審錄清理之。」[2]

可見，宦官代表皇帝參與司法，雖然增加了司法的隨意性，但也可防止外廷司法人員的恣意徇情。實際上，外廷文官一面抨擊宦官參與司法，一面卻見怪不怪，竟然發現了宦官參與司法的積極因素。前引弘治時徐珪上疏，一面請革東廠，一面又表示：「如不罷東廠，亦當推選謹厚中官如陳寬、韋泰者居之。」嘉靖六年（1527），言官們則在奏疏中表示：「今後凡貪官冤獄仍責之法司提問辨明，然有隱情曲法，聽廠、衛覺察上聞。」[3]

1　劉若愚：《酌中志》卷 16《內府職掌》。

2　《明憲宗實錄》卷 214，成化十七年四月戊辰。

3　《明世宗實錄》卷 80，嘉靖六年九月己丑。

第六章
明代的監察權力及運行

第一節　都察院與六科十三道

一、從御史台到都察院

中國古代君主制度的基本特徵是君主獨裁，君主是國家的象徵。但是，君主的統治必須依靠從上到下一套官僚機構來實施。君主要駕馭羣臣以推行自己的意志、整個國家機器要保持正常的運行，就需要有一套監督和制約機制，於是，監察制度應運而生。自秦漢至宋元，經過歷代統治者的反覆設計和實踐，已經形成了一套比較嚴密的適應君主獨裁的監察制度，這為明朝監察制度的建立提供了有益的經驗。需要說明的是，明代的整個國家權力本身，就是無所不在的相互監督和制約的結構，而內廷宦官對外廷文官的監察，更是無處不在。關於這方面的情況，以上各章均有討論，本章所論列的，僅僅是法定國家監察機關的職責及其運行，也就是說，僅僅論及「外廷」的監察機關。

元至正十六年（1356），明太祖在設置江南行省及行樞密院的同時，也設置了提刑按察使司，以儒士王習古、王德芳為僉事。[1] 這個「提刑按察使司」本來包括了司法和監察兩個方面的職能，但由於職位卑下，不足與行省、行樞相抗衡，其職能也就無從真正發揮。至正十八年三月，提刑按

1　《明太祖實錄》卷 4，丙申（至正十六年，1356）七月己卯。

察司僉事分巡郡縣錄囚，開了明初按察司分道巡察之端。[1] 為了適應統治區域不斷擴大、按察分司不斷增多、新的大一統帝國即將建立的形勢，明太祖於吳元年（1367）十月，即正式建立明帝國的前兩個月，置御史台，從而完全繼承了元朝中央三大府並立的體制，也開始了明朝中央監察機關的建置過程。

御史台為從一品衙門，設左、右御史大夫各一人（從一品），御史中丞二人（正二品），又有侍御史（從二品）、治書侍御史（正三品）、殿中侍御史（正五品）、察院監察御史（正七品），屬官有經歷（從五品）、都事（正七品）、照磨、管勾（正八品）等。御史台的首任御史大夫是早年隨明太祖起兵的著名將領鄧愈、湯和，首任御史中丞則是浙東名士劉基、章溢。[2] 從御史台的人事安排，可以看出明太祖對這個衙門的重視。《天府廣記》記載了御史台設置時明太祖的一段訓諭：

> 國家新立，惟三大府總天下之政。中書政之本，都督府掌軍旅，御史台糾正百司，朝廷紀綱，盡繫於此。而台察之任實為清要。卿等當思正己以率下，忠勤以事上。蓋己不正則不能正人，是故正人者必先自治，則人有所瞻仰。毋徒擁虛位而漫不可否，毋委靡因循以縱長惡，毋假公濟私以傷人害物。[3]

當時戰事方酣，鄧愈、湯和均統兵在外，御史台工作實際上由御史中丞劉基主持。在治理國家的指導思想上，劉基和明太祖有着共同的認識。明太祖曾不止一次公開表示，元朝之失天下，主要在於一個「縱」字，因此，必須用「猛」來糾之。在這種認識的基礎上，他提出了著名的「治亂世須用重典」的理論。劉基也認為，「宋元寬縱失天下，今宜肅紀綱」。明太祖

1　《明太祖實錄》卷 6，至正十八年三月己酉。

2　《明太祖實錄》卷 26，吳元年十月壬子。

3　孫承澤：《天府廣記》卷 23《都察院》，《明史》及《明太祖實錄》也有關於這段話的記載。

用劉基為御史中丞以掌御史台，應該說是基於這種共同的認識。出任御史中丞後，劉基一絲不苟地行使整肅朝廷紀綱的職責，命眾御史對違法亂紀的人和事，「糾劾無所避」，即使是宿衛宦侍有過失，也決不輕貸，必繩之以法。但這樣一來，劉基不但得罪了違紀犯法者本人及其親屬，也得罪了為違紀犯法者說合求情的各方面當權者，其中包括中書省丞相李善長。於是羣起而攻之，劉基因此遭讒告歸。[1]

以劉基在明朝建立過程中的決策之功以及與明太祖非同尋常的關係，只是因為執法太嚴，便遭到這般結局，可見御史台職責行使的艱難和執法的不易。而在御史台內部，章溢和劉基的認識也並不一致，前者的看法是：「憲台百司儀表，當養人廉恥，豈恃搏擊為能哉。」[2] 將有法必依、執法必嚴視為「搏擊」，將有法不依、縱容寬貸視為「儀表」。

章溢的這一理念倒和明太祖頗為合拍。御史台的事務本來應該十分繁劇，明太祖卻認為：「台察之任實為清要。」對御史台首腦的要求也主要是：「正己以率下，忠勤以事上。」這一主張本是中國古代社會以人治代替法治的一個重要思想根源，卻被最高執法者當作宗旨進行標榜，並得到社會輿論的讚揚，不能不說是中國傳統法制建設的一大誤區。

洪武九年（1376），明太祖以御史台設官紊亂為由，汰侍御史及治書、殿中侍御史，其實是在削弱中書省和大都督府的同時，削弱御史台的職權。洪武十三年元月，廢中書省、升六部，分大都督府為五軍都督府，御史大夫成了文官中品級最高的官員。當年五月，御史大夫安然致仕，明太祖便順勢廢去御史大夫一職，御史台的最高長官為御史中丞，成了正二品衙門。不久，御史台罷去，負責監察工作的官員只剩下羣龍無首的察院監察御史。明太祖潛意識中，大概也打算讓御史們和六部五府一樣，相互頡頏，直接對皇帝負責。雖然洪武十五年設置了都察院，以管理察院的監察御史，但從「都察院」這一名稱，可以看出這個衙門的地位，它是由原御

1 《明史》卷 128《劉基傳》。

2 《明史》卷 128《章溢傳》。

史台下屬的「察院」演變而來的。既是「都」察院，地位便應高於察院，但明太祖當時只給了監察都御史以正七品銜，而且，監察都御史一共設了八人，這就更暴露了明太祖「相互頡頏」的意圖。受命為監察都御史的是秀才李原名、詹徽等。而原有的監察御史則降為正九品。[1]

洪武十六年，升都察院為正三品衙門，設左、右都御史各一人（正三品），左、右副都御史各一人（正四品），左、右僉都御史各二人（正五品）；屬官有經歷（正七品）、知事（正八品）等。第二年即洪武十七年，升都察院為正二品衙門，與六部平級，並稱「七卿」，都察院首長都御史、副都御史、僉都御史的品秩也分別晉升為正二品、正三品、正四品，監察部門最終又取得了和行政部門相抗衡的地位。實際上，這仍然體現了明太祖各衙門「彼此頡頏，不敢相壓，事皆朝廷總之」的政治設想。

都察院是明代繼御史台之後設置的最高監察機關，《明史》是這樣記敍其職責的：

> 都御史職專糾劾百司，辨明冤枉，提督各道，為天子耳目風紀之司。凡大臣奸邪、小人構黨、作威福亂政者，劾；凡百官猥茸貪冒壞官紀者，劾；凡學術不正、上書陳言變亂成憲、希進用者，劾；遇朝覲、考察，同吏部司賢否陟黜。大獄重囚會鞫於外朝，偕刑部、大理讞平之。其奉敕內地，拊循外地，各專其敕行事。[2]

這段話將都察院都御史的職責歸為四個方面。一是主持都察院事務，提督十三道監察御史，糾劾百司，辨明冤枉，這是都察院的主要職責，其「喉舌之司」的性質也由此表現出來，三個「劾」字，更規範了其糾劾的範圍。值得注意的是，都察院不僅繼承了原御史台及歷代監察機關察官治吏的職責，還對所謂「學術不正」「上書陳言變亂成憲」者有糾劾的責任，這既表

1　《明太祖實錄》卷 149，洪武十五年十月丙子；另見《明史》卷 73《職官志三》。

2　《明史》卷 73《職官志二》。

明明代加強了對思想文化方面的控制，也擴大了都察院的職責範圍。都御史第二個職責是在吏治方面，與吏部共同負責對官員的考察。其三是在司法方面，與刑部、大理寺會審重囚。這三個方面的職責都在本院進行。第四個方面的職責卻是「外差」，即作為各處巡撫都御史和巡按監察御史，安撫地方、糾舉奸邪。除此之外，作為「七卿」之一的都御史及其屬官監察御史，凡朝廷議大政、會推文武大臣，均得參與。

宣德三年（1428）六月，顧佐為右都御史，宣宗賜敕說：

> 都察院受朝廷耳目之寄，掌國家紀綱之任。用得其人則庶政清平，羣僚警肅；用非其人則百職怠弛，小人橫恣。必盡廉公，乃稱斯職。近年以來，在京諸司奸弊紛出，其司風憲者非惟不能糾舉，且實與之同和。若此所為，國何賴焉？爾佐剛直廉正，簡在朕心，今特畀斯任，其竭誠盡力，必公必明，恪恭夙夜，毋憚勤勞，彈劾愆謬，毋避權要、毋枉良善、毋縱奸宄，庶幾人知儆畏，弊以清革，副朕簡任之意。其各見任御史宜審擇之。凡廉勤公正、老成惇厚者俱留在職，其不達政體、不諳文移、貪淫無恥及曾犯贓罪者，悉送吏部降黜，公差給假丁憂亦如之。務盡至公之道。所闕御史，即行吏部慎選，自今不許濫授。[1]

如果說《明史》所概括的是都御史的職責和權力，宣宗的這道敕諭則着重於對都御史本人及其所屬監察御史們職責道德方面的要求，與御史台設置時明太祖對御史大夫和御史中丞們的要求相似。都御史不僅在忠公廉明、正直無私即做人方面要為監察御史們乃至全體朝臣的榜樣；在彈劾愆謬、褒獎廉勤即做官方面，也要作出表率。

雖然都察院只是「七卿」之一，在名分上不及當年御史台那樣與中書省、大都督府三府並立，但在實際運作上，都察院則是一個龐大的從上到

1 孫承澤：《天府廣記》卷 23《都察院》。

下的管理體系，足以和分掌中央行政事務的六部抗衡。

除了在京主持院務的左、右都御史，副都御史，僉都御史，都察院還有一個職權範圍幾乎無所不包的地方派出系統，這就是巡撫系統。

舉凡地方政務、軍務、財務，以及與此有關的一些特殊事務如鹽政、茶政、馬政等，均由這個系統掌管。巡撫雖然在事實上已經成為地方一級行政機構，但在編制上仍屬都察院都御史們的「外差」。無論其頭銜是總督、總理，還是巡撫、撫治，或者是經略、巡視、提督、贊理等，乃至兼官兵部尚書或侍郎，最終仍是都察院的右都或右副都、右僉都御史。這個「右」，既為了使官名整齊劃一，也為了強調督撫和都察院在編制上的隸屬關係，無論加官有多大，仍比都察院的掌院「左」都御史差一個等級。

此外，都察院還有一個與戶部、刑部一樣分道設置的十三道監察御史系統，這個系統可以獨立發揮作用，其影響也遠非戶、刑二部的十三道清吏司可比。至於各地的「巡按監察御史」，雖然僅為正七品京官，卻有「代天子巡狩」的職責，地方的都、布、按三司及府縣、衛所，乃至巡撫和鎮守總兵、鎮守中官及全體民眾，都在其糾舉的範圍之內。[1]

二、六科十三道的「以下制上」

明代以都察院為最高監察機關，都御史與六部尚書並稱「七卿」，地位崇高。但也正是因為地位崇高，按明太祖和明宣宗的敕諭要求，都御史得為百官的表率。如果真如《明史》所概括的職責那樣：奸邪者劾，結黨者劾，作威作福者劾，猥茸貪冒者劾，學術不正、是非成法、希圖進用者也劾，都御史勢必有「搏擊」之嫌、失大臣之體，極易為朝廷招怨，一旦彈劾有誤，也無迴旋的餘地。因此，搏擊之事應該讓那些地位不高、資歷不深、年紀較輕、顧忌較少的官員去幹。用明太祖的話，應該建立一種

1　編輯註：參見方志遠《撫按、司道與鄉里組織：明代地方國家權力的調整與重組》，香港：中華書局（香港）有限公司，2025 年。

「以小制大，以下制上，大小相制，上下相維」的監察體制。這也是歷代統治者慣用的手法。漢武帝就曾用六百石的刺史去制約二千石的郡守，武則天也專用後進之士去搏擊元老重臣。基於前代的經驗，鑒於現實的需要，明代建立了一套被稱為「科道」的監察系統。

所謂「科道」，指的是吏、戶、禮、兵、刑、工六科給事中和都察院的十三道監察御史。六科給事中在明代被稱為「科官」，十三道監察御史則被稱為「道官」，二者雖然系統不同，但地位和職責相近，故合稱為「科道官」，也稱為「台垣」，御史為「台」，六科為「垣」，構成明代糾舉彈劾，防止官員敷衍公事、違法亂紀的兩道交叉防線，又由於職在「建言」乃至「風聞言事」，故又統稱為「言官」。

「給事中」之名秦漢時已經出現，因「給事禁中」而得名，其後各代均有設置，但職責屢有變化。明初承元制，於吳元年（1367）設給事中，正五品，其職責為規諫、補缺、拾遺，是皇帝的諫官。洪武六年（1373）三月，依宋代給事中分理六房之制，定給事中為十二人，分吏、戶、禮、兵、刑、工六科，每科二人，品秩降為正七品（六月改為從六品）。職責為「看詳諸司奏本及日錄旨意等事」，凡中書省、大都督府及諸司奏事，給事中各隨所掌於殿庭左右，執筆記錄，將皇帝的可否旨意記在奏本之後，並簽上自己的姓名，以防有關部門壅遏欺蔽。[1]這次調整，看似較以往更為規範，但給事中品秩下降，更為重要的是六科的職責由以前的「諫君」轉化成了「察臣」。為補六科職責轉變後諫官的缺員，洪武十三年曾設過諫院，有左、右司諫各一人，左、右正言各二人，洪武十五年又設了諫議大夫，但不久均被罷去。從此，明代只有糾舉臣子的機構而無規諫皇帝的部門。關於這一點，明代的士大夫們看得非常清楚，並多次有人提議重新設置，但均被駁回。孫承澤對此發表評論說：

> 六科即唐之補闕、拾遺，宋改補闕為司諫，拾遺為正言。唐

1 《明太祖實錄》卷 80，洪武六年三月乙巳。

> 制，諫官隨宰相入閣，此最得為政之要。至明革中書省，乃並諫官裁之，惟設六科以掌封駁。宣德中，廷臣請設諫官，不允，於是諫無專職，此為缺典⋯⋯後世有糾劾而鮮規正，蓋以言官、察官渾之為一也。[1]

洪武二十二年，明太祖以「六科為政事本源」而改給事中之名為「源士」，這當然也是明太祖眾多突發奇想的事例之一，但不久恢復原名。洪武二十四年，更定六科員額，並再次降低六科品秩，每科設都給事中一人（正八品）、左右給事中二人（從八品），給事中吏科四人、戶科八人、禮科六人、兵科十人、刑科八人、工科四人，共 40 人（正九品）。建文元年（1399）改革官制，升都給事中為正七品，給事中為從七品，廢左、右給事中，增設拾遺、補闕。成祖即位後，以拾遺、補闕非祖宗舊制而廢去，恢復左、右給事中，秩從七品，都給事中和給事中則依建文之舊，仍為正七品和從七品，以後即為定制。[2] 另外，南京也設有六科給事中，每科一人，戶科增設一人專理後湖黃冊。這樣，南北兩京額設給事中 65 人。

關於六科的職責，《明史》歸納為：「掌侍從、規諫、補闕、拾遺、稽察六部百司之事。」[3]《明會典》則只用了四個字：「封駁糾劾。」[4] 其實，六科的職責也的確只是兩個方面，一是封駁，一是糾劾。根據《明史》的說法，六科封駁的是皇帝的制敕詔令和六部百司的本章奏疏，「凡制敕宣行，大事覆奏，小事署而頒之；有失，封還執奏。凡內外所上章疏下，分類抄出，參署付部，駁正其違誤」。至於糾劾，「主德闕違，朝政失得，百官賢佞，各科或單疏專達，或公疏聯署奏聞」。即上自最高統治者

1　孫承澤：《天府廣記》卷 10《六科》。

2　《明史》卷 74《職官志三》。

3　《明史》卷 74《職官志三》。

4　萬曆《明會典》卷 213《六科》。

皇帝，下至六部九卿及在京諸司各衙門大小官員，六科均可糾謬劾誤。但實際上，無論是封駁還是糾劾，六科所能針對的仍是六部及諸司衙門事務，這從六科的名目也可以看出。給事中的分科設官根據六部而定，故各科的主要職責是對對口各部事務的監督。既然並無專糾皇帝的科名，則對所謂「主德闕違」進行規諫雖然有一定的法律依據，也可將給事中在唐宋各代有關這方面的傳統作為歷史根據，但畢竟因缺乏專職部門而顯得渙散無力。

正德《明會典》專列「六科通行事例」，萬曆《明會典》則對其中部分事例進行了修訂或增補。舉其重要者於下[1]：

凡每日早朝，六科輪官一員於殿廷左右，執筆紀錄聖旨，仍於文簿內註寫某日某官某欽記相同，以防壅蔽。

凡處置禮儀、邊務等事，及軍民人等陳言有關大體者，掌科官奉旨同文武大臣會議。（萬曆本增補：「弘治元年題准，假以陳言希進、市恩報怨，及紛更舊法者，參駁究治。」）

凡舉用文武大臣，如總制、總兵之類，奉旨會推，掌科官皆預。（萬曆本改為：「凡內閣及吏兵二部尚書、在外總督、總兵，奉旨會推，掌科官皆預。」）

凡兩京大臣方面等官有不職者，俱得劾奏，或大班面劾，及諸人有不公不法等事，俱當劾奏。（萬曆本增補：「正德元年題准，若係重事，特旨令科道記著者，即時糾舉，不得隱漏。」）

凡三年天下諸司官朝覲畢，除黜退外，其有公事未完等項，俱大班劾奏。（萬曆本增補：「嘉靖六年題准，被誣奪職者，各科即時論辨。」）

凡一應題奏本內違礙事情，及字樣差訛洗補跡污等項，參出，該部抄行。

凡各衙門題奏本狀奉旨發落事件，開坐具本，戶禮二科俱送吏科，刑工二科俱送兵科，每日早朝，六科掌科官同於御前進呈。（萬曆本改為：各

1 正德《明會典》卷 167《六科．六科通行事例》、萬曆《明會典》卷 213《六科》。

科均送吏科)

凡各衙門題奏發下聖旨，各該衙門堂上官一員，隨赴本科批押於後。(萬曆本改為:「題奏本奉到聖旨」)

凡六科每日收到各衙門題奏本狀奉聖旨者，各具奏目送司禮監交收，又置文簿陸續編號，開具本狀，俱送監交收。

凡各衙門題奏過本狀，俱附寫文簿，後五日各衙門具發落日期赴科註銷，過期稽緩者參奏。

凡內官內使傳旨，各該衙門補本覆奏，再得旨，然後施行。

凡三法司奉旨於午門前鞫問罪囚，許掌科官同問。

凡登聞鼓下，每日各科輪官一員。如有申訴冤枉並陳告機密重情者，受狀具題本封進。如決囚之日有訴冤者，受狀後批手令校尉停決候旨。(萬曆本改為:「受狀後，批校尉手傳令停決候旨。」)

萬曆《明會典》新增以下各條:

凡六科每日接到各衙門題奏本章，逐一抄寫書冊，五日一送內閣，以備編纂。

凡各衙門援「不為例」事奏請者，正德三年(1508)令各科指實劾奏。

凡各衙門抄出該科參語，正德十六年題准，俱要寫入本內覆奏，及行在外勘事衙門，若任情增減削去者，指實劾奏。

凡在外司府衙門，每年將完銷過兩京六部行移勘合，填寫底簿，送各科收貯，以備查考。

凡內外一應章奏，該部院題覆，行各撫按官，俱立限奏報，仍具考成簿二扇，每月赴科倒換，並開已未完手本註銷。每上下半年，各科將遇限未完事件，並撫按職名，先行該部查明，類送應題科分，查覆欠數多寡，具本題參。

除上述職責為六科所共有，《明史·職官志》還開列了六科的具體分工:

吏科，凡吏部選官，掌科即都給事中同至御前請旨;外官領文憑，皆先赴本科畫字;內外官考察自陳後，本科與各科具奏，揭露其自陳不實及未盡者，糾其不職者。

戶科，監光祿寺歲入錢糧及在京甲字等十庫錢鈔雜物，其他各科也參與此事，三月一輪；凡內外官員貴戚有請乞田土、隱佔侵奪者，糾之。

禮科，監訂禮部儀制，凡大臣曾經糾劾削奪、有玷士論者均行記錄，以核其死後贈恤是否妥當。

兵科，凡武臣貼黃誥敕，本科派一人監視；凡兵部選官，本科掌科即都給事中同至御前請旨；武職領取文憑，皆先赴本科畫字。

刑科，根據法司移交的材料，每十天上報一次在獄罪囚的數字，每年二月下旬，上報前一年在獄罪囚的數字，年終時，條上本年冤獄之數。

工科，檢閱並測試軍器局兵仗，同監察御史巡視內府節慎庫，與各科稽查寶源局。

從上述「通行事例」及各科分行事務，可以看出六科在國家權力結構中的作用及發揮作用的方式。如果其職責能夠得到正常的發揮，無論是內府宦官衙門，還是外廷府部督撫，其行事都處於六科給事中的監督之下，更何況還有十三道監察御史。雖然外廷文官不斷抨擊內府宦官「矯旨」謀私，但至少著者還沒有發現外廷能夠列舉出的具體案例。即使宣德時期處置過幾個在外地招搖撞騙的宦官，也並不能證明他們矯旨辦事，只不過是敲詐勒索的手段過激引發民變而已。

明初設御史台時，其屬便有察院監察御史。御史台一廢，監察御史失去了歸屬衙門。洪武十五年設都察院，監察御史歸都察院管轄。當時根據布政司的設置，分監察御史為浙江、河南、山東、北平、山西、湖廣、福建、江西、廣東、廣西、四川等十二道，各道置御史五人或三四人，秩正九品。兩年後，都察院由正七品衙門升為正三品，最終為正二品衙門，御史的品秩也恢復為正七品。永樂元年（1403）改北平道為北京道，十八年，罷北京道，增設貴州、雲南、交趾三道；宣德十年（1435），罷交趾道，最終定為十三道，故稱為「十三道監察御史」。十三道御史各對相應布政司及帶管的在京衙門（包括文官衙門、武官衙門和宦官衙門）的官員及事務進行監察，吏部和都察院共同進行的內外諸司官員考察，則專由河南道御史負責監察。

十三道開始各有印信二台，上刻篆文「繩愆糾繆」。一台由該道資深御史掌管，用於處理本道事務；一台藏於內府，御史出巡時領用，回京後納還。後為了區別道名及內外差，各道所用印信刻文為「某道監察御史印」，巡按御史印則為「巡按某處監察御史印」。如浙江道監察御史，其文為「浙江道監察御史印」；巡按江西監察御史，其文則為「巡按江西監察御史印」。[1] 另外，因浙江、江西二省及南直隸事務繁劇，每道置印十顆，其餘每道五顆。[2]

監察御史各分道的員額始定於洪武十五年，經過數番調整，定為浙江、江西、河南、山東各 10 人，福建、廣東、廣西、四川、貴州各 7 人，陝西、湖廣、山西各 8 人，雲南 11 人，共 110 人。這是北京的御史。南京都察院也設有十三道監察御史，浙江、江西、河南、山東、山西、陝西、四川、雲南、貴州九道，每道 2 人，福建、湖廣、廣東、廣西四道，每道 3 人，共計 30 人。南北兩京監察御史總共 140 人。

十三道監察御史的主要職責是「察糾內外百司之官邪」，具體地說，有內差、外差之分。內差包括兩京刷卷，巡視京營，監臨鄉試、會試及武舉考試，巡視光祿寺費用開支，巡視倉場，巡視內庫、皇城、五城，輪值登聞鼓（後由六科負責）等；外差包括巡按，清軍，提督學校，巡視鹽政、茶政、馬政，巡視漕運，巡視邊關、鈔關，督運糧餉，監臨印馬、屯田等，遇有征討用兵之事，則監軍紀功。所有這些差事又根據事情的繁簡重輕分為大差、中差、小差三等：大差包括南北兩直隸提學御史，兩直隸及各省巡按御史，巡視京營御史；中差包括遼東、宣大、甘肅三處巡按御史，以及清軍、印馬、屯田、巡鹽、巡倉、巡關、督運、巡茶御史等，若印馬、屯田並作一差，則三年任滿可算一大差；小差包括巡視光祿（後改為中差），巡視皇城四門及馬房，巡視十庫，巡視五城及

1　《明史》卷 68《輿服志四》、卷 73《職官志二》。

2　孫承澤：《天府廣記》卷 23《都察院》。

盧溝橋御史等。[1]

140名監察御史，加上65名六科都給事中、左右給事中、給事中，科道官定員共有205人，都是七品官，與知縣平級，也略相當於漢武帝時六百石的刺史。

永樂以後，對御史和給事中的人選要求越來越嚴格。一般來說，年齡要在30歲至50歲之間，過於年輕者缺乏辦事經驗，年齡過大則沒有朝氣。特別是給事中，還要求體貌雄偉、聲音宏亮，以壯觀朝班，更為重要的是器識遠大、學問該博、文章優贍。[2] 連英宗也公開向吏部官表示：「給事中以封駁糾劾為職，不徒侍從而已。故居是職，非得行檢莊飭、才識優長、儀貌豐偉、語言端正者，其曷克稱？」[3] 在任職資格上，永樂時定，凡吏員出身者，不得為科道官；宣德時定，新科進士不得直接授科道官；成化時定進士必須歷任三年以上、弘治時定舉人出身的教官必須歷任六年以上且才行出眾，才能出任科道官。

這樣一來，科道官幾乎均由政績卓著的知縣、推官、主事等官以及散館後未留翰林院的庶吉士充任，這是一支年紀適中、素質較高、有朝氣、有進取心的言官隊伍。可以說，無論是在京還是在外，無論是行政、軍政還是財政、學政，無論是文官、武官還是宦官、貴戚，包括都察院長官都御史在內，都在科道的監督之下。科與道在行使監察權時，也有職責上的分工。一般來說，六科給事中的職責側重於對六部百司衙門的行政監督，以提高各官僚機構的辦事效率；十三道監察御史的職責側重於對各級官吏的法紀監察，以整肅綱紀、澄清吏治。但二者的目的是一致的，即預防和懲治官僚集團內部的腐敗、維護國家機器的正常運行。

---

1 參見《明會典》卷209、210《都察院一、二》，《明史》卷73、74、75《職官志二、三、四》，孫承澤：《天府廣記》卷23《都察院》。

2 陸容：《菽園雜記》卷7。

3 余繼登：《典故紀聞》卷11。

第二節　明代監察權力的運行

一、職官監察

明朝的監察系統，既包括中央的都察院及其所屬的十三道監察御史和六科給事中，也包括各省巡按監察御史、按察司及其分司，已經地方化和行政化的巡撫都御史也擁有部分監察權。監察範圍涉及國家機器的所有部門，以及這些部門運作的全過程。大致劃分，有職官監察、行政監察、財政監察、軍事監察、司法監察等五大類。都察院為明代中央「三法司」之一，司法監察是其重要職責，關於這方面的情況，前文已有論列，此不贅述。

職官監察是中國古代監察的主要內容。歷代的職官監察一般都局限在對現任官員的考察，即對現任官員的人品高下、政績優劣、守法程度、官聲好壞進行考察，以決定其升降罷黜。明代的職官監察，卻貫穿於官員的選拔、簡任、考察、糾劾、封妻蔭子乃至死後封贈等全部環節。這種做法，有利於提高官員隊伍的基本素質，使監察工作由消極的懲治變為積極的防治，在中國監察史上也具有重大意義和深遠影響。

明代職官監察的第一個環節是對官員選拔的監察乃至直接參與官員的選拔。明朝文官出於科舉，武官出於世襲。按明代制度，各省均設按察副使或僉事，南北直隸則有監察御史，專職提督學校，並負責選拔參加科舉考試的生員；而科舉考試大到鄉試、會試、殿試，小到糊名、謄寫、讀卷、出榜等各個環節，都有按察司官或監察御史進行監督。這樣，士人從取得參加科舉的資格到最後金榜題名，都在監察系統的監察之下。武官世襲按例也要進行比試，無論是一試還是因一試不合格而進行的二、三試，均有科道官在場監督，以防作弊。

職官監察的第二個環節是對官員任用的監察。明朝官員的銓選，文歸吏部，武歸兵部，但吏部和兵部真正能夠簡任的是中下級官員，在任用過程中，行使監督權的是吏、兵二科的給事中；高級文武官員的簡任要通過

「廷推」，而參加廷推的不僅有都察院長官，還有科道官。

當然，職官監察中的最重要環節還是對官員的考察和糾劾。

考察又稱「大計」，有京察、外察之分。京官每六年考察一次，是為「京察」，時間定在巳、亥年；外官每當辰、戌、丑、未年例應赴京朝覲，同時進行考察，是為「外察」，三年一次。凡經大計計處者，永不敍用。

考察是從外官開始的。洪武四年（1371）十二月，命工部尚書朱守仁察吏山東，這可以說是「外察」的先聲。洪武六年，命御史台及各道按察司察舉有司官有無過犯，這是普遍考察外官的開始。洪武二十九年，定辰、戌、丑、未年為外官朝覲年。朝畢，吏部會同都察院進行考察，故外察又叫「朝覲考察」。據記載，考察氣氛十分緊張：「吏部會同都察院考察，奏請定奪，其存留者，引至御前，刑部及科道官，各露章彈劾，責以怠職。來朝官皆免冠，伏候上命，既宥還任，各賜敕一道，以申戒飭。」[1] 朝覲官均為布、按二司及府、州、縣正官，在當地「頤指氣使」，也只有在三年一度的朝覲考察時被殺盡威風。

至弘治時，外察的程序基本制度化。州縣正官每月將所屬官吏過犯報府，府正官每年匯總並將本府屬官過犯一併報布政司。每當朝覲之年，吏部和都察院先期行文，命布、按二司考察其屬官及所轄府州縣正官，布、按二司官員則由巡撫、巡按考察，最後由撫按通核考察事狀並造冊進而具報吏部，吏部在朝覲時根據報冊進行審理。如所報不公，允許當事人申訴。吏部考察如有失當，科道可指名糾劾。

京察始於正統元年（1436），經吏部奏准，兩京各衙門屬官首領官由本衙門堂上官考察，如有不才及老疾者，吏部驗實定奪。至天順八年（1464），定為每十年舉行一次，弘治十六年（1503）改為每六年一次，遂為定制。考察範圍，初為五品及以下官員。成化四年（1468），要求四品以上堂上官「自陳」其業績，曾被科道糾劾及年老不堪任事、才德不稱職者，應自陳致仕；弘治十六年，對四品以上官員的考察有了新規定，即

1　萬曆《明會典》卷 13《吏部．朝覲考察》。

自陳並已定去留後，科道官可對其自陳所隱瞞的「遺行」進行揭發，這就叫「拾遺」。由於被拾遺者「欺君」在先，故均得自請致仕。[1]

對官員進行糾劾既是明代也是中國歷代職官監察的主要內容。作為明朝最高監察機關的都察院及其下屬十三道監察御史，主要職責便是糾劾百司。《明史》說「都御史職專糾劾百司」，並用了三個「劾」字概括都察院都御史的糾劾範圍；十三道監察御史「主察糾內外百司之官邪」；六科給事中「稽察六部百司之事」。洪武二十六年所定《諸司職掌》要求十三道監察御史：

> 凡文武大臣，果係奸邪小人、構黨為非、擅作威福、紊亂朝政，致令聖澤不宣、災異迭見，但有見聞，不避權貴，具奏彈劾；凡百官有司，才不勝任、猥瑣闒茸、善政無聞、肆貪壞法者，隨即糾劾；凡大小祭祀，敢有臨事不恭、牲幣不潔、褻瀆神明、有乖禮典、失於舉行，及刑餘疾病之人陪祭執事者，隨即糾劾；凡朝會行禮，敢有攙越班次、言語喧嘩、有失禮儀，及不具服者，隨即糾問；凡在外有司，擾害善良、貪贓壞法，致令田野荒蕪、民人受害，體訪得實，具奏提問；凡學術不正之徒，上書陳言、變亂成憲、希求進用，或才德無可稱、挺身自拔者，隨即糾劾，以戒奔競。[2]

而且，明代科道的糾劾既包括糾劾他官，也包括監察機關的互糾：

> 凡都察院、按察司堂上官及首領官，各道監察御史、吏典，但有不公不法及曠職廢事、貪淫暴橫者，許互相糾舉，毋得徇私容蔽。……正德十四年，令撫按官不許互相薦舉，如有不公不法，仍照憲綱互相糾劾。嘉靖二十七年題准，凡巡按御史彈劾三司不職，按察

1　沈德符：《萬曆野獲編》卷 11《京官考察》。

2　正德《明會典》卷 164《都察院．糾劾百司．諸司職掌》。

司官亦得糾巡按失職，不許科道官挾私報復。巡按、清軍、巡鹽、刷卷，御史同事地方，固宜同寅協恭，亦要互相糾察，以清憲體。[1]

通過他糾與互糾，明朝建立了一張嚴密的監察糾劾網，科道則是這張大網的「綱」和「目」。

二、行政監察

行政監察包括對行政決策及行政實施兩個方面的監察。

如果說職官監察主要在都察院及其在中央和地方的各系統進行，那麼行政監察則是六科的基本職責，但都察院及十三道監察御史也參與。

行政監察首先是對決策部門的監察。君主制的基本特徵是君主為最高和最終的決策者。在明代，廢除中書省後，六部對皇帝負責。雖然後來內閣以票擬裁決而為外廷決策機關，但閣票均需經內監批紅並以皇帝的名義發出才有效。君主為一切政務名義上的決策者，而其輔助機關，則內為司禮監，外為內閣。因此，對決策的監察實際上是對皇帝及司禮監和內閣的監察。

上文不止一次提到，六科職責發生了由諫君到察臣的變化，諫院等機關隨置隨廢，致使明代沒有專門對君主進行諍諫的機關，這也是明朝君主專制高度強化的重要表現。儘管明朝沒有專門對皇帝進行諍諫的機關，都察院和六科卻有諫君的職責。而且，大凡有政治頭腦的君主都公開提倡和鼓勵臣下特別是監察機關對自己的言行和決策進行規諫，儘管其中不無矯揉造作之舉，卻也有真情的表露。明太祖就多次對御史台和都察院的官員說：「台憲之官，不專於糾察，朝廷政事或有遺闕，皆得言之。人君日理萬機，聽斷之際豈能一一盡善。若臣下阿意順旨，不肯匡正，則貽患無窮。」[2] 成祖及仁宗、宣宗、英宗固然時時對監察官員提出要求，即使是憲

---

1 萬曆《明會典》卷 209《都察院．糾劾官邪》。

2 《明太祖實錄》卷 63，洪武四年閏三月庚辰。

宗、孝宗乃至武宗、世宗等也都有過類似的表示。

關於明朝官僚集團對最高統治者皇帝的諍諫，有過幾次著名事件。如正統時反對英宗親征瓦剌、景泰時反對景帝更換太子、成化時呼籲厚葬錢太后、正德時勸阻武宗北狩南巡、嘉靖時反對世宗追尊本生父母、萬曆時請立太子及反對派遣礦監稅使等，首先發難並上下聯絡的，都是科道官。至於對君主一些個人行為及某些決策提出反對意見的，則比比皆是、不勝枚舉。同時，對皇帝的詔旨、敕令，六科給事中在簽發的過程中有封還執奏的權力。如嘉靖二年（1523）二月，世宗親批都察院差御史巡鹽事，稍有失誤，當值的刑科給事中黃臣即予駁還。[1] 給事中鄧繼曾等更將未經內閣票擬的「中旨」斥為「事不考經，文不會理」[2]。

科道官對最高決策機關內閣和司禮監的監督表現在封駁和糾劾兩個方面。按明制，凡內官內使傳旨，六科當值官員均得補本復奏，重新得到詔旨後才予簽署頒行。而所有經過內閣票擬、內監批紅、準備發至各衙門的文書，均得由六科簽發。一旦發生內閣首輔或司禮監太監專權之事，率先發起攻擊的自然也是科道官。如正統時宦官王振專權，天順時曹吉祥專權，正德時劉瑾專權，天啟時魏忠賢專權，成化時內閣萬安、劉吉弄權，嘉靖時嚴嵩弄權，崇禎時溫體仁、周延儒弄權，進行抨擊的都是科道官。明代廢除中書省後，內閣和司禮監雖然成為新的決策機關，但始終未能在制度上使宰相制度合法化；明代從憲宗開始，皇帝大抵不問政事，但在發生大規模農民起義及清軍進關之前，朱姓王朝始終穩定如初，其中很重要的因素便是科道官對決策部門及其首腦的有效監督。

明朝自正統之後形成了一種特殊的決策方式，即廷議。先是因為英宗幼年即位，後是因為皇帝不接見大臣，故此凡有大的政事，如立君、立儲、封爵、定都，以及漕運、邊務、增餉、募兵等，均由內閣大學士、九卿等三品以上在京大臣及科道官會議決定，稱「廷議」。都察院都御史位

1　《明世宗實錄》卷 23，嘉靖二年二月丙戌。

2　《明世宗實錄》卷 36，嘉靖三年二月丁酉。

列九卿，理應參與廷議；而科道官僅七品，也參加廷議，其作用便在於監督。

行政監察的另一方面是對行政執行部門的監察。明代的行政執行部門，在中央主要有六部及其所屬和相關部門，在地方有督、撫、兵備及省、府、州、縣等行政機關，均受監察系統的監督。

六科對六部事務進行對口監察，並會同十三道監督一切在京衙門的行政業務。凡六部或其他衙門奉旨行事，須先到六科登記；事情了結之後，須至六科辦理註銷手續；若有違時日，或行事不妥，六科予以參奏。如被參部門提不出正當理由，則監察御史可行糾劾。各衙門章奏出入，也經由六科簽發，如遺失牴牾，或更易紊亂，皆可駁封。事關重大者，抄發過部，加用參語。[1] 這參語習稱「抄參」，又稱「科參」。

各省巡按御史對包括總督、巡撫在內的地方各級官員進行糾劾，所臨按處，「吊刷案卷，有故出入者理辯之」[2]。天下諸司官吏考滿到京，均須各具給由奏本文冊，送吏科稽考，若有違限、差錯等項，俱參出施行；外官三年朝覲，均須各具須知文冊，送吏科稽考，若查出錢糧等項數目有差錯，參奏究治。[3]

萬曆初張居正柄政，請立考成法：

> 天下之事，不難於立法，而難於法之必行；不難於聽言，而難於言之必效。……近年以來，章奏繁多，各衙門題覆，殆無虛日，然敷奏雖勤，而實效益鮮。……上之督之者雖諄諄，而下之聽之者恆藐藐。……請自今伊始，申明舊章：凡六部都察院，遇各章奏或題奉明旨，或覆奉欽依，轉行各該衙門，俱先酌量道里遠近、事情緩急，立定程期，置立文簿存照，每月初註銷。除通行章奏不必查

1 孫承澤：《天府廣記》卷 10《六科》。

2 《明史》卷 73《職官志二》。

3 萬曆《明會典》卷 213《六科》。

> 考者照常開具手本外，其有轉行覆勘提問議處催督查核等項，另造文冊二本，各註緊關略節及原立程限，一本送科註銷，一本送內閣查考。該科照冊內前件逐一附簿候查，下月陸續完銷，通行註簿。每於上下半年繳本，類查簿內事件，有無違限未銷。如有停閣稽遲，即開列具題候旨，下各衙門詰問，責令對狀。次年春夏季終繳本，仍通查上年未完，如有規避重情，指實參奏，秋冬二季，亦照此行。又明年仍復挨查，必俟完銷乃已。若各該撫按官奏行事理，有稽遲延閣者，該部舉之；若部院註銷文冊，有容隱欺蔽者，科臣舉之；六科繳本具奏，有容隱欺蔽者，臣等舉之。如此，月有考，歲有稽，不惟使聲必中實，事可責成，而參驗綜核之法嚴，即建言立法者，亦將慮其終之罔效，而不敢不慎其始矣。[1]

這是張居正改革在行政監督方面的重要措施。根據他的設想，撫按監督所屬地方各級官員，部院監督撫按，六科監督部院，內閣監督六科，這樣，就可以構成一個嚴密的行政監督體系。但正如張居正自己所說：「天下之事，不難於立法，而難於法之必行。」特別是考成法明顯是在加強內閣對六部的控制，所以在張居正去世之後即名存實亡。

三、財政監察

明朝的財政監察權也是由都察院、六科、按察司等機關行使，內府衙門時時參與。由於整個統治集團在財政管理意識上的局限性和最高決策集團的隨意性，監察機關在實行財政監督的同時，也直接參與財政管理。

都察院對財政管理的監督主要通過三種方式進行。一是都御史參與國家財政收支預算的制定，並負責對其進行審核，對財政管理部門出現的重大失策進行彈劾；二是十三道監察御史通過露章面劾或封章密劾，對財政管理中的弊端進行抨擊，並要求有關部門作出解釋；三是通過巡按、巡視

1　張居正：《請稽查章奏隨事考成以修實政疏》，《明經世文編》卷 324。

等方式，對各地各財政部門進行監察。

由於六科對六部進行法定的對口業務監察，故戶科和工科又以財政監督為主要職責。

前引《明史·職官志》對戶、工二科職責的概括，遠遠涵蓋不了其職責範圍。除《明史》所概括者外，戶科的財政監督責任至少還有以下五個方面。

其一，監督戶部錢糧的收支。凡有司徵收秋糧數目及各該庫倉實收數目，均得奏繳勘合，送戶科註銷；凡漕運錢糧，戶部各司須於每年年終具手本赴戶科註銷；凡各鹽運司、提舉司合辦鹽課，年終開具辦完實數，造冊上戶部，同時赴戶科註銷；凡戶部差官監收各處糧米及鈔關船料錢鈔，先由戶科赴司禮監領取精微批文，給付之後方能成行，歲滿更替時，仍由戶科查明原批銷繳。此外，各邊錢糧的收放、各河泊所徵收的稅課、應天府龍江關進關糧米數、京師各衙門及內府各監局的人匠費用和收支數目，均應造冊送戶科收查。

其二，監收、給散錢糧俸祿。凡甲字等十庫該收錢鈔等物，光祿寺該收錢糧，內府各監局象房及馬牛羊等倉場，以及五府、六部等衙門收受祿米，均由戶科會同各科輪差官員監收；凡戶部關給軍官折俸銀兩、賞賜京衛軍士冬衣花布、賞賜各衙門官吏及監生人等鈔錠、雜物，均由戶科差官會同有關部門給散。

其三，盤查各邊及各處牧馬草場及園地的糧草收支。

其四，參與對中央、地方財政部門官員的考核。

其五，參奏一切違犯財政法規的人和事。

同樣，除《明史》所概括者外，工科的財政監督職責至少還有以下三個方面。

其一，查考兩京工部的抽分。凡盧溝橋及通州廣積、通積抽分局，每月初一須將前月抽分數目開具手本，由大使等官赴工科投報；南京龍江、瓦屑壩二處抽分竹木等物，每季將收放過數目造冊，差人上繳工科，以備查考。

其二，監督在京各稅司及內府的財務情況。凡午門、西安門進出一應錢糧，南京畜場及在京宣課司等衙門抽分豬羊等物，均由工科編成字號勘合，轉發主管部門；凡內府派出各項錢糧，也由工科與各科輪差官員，會同工部該司官協議停當，開派有關衙門收受。

其三，監督貨幣鑄造及工部庫倉出入情況。凡寶源局鑄錢，由工科會同各科輪差官員按季稽考工料及錢數，凡內府衙門所用勘合字號，北京、通州二倉修理情況，戊字庫收受各廠所造軍器等，均由工科監臨，並與東城御史一道巡視節慎庫錢糧。[1] 戶、工二科以及六科十三道在財政監督方面既有專責，也可聯合監督或糾劾；既對中央、地方各財政部門實行監督，也對內府衙門的財政事務實行監督。如宣德時對宦官採買採辦的抨擊，弘治、嘉靖時對草場、皇莊的清理，萬曆時對礦監稅使的糾劾等，都是由科道聯合進行。

比起都察院和六科，內府宦官機構以及地方按察司的財政監督範圍要小得多。

內府宦官機構的財政監督主要是在國家的儲藏方面，且與科道共同進行。如上述永樂十三年（1415）御史、給事中、中官各一員於各處閘辦鹽課，再如永樂二十年分遣中官及戶部官、科道官八十人核天下倉糧出納數，以及弘治末、嘉靖初司禮監會同戶部及科道清理御馬監草場、馬房等皆是。

按察司監督的是地方財政及中央派出的財政管理機關的事項，但前後權限大不一樣。明初按察司對一省財政大致可以獨立行使監察權，自巡按御史及各種巡視御史的派遣形成制度以後，按察司的財政監察主要由分司進行，一般只局限於所轄的府州縣財政；其監察的權威性也被削弱，對違紀官員和事件的最終處理，需由巡按御史作出。弘治、正德以後，各地普遍設立兵備副使或僉事，按察司的行政、軍事職能強化，其監察職能則進一步弱化。

1　萬曆《明會典》卷 213《六科》。

四、軍事監察

明朝對軍隊和軍官的監察，至少有四個系統。一是武官系統，即軍官與軍官的相互監視；二是文官系統，即督師、經略、總理、總督、巡撫、兵備副使等對軍隊和軍官的控制；三是宦官系統，即提督、坐營、監鎗、監軍、鎮守、守備等宦官對軍隊和軍官的監督；四是科道官對軍隊和軍官的監督。有關武官、文官、宦官系統對軍隊或軍官的監察，前文已經論列，本節主要討論監察機關主要是科道官對軍隊和軍官的監察。

作為對口監察機關，兵科給事中在軍事監察中有特殊的地位。兵科及其他各科給事中軍事監察的內容主要有：

其一，監察武職官員的選授。凡兵部引選襲替武職官員，尚書、侍郎須與兵科都給事中同選；已選武官赴任之前，先往兵科畫字，以領取文書；武職官員比試授職，兵科官一員會同監試；高級將領的廷推，兵科及他科給事中均得參與。

其二，監察皇城及京城的宦官和護衛官軍。宦官出入皇城及皇城內外守衛官軍的更代，均由兵科填寫勘合或揭帖，並與司禮一同用印，以防詐偽；凡選站殿大漢將軍及錦衣衛、旗手衛等上十二衛（後為上二十二衛）守衛官軍，兵科與兵部同選；東西南北四城兵馬司官每三日清點一次守門官軍，其結果須在當晚寫好奏本呈兵科類寫揭帖以備查核。

其三，監察在京在外各處官軍兵員及戰馬數量的增減，並與兵部一道清理在京衛所及操練軍士、巡視宿衛官軍及倉場。

其四，監察對軍官的考核。武職官員的任滿考察，由兵科和兵部會同進行。每五年一次考選軍政官員，兩京五府掌印、僉書公侯伯，以及管紅盔將軍侯伯、錦衣衛堂上掌印、僉書等官照例自陳，待兵部考察完畢，兵科會同各科進行調查，有不職者，聯名參劾。嘉靖八年又定，兵部按季將南北兩京五府各營及親軍衛，分堂上管事及在外鎮守、分守、守備方面等官，開寫履歷貫址及曾經舉劾考語，開造揭帖二本，每季第一個月的初一日，差官送兵科，一本由兵科進奏，一本留科以備查考。

其五，監察封賞並隨軍紀功。凡在省在邊官軍申報軍功，或廠衛旗軍校尉申報緝捕獲功等，均報兵科，有作偽冒功者，參奏治罪。為了防止冒濫軍功，凡有大征討，均派給事中和御史隨軍紀功。

十三道監察御史在實行軍事監察時多與六科給事中共同進行，內容主要有以下幾個方面：

其一，巡視京營。憲宗即位後，重建團營，為加強對團營的監察，命御史、給事中各一員巡察各營奸弊，凡有私役賣放及不按軍規操練等項，均指實劾奏。嘉靖時將巡視京營科道官一年一代改為三年一代，並要求不許挨次差委，務必選有能力肯用心任事者。

其二，清軍。宣德二年（1427），遣監察御史和給事中各十四員，往各處清理軍役。正統五年（1440），差能幹御史十七員，分定地方，請敕往浙江等布政司並直隸保定等府州清軍，每年八月底將清解過的軍數回京具奏。從此，御史清軍成為制度。天順二年（1458），定清軍御史三年一替代。

其三，巡關。宣德七年，令居庸關到龍泉關、山海關到古北口，每年各差監察御史一員，請敕前去，會同各該分守、守備等內外官員，巡視關口、點閘軍士，整飭器械，並受理、發落守關人等的詞訟。如守備等官有罷軟疾弱不堪任事者，具實奏罷。其後，薊鎮邊牆也差御史一人巡視。

第三節　明朝監察在國家權力結構中的作用與局限

從上文所論及的監察機關的職官監察、行政監察、財政監察、軍事監察、司法監察，可以看出明朝監察系統特別是科道在提高官員素質、預防官員違紀犯法、懲治貪官污吏、減少決策失誤、調整統治政策、促進政策實施、保證國家財稅收入、嚴密控制軍隊、避免司法判決畸輕畸重、減少冤獄等方面所起的作用。

當代不少學者如杜婉言、張德信、王天有、羅輝映、林紹明等也在他們的論著中對明代監察權力的作用進行了有益的探討。[1] 需要提出的是，明朝監察權力的作用固如上文及上述學者所論，但就其影響的深遠，在於對邪惡的抨擊、對正義的褒揚，並形成強大輿論，在明代士大夫中形成一股振奮人心、維繫世運、堂堂正正、至大至剛的凜然正氣。

明代是中國古代士大夫意氣風發的時代，敢説敢為、欲與人主論短長的風氣極盛。通觀有明一代，為君者任意殺戮、侮辱士大夫，在中國歷史上是罕見的；但士大夫的氣節在歷代也是罕見的，越是受了廷杖、挨了板子，越是覺得風光，在社會上的地位也越高、名氣越大。而形成這一風氣的主要力量，便是那批年紀較輕、資歷較淺的科道官。

明朝科道官不但人數眾多，而且兩京皆設。每有糾劾諍諫，往往先由有關的某科給事中或某道監察御史上疏，或面爭廷劾，或封疏論辯，南京之事由南科道先發，北京之事由北科道先論；如皇帝對所論之事置之不理，或被糾劾者爭辯，或有關事件不見處理，則事涉給事中者六科一齊發難，事涉監察御史者十三道聯名論奏；如事情仍未了結，則六科十三道交章論列，南京或北京科道也行聲援，一時之間，科道爭言、南北呼應，造成極大的輿論聲勢；其甚者，聯絡多官跪闕請願，對最高統治者示威。這種情況，為歷代所未見。

如果君主的所作所為有違「祖宗法度」、不合「聖賢道理」，如果司禮監、御馬監太監，或內閣大學士、六部尚書乃至掌院都御史等當權人物擅作威福、為所欲為，如果大小官吏貪贓枉法、以權謀私，科道官均有匡正、糾劾的責任。相反，如果地方中下級官員清廉公正、克己奉公、體察民情、興利除弊、打擊豪強、扶植良善，受到當地百姓愛戴，科道官特別是巡按御史也受表彰、舉薦，以為天下守土牧民官的榜樣。

1 參見杜婉言、方志遠：《中國政治制度通史．明史卷》，北京：人民出版社，1996 年；張德信：《明朝典制》，吉林：吉林文史出版社，1996 年；王天有、陳稼禾：《試論明代的科道官》，《北京大學學報》1989 年第 2 期；羅輝映：《明代都察院和監察制度》，《檔案學論叢》1987 年第 2 期；林紹明：《略論明代御史制度之利弊》，《華東師大學報》1985 年第 5 期。

明朝前期吏治相對清明，民風也較淳厚，官員以克己奉公為榮、以貪贓枉法為恥，固然與明太祖大張旗鼓地在民間進行道德教化、在官場懲治貪污腐敗，以及國家新立、經濟凋敝、社會財富尚不豐富有關，但也離不開監察權力系統特別是科道官員的激揚正氣、抨擊邪惡。即使在明中後期社會風尚趨於奢靡、官場作風日漸腐敗、道德倫理沉淪墮落之時，仍出現東林黨、復社這樣的士大夫進步團體，仍出現王守仁、張居正這樣的勵精圖治、矢志改革的政治家，仍出現海瑞這樣廉潔自律、袁崇煥這樣勇於擔當、史可法這樣視死如歸的官員。直至明亡之後，仍出現黃宗羲、顧炎武、王夫之這樣一大批堅持氣節、誓死不與新朝合作的反清志士。如果比較科道遭受壓制、士氣遭受摧折的清朝，明朝科道激揚正氣的作用就更為明顯了。

但不能不指出的是，作為整個明朝國家權力結構組成部分的監察權力，也存在着各種局限。就其大者而言，有以下數端。

其一，在君主專制體制之下，一切國家權力都是皇權的附庸。雖然國家權力的實施受當時生產方式的制約，政治決策必須適應當時社會經濟發展的要求，但其最直接的表現，仍然是君主的意志高於一切。因此，明朝監察權力積極作用能否發揮，很大程度取決於君主是否明智，取決於君主是否納諫。即使在洪武、永樂、洪熙、宣德、弘治等為明代士大夫津津樂道的時期，君主拒諫飾非乃至置言官於死地的事情也時時發生，何況為所欲為的武宗、性情乖僻的世宗、剛愎自用的崇禎帝在位時期，以及王振、劉瑾、魏忠賢等人當政時期，言官輕則遭受責罰，重則本人遭殺戮、家人受牽連，所以言官「緘口不言」的事情也時常發生。如成化時期萬貴妃受寵、宮中隱事甚多，言官言及宮闈事常遭重責，故「噤不敢言」。有人譏諷六科給事中患有「不語症」，其「不語唖」可治人疥瘡；民間更有「北京科道綿如羊，九年考滿升京堂」之嘲。[1]「挑土中書」「洗鳥御史」「二字尚書」以及「紙糊三閣老、泥塑六尚書」等帶有時代特色的政治笑話，也

1　陸容：《菽園雜記》卷 7；王士禎：《古夫於亭雜錄》卷 2。

廣為流傳。一些個人品質低劣的言官，更時時揣摩皇帝、權貴乃至地方強宗大族的意旨，成為褒揚邪惡、搏擊正義的「鷹犬」。

其二，只要私有制和公共權力存在，腐敗就必然產生。一個朝代或一個時期的政治是清明還是黑暗，是廉潔還是腐敗，都是相對而言的。清明廉潔的時期掩蓋着黑暗與腐敗，黑暗腐敗的時期也有局部的清明和廉潔，關鍵在於哪一方面處於主導地位。而且，風氣所至，賢者難免。因此，明代監察權力積極作用能否發揮，很大程度又取決於整個國家是否處在上升階段，整個官場是否清明廉潔。在統治階級內部矛盾激化、各派政治力量黨同伐異的萬曆末年及天啟、崇禎乃至明亡後的弘光時期，科道官成了小團體相互攻擊的喉舌，既加重了明朝的腐敗程度，也加速了明朝的滅亡。有關明朝「書生誤國」的誤解，也正是對這個現象作出的雖然並不準確卻並非全無道理的詮釋。

其三，明朝和中國歷代皇朝一樣，只有從皇權派生而出的自上而下的監察，缺乏具有法律效力尤其是以民主權利為保證的自下而上的監督。因此，必然出現監督的缺位，對於最高統治者尤其如此。同時，明朝的監察機關和中國歷代一樣，不斷地被賦予各種權力，從而逐漸行政化、財政化、軍事化、司法化，成為新的行政權力部門。在這一過程中，必然發生監察真空，出現不受任何監察的權力和部門。這兩方面因素所造成的結果是，本來用於懲治腐敗的監察機關自身也趨於腐敗，於是又有新的監察機關產生。如此循環往復，成為無法解決的難題或死結。

引用文獻

一、正史、官書

《明太祖實錄》，(台灣)「中研院」史語所校勘本。

《明太祖實訓》，(台灣)「中研院」史語所校勘本。

《明太宗實錄》，(台灣)「中研院」史語所校勘本。

《明太宗寶訓》，(台灣)「中研院」史語所校勘本。

《明宣宗實錄》，(台灣)「中研院」史語所校勘本。

《明英宗實錄》，(台灣)「中研院」史語所校勘本。

《明憲宗實錄》，(台灣)「中研院」史語所校勘本。

《明孝宗實錄》，(台灣)「中研院」史語所校勘本。

《明武宗實錄》，(台灣)「中研院」史語所校勘本。

《明世宗實錄》，(台灣)「中研院」史語所校勘本。

《明穆宗實錄》，(台灣)「中研院」史語所校勘本。

《明神宗實錄》，(台灣)「中研院」史語所校勘本。

《明熹宗實錄》，(台灣)「中研院」史語所校勘本。

《明實錄》(從太祖至神宗)，南京圖書館藏抄本。

《皇明祖訓錄》，北京圖書館藏明抄本。

《清世祖實錄》，中華書局影印本。

《史記》，中華書局標點本。

《漢書》，中華書局標點本。

《三國志》，中華書局標點本。

《隋書》，中華書局標點本。

《新唐書》，中華書局標點本。

《宋史》，中華書局標點本。

《元史》，中華書局標點本。

《明史》，中華書局標點本。

[宋] 司馬光：《資治通鑒》，中華書局標點本。

[元] 馬端臨：《文獻通考》，《四庫全書》本。

《大明集禮》，《四庫全書》本。

正德《明會典》，上海古籍出版社影印文淵閣《四庫全書》本。

萬曆《明會典》，商務印書館《萬有文庫》本。

《嘉靖新例》，江西師範大學圖書館藏清刊本。

[明] 朱元璋：《御製文集》，《御製大誥》《大誥續編》《大誥三編》，《御製皇明祖訓》，均見張德信、毛佩琦主編：《洪武御製全書》，黃山書社 1995 年版。

[明] 戴金等：《皇明條法事類纂》，劉海年、楊一凡主編《中國珍稀法律典籍集成》本，乙編第四、五、六冊，科學出版社 1994 年版。明抄本藏日本東京大學附屬圖書館，日本古典研究會於昭和四十一年（1966）影印。

[明] 陳子龍等：《明經世文編》，中華書局 1962 年影印本。

[清] 傅恒等：《御批歷代通鑒輯覽》，《四庫全書》本。

[清] 敕修《續文獻通考》，中華書局影印本。

[清] 敕修《歷代職官表》，《四部備要》本。

[清] 薛允升：《唐明律合編》，《萬有文庫》本。

二、文集、筆記及其他文獻

《周禮》，《十三經註疏》本。

《左傳》，《十三經註疏》本。

《孟子》，《十三經註疏》本。

《墨子》，中華書局《叢書集成初編》本。

《戰國策》，中華書局《叢書集成初編》本。

《荀子》，荀況著、王天海校釋：《荀子校釋》，上海古籍出版社。

《韓非子》，中華書局標點本。

《國語》，中華書局標點本。

[漢] 劉向：《説苑》，上海古籍出版社影印本。

[宋] 黃履翁：《古今源流至論·別集》，《四庫全書》本。

[元] 王惲：《秋澗集》，《四庫全書》本。

[明] 陳洪謨：《治世餘聞》，中華書局標點本。

[明] 陳洪謨：《繼世紀聞》，中華書局標點本。

[明] 陳九德：《皇明名臣經濟錄》，北京出版社《四庫禁毀書叢刊》本。

[明] 董其昌：《神廟留中奏疏匯要》，上海古籍出版社《續修四庫全書》本。

[明] 方孝孺：《遜志齋集》，《四庫全書》本。

[明] 范濂：《雲間據目抄》，《筆記小説大觀》本，廣陵古籍刻印社 1983 年版。

[明] 馮夢龍：《明清民歌時調集》，上海古籍出版社 1987 年版。

[明] 高拱：《病榻遺言》，《勝朝遺事初編》本。

[明] 高拱：《本語》，《四庫全書》本。

[明] 黃佐：《翰林記》，《四庫全書》本。

[明] 黃淮：《省衍集》，《四庫全書》本。

[明] 何良俊：《四友齋叢説》，中華書局標點本。

[明] 何孟春：《何文簡疏議》，《四庫全書》本。

[明] 海瑞：《備忘集》，《四庫全書》本。

[明] 金幼孜：《金文靖集》，《四庫全書》本。

[明] 焦竑：《國朝獻徵錄》，上海書店影印萬曆刻本。

[明] 劉基：《誠意伯文集》，《四庫全書》本。

[明] 劉若愚：《酌中志》，《叢書集成初編》本。

[明] 劉辰：《國初事跡》，北京大學出版社《國朝典故》本。

[明] 李賢：《天順日錄》，北京大學出版社《國朝典故》本。

[明] 李詡：《戒庵老人漫筆》，中華書局標點本。

[明] 李錡：《寓圃雜記》，中華書局標點本。

[明] 李贄：《焚書》，中華書局標點本。

[明] 林俊：《見素集》，《四庫全書》本。

[明] 陸深：《玉堂漫筆摘抄》，中華書局《叢書集成初編》本。

[明] 陸容：《蓬軒類記》，北京大學出版社《國朝典故》本。

[明] 陸容：《菽園雜記》，中華書局標點本。

[明] 羅倫：《一峰文集》，《四庫全書》本。

[明] 淩濛初：《初刻拍案驚奇》，上海古籍出版社影印本。

[明] 馬文升：《馬端肅奏議》，《四庫全書》本。

[明] 彭時：《彭文憲公筆記》，影印《紀錄彙編》本。

[明] 潘檉章：《國史考異》，中華書局《叢書集成初編》本。

[明] 潘季馴：《潘司空奏疏》，《四庫全書》本。

[明] 潘季馴：《河防一覽》，《四庫全書》本。

[明] 丘濬：《大學衍義補》，《四庫全書》本。

[明] 沈德符：《萬曆野獲編》，中華書局標點本。

[明] 宋濂：《洪武聖政記》，北京大學出版社《國朝典故》本。

[明] 田藝蘅：《留青日札》，《紀錄彙編》本。

[明] 王直：《抑庵文集》，《四庫全書》本。

[明] 王世貞：《弇山堂別集》，《四庫全書》本。

[明] 王世貞：《弇州四部稿》，《四庫全書》本。

[明] 王世貞：《嘉靖以來首輔傳》，《四庫全書》本。

[明] 王世貞：《藝苑卮言》，中華書局《歷代詩話續編》本。

[明] 王鏊：《守溪筆記》，《紀錄彙編》本。

[明] 王鏊：《震澤長語》，《紀錄彙編》本。

[明] 王恕：《王端毅奏議》，《四庫全書》本。

[明] 王守仁：《王陽明全書》，上海古籍出版社標點本。

[明] 王守仁：《王文成公全書》，《四庫全書》本。

[明] 解縉：《文毅集》，《四庫全書》本。

[明] 謝肇淛：《五雜俎》，《國學珍本文庫》本。

[明] 徐渭：《南詞敍錄》，中國戲劇出版社《中國古典戲曲論著集成》本。

[明] 徐學謨：《世廟識餘錄》，書目文獻出版社《北京圖書館古籍珍本叢刊》本。

[明] 嚴從簡：《殊域周諮錄》，影印國家圖書館藏萬曆刻本。

[明] 楊士奇：《御書閣頌有序》《三朝聖諭錄》，北京大學出版社《國朝典故》本。

[明] 楊士奇：《東里集》，《四庫全書》本。

[明] 楊榮：《楊文敏集》，《四庫全書》本。

[明] 楊一清：《關中奏議》，《四庫全書》本。

[明] 尹直：《謇齋瑣綴錄》，北京大學出版社《國朝典故》本。

[明] 于慎行：《穀山筆塵》，中華書局標點本。

[明] 余繼登：《典故紀聞》，中華書局標點本。

[明] 葉春及：《石洞集》，《四庫全書》本。

[明] 俞汝楫：《禮部志稿》，《四庫全書》本。

[明] 朱國禎：《涌幢小品》，中華書局點校本。

[明] 章懋：《楓山集》，《四庫全書》本。

[明] 張鹵：《皇明制書》，《續修四庫全書》本。

[明] 張璁：《諭對錄》，《勝朝遺事初編》本。

[明] 張萱：《西園聞見錄》，《續修四庫全書》本。

[明] 張岱：《快園道古》，浙江古籍出版社 1986 年標點本。

[明] 張瀚：《松窗夢語》，中華書局點校本。

[明] 鄭曉：《今言》，中華書局標點本。

[明] 鄭曉：《吾學編餘》，《叢書集成初編》本。

[明] 鄒元標：《願學集》，《四庫全書》本。

[清] 陳田：《明詩紀事》，上海古籍出版社 1993 年版。

[清] 傅維鱗：《明書》，《叢書集成初編》本。

[清] 顧炎武：《顧亭林詩文集》，中華書局 1959 年版。

[清]顧炎武：《日知錄》，上海古籍出版社《日知錄集釋》影印本。

[清]顧祖禹：《讀史方輿紀要》，中華書局 2005 年版。

[清]顧公燮：《消夏閒記摘抄》，台灣商務印書館《涵芬樓祕笈》本。

[清]谷應泰：《明史紀事本末》，中華書局標點本。

[清]黃宗羲：《明夷待訪錄》，中華書局《四部備要》本。

[清]赫舒德等：《資治通鑒綱目三編》，清刊本。

[清]紀昀等：《四庫全書總目提要》，中華書局影印本。

[清]計六奇：《明季北略》，中華書局標點本。

[清]孫承澤：《天府廣記》，北京書店標點本。

[清]孫承澤：《春明夢餘錄》，中華書局標點本。

[清]龍文彬：《明會要》，中華書局 1956 年版。

[清]談遷：《國榷》，中華書局標點本。

[清]王鴻緒：《明史稿》，清康熙間敬慎堂刊本。

[清]王士禛：《古夫于亭雜錄》，中華書局標點本。

[清]夏燮：《明通鑒》，中華書局點校本。

[清]趙翼：《陔餘叢考》，河北人民出版社標點本。

[清]趙翼：《廿二史札記》，中華書局點校本。

[清]查繼佐：《罪惟錄》，浙江古籍出版社標點本。

[清]歐陽成：《吉水先哲碑傳集》，江西師範大學圖書館藏清刊本。

[明]王鏊：《姑蘇志》，《四庫全書》本。

[明]康海：《武功縣志》，《四庫全書》本。

雍正《陝西通志》，《四庫全書》本。

雍正《江南通志》，《四庫全書》本。

雍正《山西通志》，《四庫全書》本。

雍正《廣東通志》，《四庫全書》本。

雍正《浙江通志》，《四庫全書》本。

雍正《福建通志》，《四庫全書》本。

雍正《江西通志》,《四庫全書》本。

同治《贛州府志》,(台灣) 成文出版社《中國地方志叢書》本。

同治《吉安府志》,(台灣) 成文出版社《中國地方志叢書》本。

光緒《泰和縣志》,(台灣) 成文出版社《中國地方志叢書》本。

光緒《浙江通志》,商務印書館影印本。

今 (近) 人論著

柏樺:《明代州縣政治體制研究》,中國社會科學出版社 2003 年版。

陳寶良:《明代儒學生員與地方社會》,中國社會科學出版社 2005 年版。

陳支平:《近 500 年來福建的家族社會與文化》,上海三聯書店 1991 年版。

常建華:《明代宗族研究》,上海人民出版社 2005 年版。

丁易:《明代特務政治》,羣眾出版社 1983 年版。

杜乃濟:《明代內閣制度》,台灣商務印書館 1967 年版。

杜婉言、方志遠:《中國政治制度通史·明代卷》,人民出版社 1996 年版。

方志遠:《(明) 成化皇帝大傳》,遼寧教育出版社 1994 年版。

方志遠《明代城市與市民文學》,中華書局 2004 年版。

傅衣凌主編,楊國楨、陳支平著:《明史新編》,人民出版社 1993 年版。

高壽仙:《明代農業經濟與農村社會》,黃山書社 2006 年版。

關文發、顏廣文:《明代政治制度研究》,中國社會科學出版社 1995 年版。

賀凱:《明代中國的監察制度》,斯坦福大學出版社 1966 年版。

黃雲眉:《明史考證》,中華書局 1979—1986 年版。

黃仁宇:《萬曆十五年》,中華書局 1982 年版。

黃彰健:《明清史研究叢稿》,台灣商務印書館 1977 年版。

侯外廬等主編:《宋明理學史》,人民出版社 1987 年版。

韓延龍主編:《法律史論集》(第 2 集),法律出版社 1999 年版。

靳潤成:《明朝總督巡撫轄區研究》,天津古籍出版社 1996 年版。

李渡:《明代皇權政治研究》,中國社會科學出版社 2004 年版。

梁方仲：《明代糧長制度》，上海人民出版社 1957 年版。

柳詒徵：《中國文化史》，上海古籍出版社 2001 年版。

劉俊文等：《日本學者研究中國史論著選譯》（第 6 卷），中華書局 1993 年版。

劉俊文等：《日本學者研究中國史論著選譯》（第 8 卷），中華書局 1993 年版。

劉志偉：《在國家與社會之間：明清廣東里甲賦役制度研究》，中山大學出版社 1997 年版。

欒成顯：《明代黃冊制度新探》，中國社會科學出版社 2000 年版。

孟森：《明清史講義》，中華書局 1981 年版。

苗棣：《魏忠賢專權研究》，中國社會科學出版社 1994 年版。

聶崇岐：《宋史叢考》，中華書局 1980 年版。

譚天星：《明代內閣政治》，中國社會科學出版社 1996 年版。

唐克軍：《不平衡的治理：明代政府運行研究》，武漢出版社 2004 年版。

陶希聖、沈任遠：《明清政治制度》，台灣商務印書館 1967 年版。

王其榘：《明代內閣制度史》，中華書局 1989 年版。

王春瑜、杜婉言:《明代宦官與經濟史料初探》，中國社會科學出版社 1986 年版。

王春瑜、杜婉言：《明朝宦官》，紫禁城出版社 1989 年版。

王天有：《明代國家機構研究》，北京大學出版社 1992 年版。

王興亞：《明代行政管理制度》，中州古籍出版社 1999 年版。

韋慶遠：《明代黃冊制度》，中華書局 1961 年版。

吳晗：《朱元璋傳》，三聯書店 1965 年版。

吳晗：《讀史札記》，三聯書店 1956 年版。

吳晗：《明史講座》，北京師院學報叢書本。

吳廷燮：《明督撫年表》，中華書局 1982 年版。

徐連達等編：《中國通史》，復旦大學出版社 1986 年版。

楊樹藩：《明代中央政治制度》，台灣商務印書館 1978 年版。

張德信：《明朝典制》，吉林文史出版社 1996 年版。

張哲郎：《明代巡撫研究》，文史哲出版社 1995 年版。

張顯清、林金樹：《明代政治史》，廣西師範大學出版社 2003 年版。

趙世瑜：《吏與中國傳統社會》，浙江人民出版社 1994 年版。

趙尊嶽：《明詞彙刊》，上海古籍出版社 1992 年版。

鄭克晟：《明代政爭探源》，天津古籍出版社 1988 年版。

鄭克晟：《明清史探實》，中國社會科學出版社 2001 年版。

鄭振滿：《明清福建家族組織與社會變遷》，湖南教育出版社 1992 年版。

朱保炯、謝沛霖：《明清進士題名碑錄索引》附《明清進士題名碑錄》，上海古籍出版社 1980 年版。

朱東潤：《張居正大傳》，湖北人民出版社 1957 年版。

朱紹侯主編：《中國古代史》，福建人民出版社 1982 年版。

[法] 魏丕信：《18 世紀中國的官僚制度與荒政》，江蘇人民出版社 2003 年版。

[德] 馬克思：《摩爾根〈古代社會〉一書摘要》，人民出版社 1965 年版。

[美] 摩爾根：《古代社會》，商務印書館 1977 年版。

[美] 牟復禮、[英] 崔瑞德編：《劍橋中國明代史》，中國社會科學出版社 1992 年版。

《明清史國際學術討論會論文集》，天津人民出版社 1982 年版。

論文

柏樺：《試論明代州縣官吏》，《史學集刊》1992 年第 2 期。

柏樺：《明代知縣的關係網》，《史學集刊》1993 年第 3 期。

柏樺：《明代州縣衙署的建制與州縣政治體制》，《史學集刊》1995 年第 4 期。

柏樺：《明代州縣官的施政及障礙》，《東北師大學報》1998 年第 1 期。

柏樺：《社會環境的變化對明代州縣官施政的影響》，《明史研究》2001 年 7 輯。

陳梧桐：《論朱元璋強化封建專制中央集權的統治》，《中央民族學院學報》1980 年第 2 期。

陳尚勝：《論明代市舶司制度的演變》，《文史哲》1986 年第 2 期。

陳寶良：《明代的社與會》，《歷史研究》1991 年第 5 期。

陳寶良：《明代的保甲與火甲》，《明史研究》1993 年第 3 期。

陳柯雲：《明清徽州宗族對鄉村統治的加強》，《中國史研究》1995 年第 3 期。

曹國慶：《明代鄉約發展的階段性考察》，《江西社會科學》1993 年第 8 期。

曹國慶：《王守仁與南贛鄉約》，《明史研究》1993 年第 3 輯。

曹國慶：《明代鄉約推行的特點》，《中國文化研究》1997 年第 1 期。

曹國慶：《明代鄉約研究》，《文史》總第 46 輯，中華書局 1999 年版。

曹永和：《試論明太祖的海洋交通政策》，台北「中研院」史語所《中國海洋發展史論文集》（第一輯）。

杜婉言：《論明代內閣制度的特點》，《中國史研究》1992 年第 4 期。

段自成：《明清鄉約的司法職能及其產生原因》，《史學集刊》1999 年第 2 期。

傅衣凌：《中國傳統社會：多元的結構》，《中國社會經濟史研究》1988 年第 3 期。

方志遠：《明代的巡撫制度》，《中國史研究》1988 年第 3 期。

方志遠：《明代內閣的票擬制度》，《江西師範大學學報（哲學社會科學版）》1987 年第 4 期。

方志遠：《論明代宦官的知識化問題》，《江西師範大學學報（哲學社會科學版）》1989 年第 3 期。

方志遠：《略論西漢初期的分封與削藩》，《南昌職業技術師範學院學報》1989 年第 3 期。

方志遠：《論明代內閣制度的形成》，《文史》總第 33 輯，中華書局 1990 年版。

方志遠：《明代的鎮守中官制度》，《文史》總第 40 輯，中華書局 1994 年版。

方志遠：《明代的御馬監》，《中國史研究》1997 年第 2 期。

方志遠、李曉方：《明代蘇松江浙人「毋得任戶部」考》，《歷史研究》2004 年第 6 期。

方志遠：《「傳奉官」與明成化時代》，《歷史研究》2007 年第 1 期。

范中義：《明代海防述略》，《歷史研究》1990 年第 3 期。

范玉春：《明代督撫的職權及其性質》，《廣西師範大學學報》1989 年第 4 期。

郭厚安：《關於明代專制主義中央集權高度強化的問題》，《西北師大學報》1983 年第 4 期。

郭培貴、牛明鐸：《〈明史·職官志四〉兵備道補正》，《文史》總第 68 輯，中華書局 2004 年版。

關文發：《試論明朝內閣制度的形成和發展》，《明清史國際學術討論會論文集》，天津人民出版社 1982 年版。

關文發：《試論明代督撫》，《武漢大學學報》1989 年第 6 期。

高春平：《試論明代的巡按制度》，《山西大學學報》1990 年第 1 期。

洪煥椿：《明清封建專制政權對資本主義萌芽的阻礙》，《歷史研究》1981 年第 5 期。

懷效鋒：《明代中葉的宦官與司法》，《中國社會科學》1985 年第 6 期。

黃志繁：《鄉約與保甲：以明代贛南為中心的分析》，《中國社會經濟史研究》2002 年第 2 期。

黃忠懷：《明代縣以下區劃的層級結構及其功能》，《史學月刊》2003 年第 4 期。

李天祐：《論明清的封建專制》，《學術月刊》1980 年第 1 期。

李天祐：《明代的內閣》，《明清史國際學術討論會論文集》，天津人民出版社 1982 年版。

李熊：《明代巡按御史》，《史學月刊》1988 年第 4 期。

李文治：《明代宗族制的體現形式及其基層政權作用——論封建所有制是宗法宗族制發展變化的最終根源》，《中國經濟史研究》1988 年第 1 期。

李渡：《明代皇權與宦官關係論略》，《中國史研究》1995 年第 3 期。

梁希哲：《明代內閣與明代的官僚政治》，《史學集刊》1992 年第 2 期。

梁紹傑：《明代宦官教育機構的名稱和初設時間新證》，《史學集刊》1996 年第 3 期。

欒成顯：《洪武時期宦官考略》，《明史研究論叢》1983 年第 2 輯。

欒成顯：《明代里甲編制原則與圖保劃分》，《史學集刊》1997 年第 4 期。

冷東：《明代宦官監軍制度述略》，《汕頭大學學報》1994 年第 3 期。

冷東：《葉向高與宦官關係略論》，《汕頭大學學報》1995 年第 2 期。

林乾：《論明代的總督巡撫制度》，《社會科學輯刊》1988 年第 2 期。

林紹明：《略論明代的內閣》，《華東師大學報》1982 年第 3 期。

林紹明：《略論明代御史制度之利弊》，《歷史教學問題》1985 年第 5 期。

羅輝映：《明代都察院和監察制度》，《四川大學學報叢刊》1987 年第 34 期。

羅冬陽：《明代的督撫制度》，《東北師大學報》1988 年第 4 期。

廖心一：《劉瑾「變亂舊制」考略》，《明史研究論叢》1985 年第 3 輯。

劉秀生：《論明代的督撫》，《中國社會科學院研究生院學報》1991 年第 2 期。

劉曉東：《監閣共理與相權游移：明代監閣體制探賾》，《東北師大學報》1998 年第 4 期。

孟昭信：《試論張居正的「考成法」》，《吉林大學學報》1993 年第 5 期。

南炳文：《明初軍制初探》，《南開史學》1983 第 1、2 期。

歐陽琛：《明代的司禮監》，《江西師院學報（哲學社會科學版）》1983 年第 4 期。

歐陽琛：《論明代閣權的演變》，《江西師範大學學報（哲學社會科學版）》1987 年第 4 期。

歐陽琛：《明內府內書堂考略——兼論明司禮監和內閣共理朝政》，《江西師範大學學報（哲學社會科學版）》1990 年第 2 期。

商傳：《試論明初專制主義中央集權的社會基礎》，《明史研究論叢》1983 年第 2 輯。

田澍：《明代內閣的政治功能及其轉化》，《西北師大學報》1994 年第 1 期。

杜婉言：《明代宦官與明代經濟》，《中國史研究》1982 年第 2 期。

王躍生：《關於明清督撫制度的幾個問題》，《歷史教學》1987 年第 9 期。

王天有、陳稼禾：《試論明代的科道官》，《北京大學學報》1989 年第 2 期。

王世華：《略論明代御史巡按制度》，《歷史研究》1990 年第 6 期。

王昊：《明代鄉、都、圖、里及其關係考辨》，《史學集刊》1991 年第 2 期。

王昊：《明代鄉里組織初探》，《明史研究》1991 年第 1 輯。

王興亞：《明代實施老人制度的利與弊》，《鄭州大學學報》1993 年第 2 期。

王日根：《明清基層社會管理組織系統論綱》，《清史研究》1997 年第 2 期。

王日根：《論明清鄉約屬性與職能的變遷》，《廈門大學學報》2003 年第 2 期。

汪毅夫：《試論明清時期的閩台鄉約》，《中國史研究》2002 年第 1 期。

余興安：《明代里老制度考述》，《社會科學輯刊》1988 年第 2 期。

余興安：《明代巡按御史制度研究》，《中國史研究》1992 年第 1 期。

鄭天挺：《明代的中央集權》，《天津社會科學》1982 年第 2 期。

張德信：《明代中書省、四輔官、殿閣學士廢立述略》，《史學集刊》1988 年第 1 期。

趙軼峰：《票擬制度與明代政治》，《東北師大學報》1989 年第 2 期。

趙世瑜：《明代吏典制度簡說》，《北京師範大學學報》1988 年第 2 期。

趙世瑜：《明清時期華北廟會研究》，《歷史研究》1992 年第 5 期。

趙世瑜：《廟會與明清以來的城鄉關係》，《清史研究》1997 年第 4 期。

趙世瑜、張宏豔：《黑山會的故事：明清宦官政治與民間社會》，《歷史研究》2000 年第 4 期。

趙中男：《試論明代的「老人」制度》，《東北師大學報》1987 年第 3 期。

周紹泉：《退契與元明的鄉村裁判》，《中國史研究》2002 年第 2 期。

鄭振滿：《明清福建的里甲戶籍與家族組織》，《中國社會經濟史研究》1989 年第 2 期。

朱亞非：《明朝督撫制度淺議》，《山東師大學報》1991 年增刊。

附錄一

明代國家權力結構演進簡表

中央一　洪武十三年以前

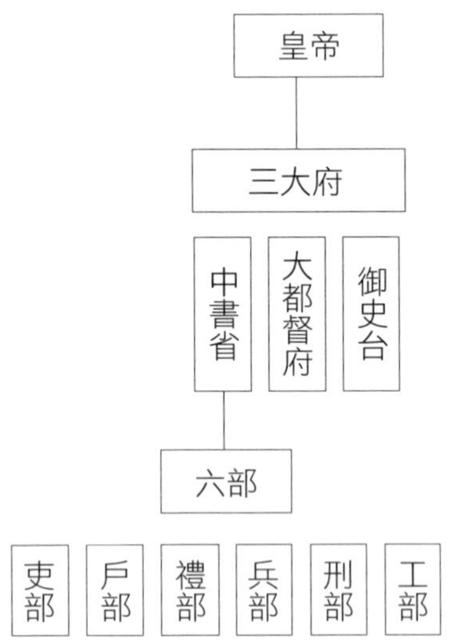

中央二　洪武十三年以後

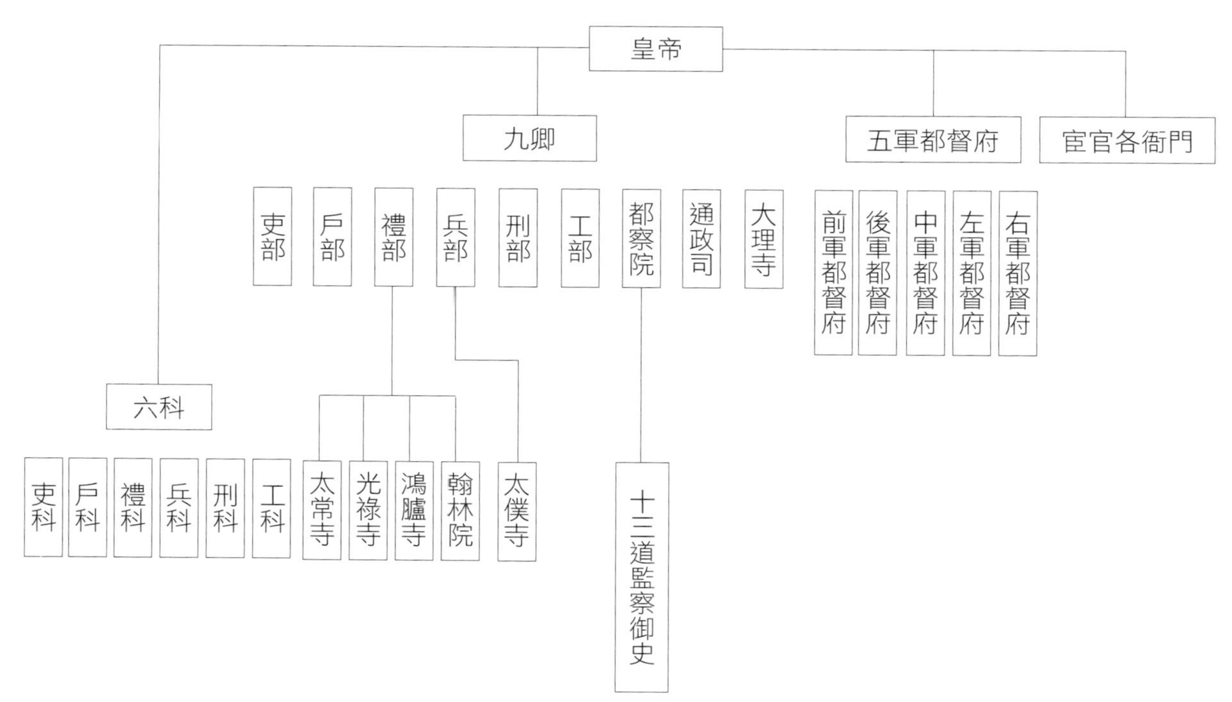

皇帝
六科
九卿
五軍都督府
宦官各衙門
吏部
戶部
禮部
兵部
刑部
工部
都察院
通政司
大理寺
前軍都督府
後軍都督府
中軍都督府
左軍都督府
右軍都督府
吏科
戶科
禮科
兵科
刑科
工科
太常寺
光祿寺
鴻臚寺
翰林院
太僕寺
十三道監察御史

中央三　永樂以後

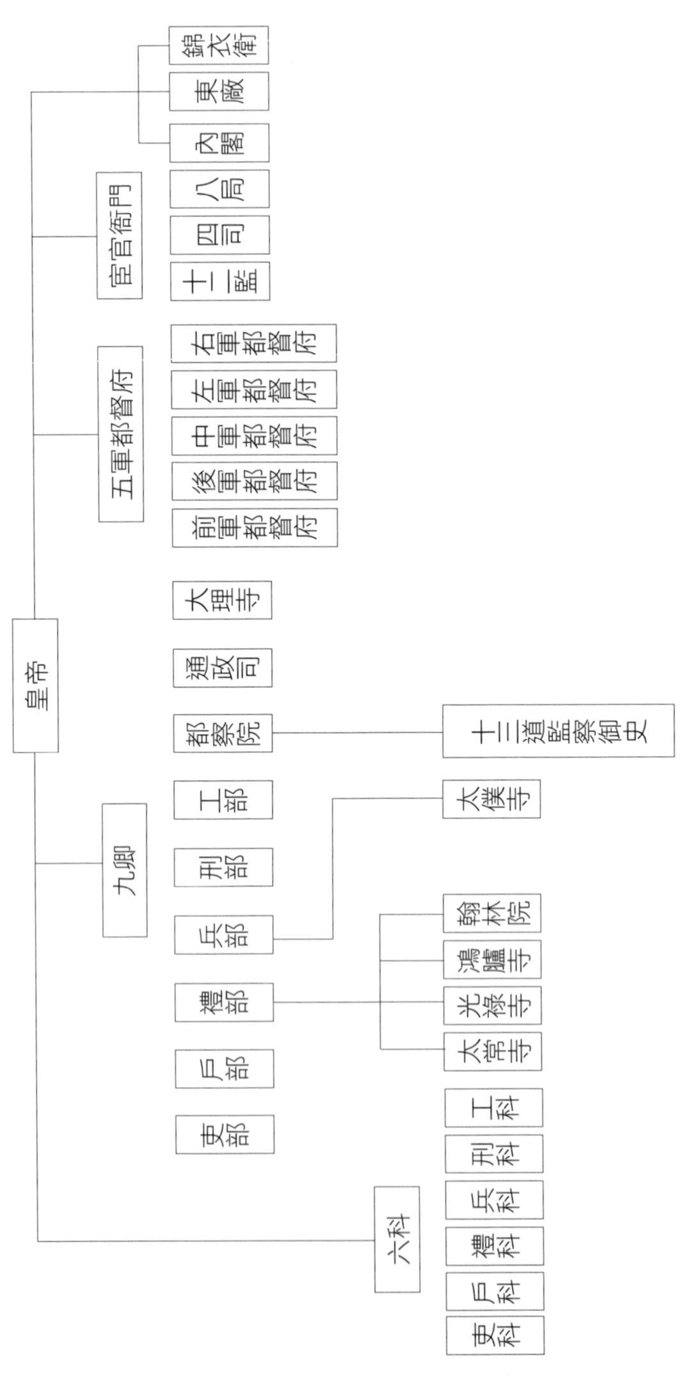

皇帝
宦官衙門
十二監
四司
八局
內閣
東廠
錦衣衛
五軍都督府
前軍都督府
後軍都督府
中軍都督府
左軍都督府
右軍都督府
大理寺
通政司
都察院
十三道監察御史
九卿
吏部
戶部
禮部
太常寺
光祿寺
鴻臚寺
翰林院
兵部
太僕寺
刑部
工部
六科
吏科
戶科
禮科
兵科
刑科
工科

中央四　成化、弘治以後

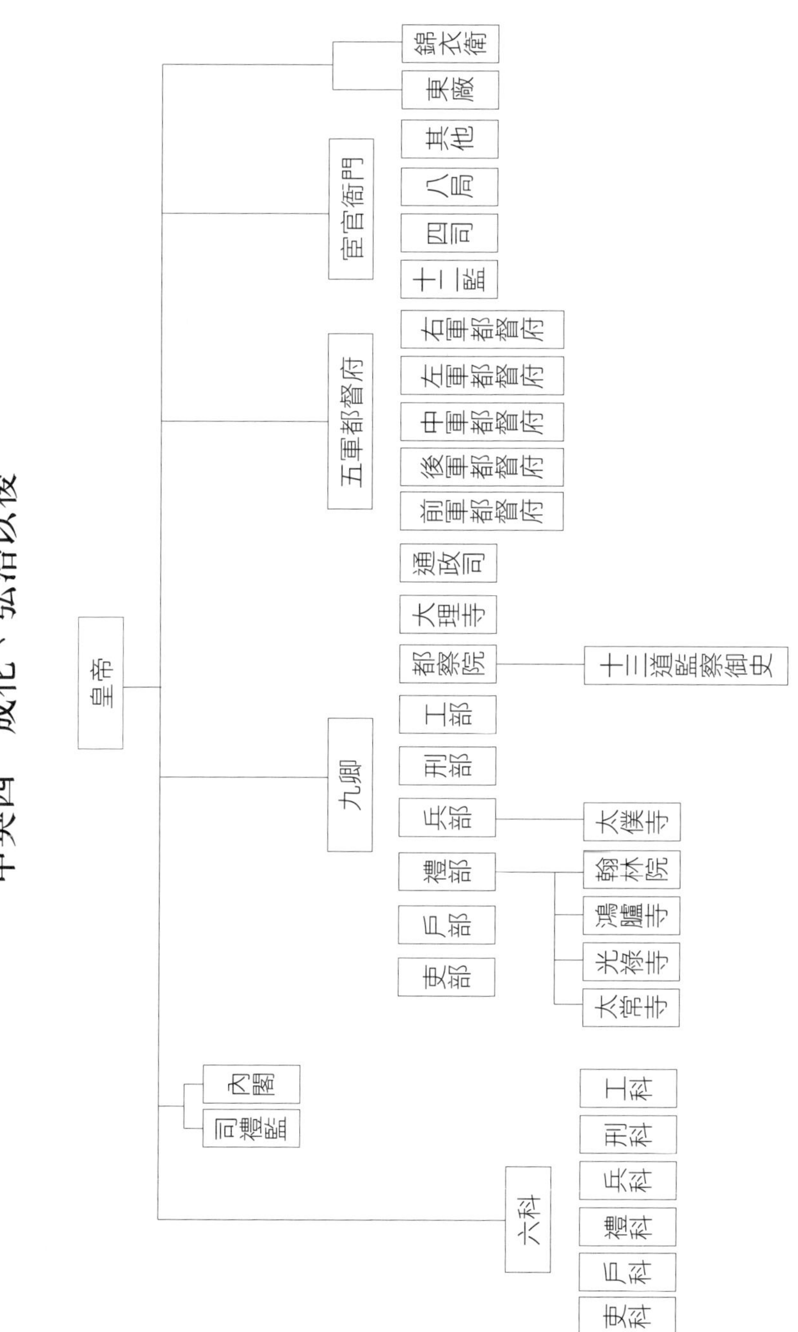

皇帝
司禮監
內閣
六科
吏科
戶科
禮科
兵科
刑科
工科
九卿
吏部
戶部
禮部
太常寺
光祿寺
鴻臚寺
翰林院
兵部
太僕寺
刑部
工部
都察院
十三道監察御史
大理寺
通政司
五軍都督府
前軍都督府
後軍都督府
中軍都督府
左軍都督府
右軍都督府
宦官衙門
十二監
四司
八局
其他
東廠
錦衣衛

地方一　洪武時期

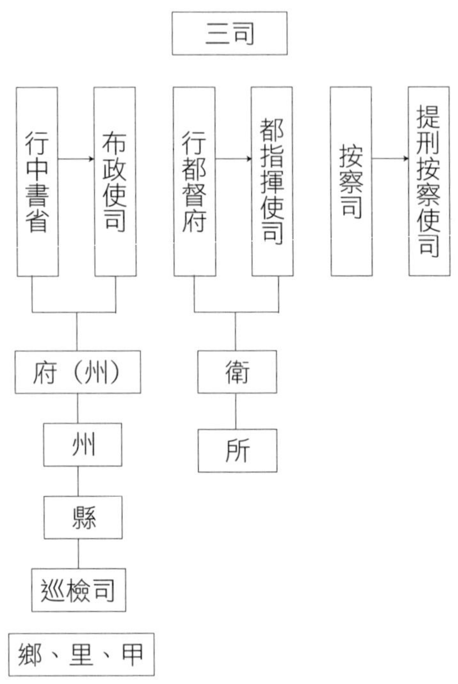

地方二　永樂以後

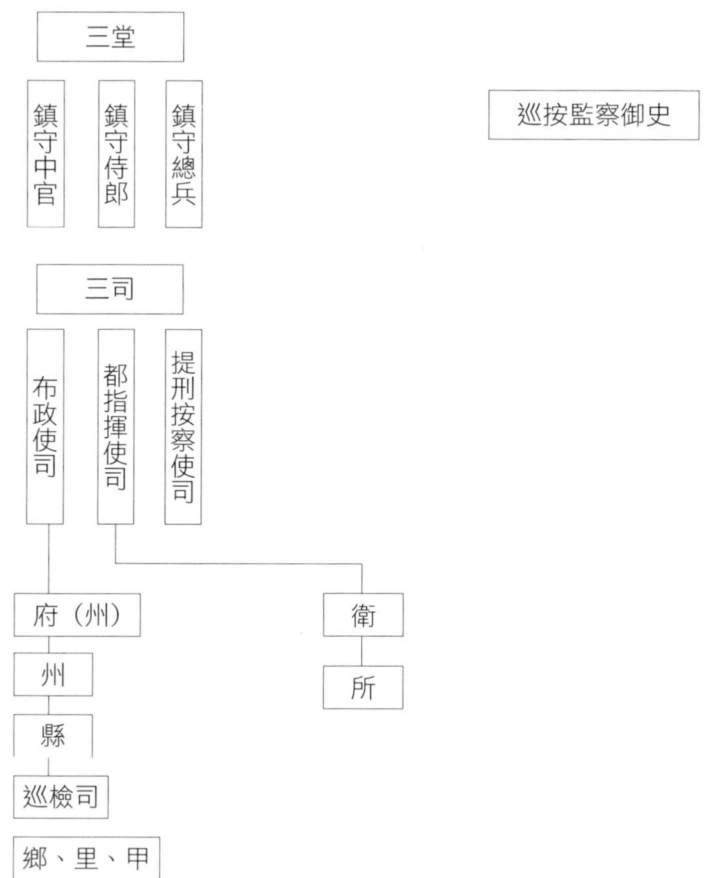

地方三　成化、弘治以後

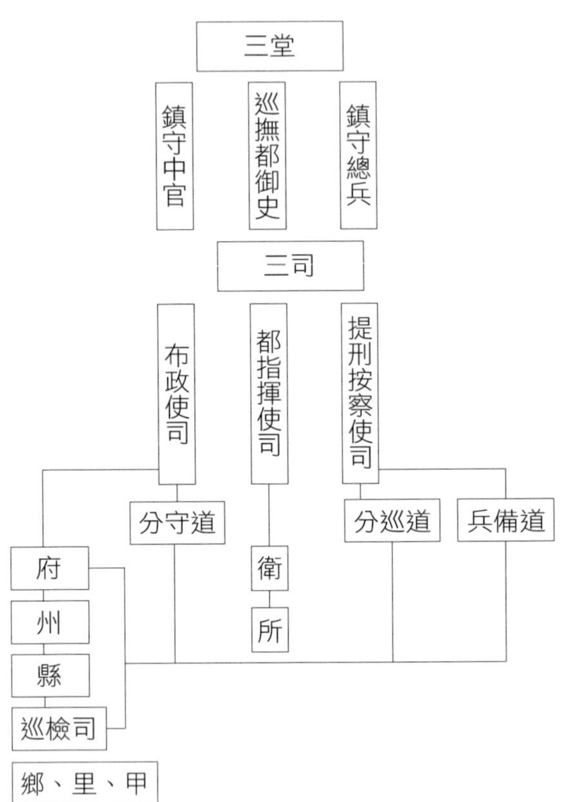

三堂
鎮守中官
巡撫都御史
鎮守總兵
巡按監察御史
三司
布政使司
都指揮使司
提刑按察使司
分守道
分巡道
兵備道
府
州
縣
巡檢司
鄉、里、甲
衛
所

地方四　嘉靖以後

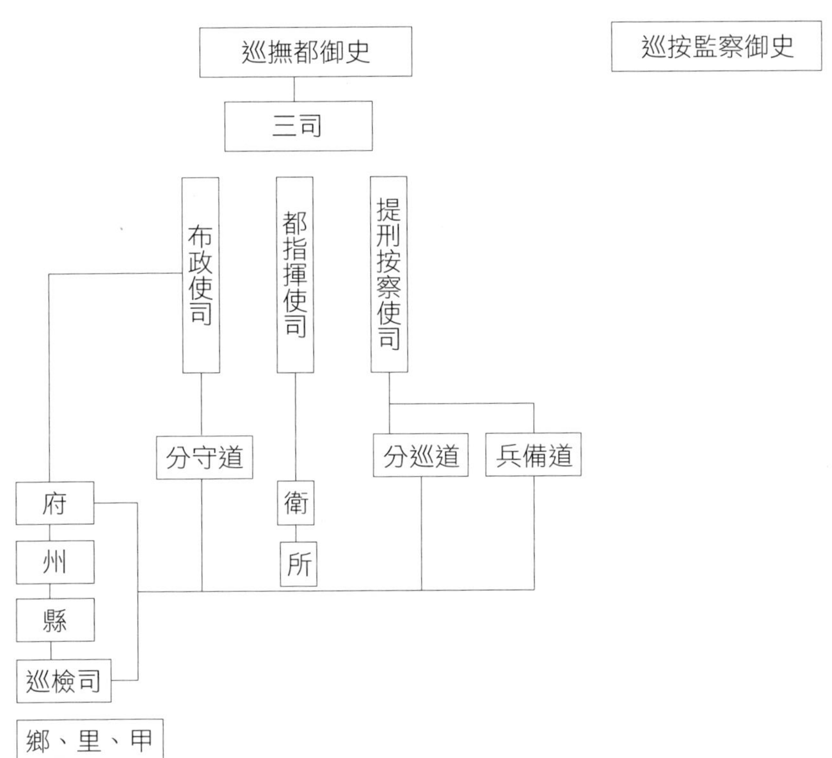

附錄二

明代中央官制簡表

區別	官稱	品秩	職掌	官屬與說明
宗人府	宗人令 左右宗正 左右宗人	正一品 同上 同上	掌皇九族之屬籍	洪武三年（公元 1370 年）置大宗正院，二十二年（公元 1389 年）更今名。正統三年（公元 1438 年）北京始建府治。有經歷一人，典出納文移。南京宗人府不置官，惟有經歷一人
三公	太師 太傅 太保	正一品 同上 同上	無職掌	明制無定員，無專授，或為加銜，或為贈官
三孤	少傅 少師 少保	從一品 同上 同上	同上	同上
東宮大臣	太子少師 太子少傅 太子少保	正二品 同上 同上	掌輔導太子	無定員，只為兼官、加官及贈官
	太子賓客	正三品	贊相禮儀，規誨過失	為尚書，侍郎加銜，間以祭酒、都給事中兼之
內閣	中極殿大學士 建極殿大學士 文華殿大學士 武英殿大學士 文淵閣大學士 東閣大學士	正五品 同上 同上 同上 同上 同上	掌勸善規過，票擬批答	有誥敕房，制敕房，均設中書舍人
六部	吏部 尚書 侍郎	正二品 正三品	掌官吏選授、封勛、考課	有司務廳及文選、驗封、稽勛、考功四清吏司，司各設郎中、員外郎、主事（各部同）

續表

<table>
<tr><th>區別</th><th colspan="2">官稱</th><th>品秩</th><th>職掌</th><th>官屬與說明</th></tr>
<tr><td rowspan="5">六部</td><td colspan="2">戶部 尚書
侍郎</td><td>正二品
正三品</td><td>掌戶口、田賦</td><td>初設四個屬部，即民部、度支部、金部、倉部，後改浙江等省十三清吏司，又有總督倉場一人，掌京通等處糧儲，萬曆間命右侍郎督遼餉，天啓間又增設督理錢法侍郎</td></tr>
<tr><td colspan="2">禮部 尚書
侍郎</td><td>正二品
正三品</td><td>掌禮儀、祭祀、宴享、貢舉</td><td>領儀制、祀祭、主客、精膳四清吏司外，又有教習附馬儀制主事，鑄印局大使、副使，教坊司奉鑾、左右韶舞、左右司樂</td></tr>
<tr><td colspan="2">兵部 尚書
侍郎</td><td>正二品
正三品</td><td>掌武衛官軍選授、簡練</td><td>領武選、職方、車駕、武庫四清吏司，並轄會同館、大通關</td></tr>
<tr><td colspan="2">刑部 尚書
侍郎</td><td>正二品
正三品</td><td>掌刑名及徒隸、勾覆、關禁</td><td>有十三省清吏司，領照磨所，司獄司</td></tr>
<tr><td colspan="2">工部 尚書
侍郎</td><td>正二品
正三品</td><td>掌百工、山澤</td><td>領營繕、虞衡、都水、屯田四清吏司及營繕所，文思院，皮作、鞍轡、寶源、顏料、軍器、雜造、抽分竹木諸局，節慎庫，織染所，柴炭司</td></tr>
<tr><td rowspan="12">南京六部</td><td rowspan="2">吏部</td><td>尚書</td><td>正二品</td><td rowspan="12">分掌六部之政</td><td rowspan="12">正統六年（公元 1441 年）定制，以北京為京師，留都南京仍設六部，亦有尚書等官，品秩同北京。南京六部，其組織較小，人數較少，弘治以後，侍郎惟設右職。此外南京尚有宗人府、都察院、通政使司、大理寺、詹事府、翰林院、國子監、太常寺、光祿寺、太僕寺、鴻臚寺、尚寶司、六科、行人司、欽天監、太醫院等機構，與六部共為中央機關之設於留都南京者</td></tr>
<tr><td>右侍郎</td><td>正三品</td></tr>
<tr><td rowspan="2">戶部</td><td>尚書</td><td>正二品</td></tr>
<tr><td>右侍郎</td><td>正三品</td></tr>
<tr><td rowspan="2">禮部</td><td>尚書</td><td>正二品</td></tr>
<tr><td>右侍郎</td><td>正三品</td></tr>
<tr><td rowspan="2">兵部</td><td>尚書</td><td>正二品</td></tr>
<tr><td>右侍郎</td><td>正三品</td></tr>
<tr><td rowspan="2">刑部</td><td>尚書</td><td>正二品</td></tr>
<tr><td>右侍郎</td><td>正三品</td></tr>
<tr><td rowspan="2">工部</td><td>尚書</td><td>正二品</td></tr>
<tr><td>右侍郎</td><td>正三品</td></tr>
</table>

續表

區別	官稱		品秩	職掌	官屬與說明
都察院	左右都御史 左右副都御史 左右僉都御史		正二品 正三品 正四品	掌糾劾百司，辨明冤枉	所屬有經歷司，司務廳，照磨所，司獄司，領十三道監察御史一百一十人
通政使司	通政使 左通政 謄黃右通改 左右參議		正三品 正四品 正四品 正五品	掌受內外章疏、敷奏、封駁之事	其屬有經歷司經歷、主事
詹事府	詹事 少詹事		正三品 正四品	掌統府、坊、局之政事，以輔導太子	有丞及主簿廳，領左右春坊
翰林院	學士 侍讀學士 侍講學士		正五品 從五品 從五品	掌制誥、史冊、文翰之事	有侍讀、侍講，五經博士，典籍，侍書，待詔，孔目，史官修撰，編修，檢討，庶吉士
五寺	大理寺	卿 左右少卿	正三品 正四品	掌審讞，平反刑獄	有左右寺丞、寺正、寺副、評事及司務廳
	太常寺	卿 少卿	正三品 正四品	掌祭祀禮樂	有少卿一人提督四夷館。其屬有丞，典簿，博士，協律郎，贊禮郎，司樂；領壇廟官、陵寢官、犧牲所、神樂觀
	光祿寺	卿 少卿	從三品 正五品	掌祭享、宴勞、酒醴、膳饈	有丞，典簿廳；領大官、珍饈、良醞、掌醢四署，及司牲司，司牧局，銀庫
	太僕寺	卿 少卿	從三品 正四品	掌牧馬之政，聽命於兵部	有丞，主簿廳，常盈庫；領各牧監，各群長。其在滁州者，為南京太僕寺。行太僕寺及苑馬寺亦掌馬政。前者掌各邊衛所、營堡之馬政；都聽命於兵部
	鴻臚寺	卿 左右少卿	正四品 從五品	掌朝會、賓客、吉凶儀禮	有左右寺丞，主簿廳；領司儀、司賓二署

續表

區別	官稱		品秩	職掌	官屬與說明
三監	國子監	祭酒 司業	從四品 正六品	掌訓導國學諸生	有繩愆廳，博士廳，典簿廳，典籍廳，掌饌廳
	欽天監	監正 監副	正五品 正六品	掌天文曆數	有主簿廳主簿，五官正，五官靈台郎，五官保章正，五官挈壺正，五官監候，五官司曆，五官司晨，漏刻博士
	上林苑監	左右監匹 左右監副	正五品 正六品	掌苑囿、畜牧、樹種	有左右監丞，典簿廳；領良牧、蕃育、林衡、嘉蔬四署
諸司院科	尚寶司	卿 少卿	正五品 從五品	掌寶璽、符牌、印章	有丞
	僧錄司	左右善世	正六品	掌有關佛教徒事務	下設闡教、講經、覺義等
	道錄司	左右正一	正六品	掌有關道教徒事務	下設演法、至靈、至義。道錄司之外又有龍虎山正一真人，法官，贊教，掌書，閤皁山、三茅山靈官，太和山提點
	行人司	司正 左右司副	正七品 從七品	掌捧節奉使之事	其屬有行人、左右行人。尋改行人為司正，左右行人為左右司副。南京惟置左司副一人
	太醫院	院使 院判	正五品 正六品	掌醫療之法	有御醫，吏目；領生藥庫，惠民藥局
	六科	都給事中	正七品	掌侍從規諫，稽察六部百司	分吏、戶、禮、兵、刑、工各科都給事中，下有左、右給事中，給事中
	中書科	中書舍人	從七品	掌書寫制誥、銀冊、鐵券	又有直文華殿東房、直武英殿西房、內閣誥敕房、制敕房諸中書舍人。品秩同中書舍人
在京軍府	五軍都督府	左右都督 都督同知 都督僉事	正一品 從一品 正二品	掌軍旅之事，各領其都司、衛所	中軍、左軍、右軍、前軍、後軍各置官如左。其屬各有經歷司
	京營	總督京營戎政 協理京營戎政		掌統五軍、神機、神樞三大營	每營各有副將、參將、遊擊、佐擊、坐營、號頭、中軍、千總、把總等官

續表

區別	官稱		品秩	職掌	官屬與說明
在京軍府	京衛	指揮使 指揮同知 指揮僉事	正三品 從三品 正四品	掌番上宿衛以護宮禁	各衛均設鎮撫司，經歷司；領千戶所多寡不等。京衛可分三個部分：(1) 上直二十六衛：其中錦衣衛掌侍衛、緝捕、刑獄之事；旗手衛掌大駕金鼓、旗纛，帥力士隨駕宿衛；府軍前衛掌統領幼軍，輪番帶刀侍衛；金吾前衛、後衛，羽林左衛、右衛、前衛，府軍衛，府軍左衛、右衛、後衛、虎賁左衛，金吾左衛、右衛，燕山左衛、右衛、前衛，大興左衛，濟陽衛，濟州衛，通州衛，共十九衛，掌守衛巡警；騰驤左右衛與武驤左右衛掌帥力士直駕、隨駕。(2) 五軍都督府所屬三十三衛。(3) 非親軍又不隸都督府者有十五衛，其中三衛係工匠，屬工部，餘者為護陵諸衛。京衛又置武學，有教授、訓導，掌教各衛幼官及應襲舍人與武生，以待科舉
南京軍府	南京守備府	守備		掌南都一切留守防護之事	有協同守備及參贊機務
	南京五軍都督府	左右都督 都督同知 都督僉事 (不全設)	正一品 從一品 正二品	分掌南京衛所	五軍各有經歷司
	南京衛指揮使司	指揮使	正三品	分屬南京五軍都督府	南京衛共四十九，設官如京衛
宦官二十四衙門	司禮監	提督太監 掌印太監 秉筆太監		掌皇城內儀禮刑名 掌理內外章奏 掌章奏文書，照閣票批硃	左列各監合稱十二監。司禮監所屬有文書房，內書堂，禮儀房，中書房，御前作，東廠；又南京正副守備太監，為司禮監外差，轄南京內府二十四衙門、孝陵神宮監等官
	內官監	掌印太監		掌工作	
	御用監	掌印太監		掌御前造辦	

續表

<table>
<tr><th>區別</th><th colspan="2">官稱</th><th>品秩</th><th>職掌</th><th>官屬與說明</th></tr>
<tr><td rowspan="22">宦官二十四衙門</td><td>司設監</td><td>掌印太監</td><td></td><td>掌鹵簿帷幕</td><td rowspan="9"></td></tr>
<tr><td>御馬監</td><td>掌印太監
監督太監
提督太監</td><td></td><td>掌騰驤四衛</td></tr>
<tr><td>神宮監</td><td>掌印太監</td><td></td><td>掌神廟灑掃</td></tr>
<tr><td>尚膳監</td><td>掌印太監</td><td></td><td>掌食用筵宴</td></tr>
<tr><td>尚寶監</td><td>掌印太監</td><td></td><td>掌寶璽敕符</td></tr>
<tr><td>印綬監</td><td>掌印太監</td><td></td><td>掌鐵券誥敕</td></tr>
<tr><td>直殿監</td><td>掌印太監</td><td></td><td>掌各殿掃除</td></tr>
<tr><td>尚衣監</td><td>掌印太監</td><td></td><td>掌御用冠服</td></tr>
<tr><td>都知監</td><td>掌印太監</td><td></td><td>掌前導警蹕</td></tr>
<tr><td>惜薪司</td><td>掌印太監</td><td></td><td>掌所用薪炭之事</td><td rowspan="4">合稱四司</td></tr>
<tr><td>鐘鼓司</td><td>掌印太監</td><td></td><td>掌出朝鐘鼓及諸雜戲</td></tr>
<tr><td>寶鈔司</td><td>掌印太監</td><td></td><td>掌造粗細草紙</td></tr>
<tr><td>混堂司</td><td>掌印太監</td><td></td><td>掌沐浴之事</td></tr>
<tr><td>兵杖局</td><td>掌印太監</td><td></td><td>掌製造軍器</td><td rowspan="9">合稱八司。惟浣衣局不在皇城內。此外內府所屬尚有內府供用庫，司鑰庫，內承運庫，靈台，御酒房，牲口房，彈子房，刻漏房，更鼓房，甜食房，絛作，草場，十庫，漢經廠，番經廠，道經廠，南海子，林衡署，蕃毓署，嘉蔬署，良牧署，織染所，盔甲廠，安民廠，西山陵墳，京城內外寺廟，安樂堂，淨樂堂，內安樂堂，御藥房，御膳房，篦頭房，猫兒房，寶和等店</td></tr>
<tr><td>銀作局</td><td>掌印太監</td><td></td><td>掌打造金銀器飾</td></tr>
<tr><td>浣衣局</td><td>掌印太監</td><td></td><td>凡宮人年老及罷退者發此居作</td></tr>
<tr><td>巾帽局</td><td>掌印太監</td><td></td><td>掌宮內使帽靴</td></tr>
<tr><td>針工局</td><td>掌印太監</td><td></td><td>掌造宮內衣服</td></tr>
<tr><td>內織染局</td><td>掌印太監</td><td></td><td>掌染造御用及宮內用緞匹</td></tr>
<tr><td>酒醋麪局</td><td>掌印太監</td><td></td><td>掌宮內食用酒醋糖漿麪豆諸物</td></tr>
<tr><td>司苑局</td><td>掌印太監</td><td></td><td>掌蔬菜瓜果</td></tr>
</table>

續表

<table>
<tr><th>區別</th><th colspan="2">官稱</th><th>品秩</th><th>職掌</th><th>官屬與說明</th></tr>
<tr><td rowspan="8">內官</td><td>尚宮局</td><td>尚宮</td><td>正五品</td><td>掌引導中宮</td><td>領司記，司言，司簿，司闈四司</td></tr>
<tr><td>尚儀局</td><td>尚儀</td><td>正五品</td><td>掌禮儀起居事</td><td>領司籍，司樂，司賓，司贊四司；又有彤史</td></tr>
<tr><td>尚服局</td><td>尚服</td><td>正五品</td><td>掌供服用采章之數</td><td>領司寶，司衣，司飾，司仗四司</td></tr>
<tr><td>尚食局</td><td>尚食</td><td>正五品</td><td>掌膳饈品齊之數</td><td>領司膳，司醞，司藥，司饎四司</td></tr>
<tr><td>尚寢局</td><td>尚寢</td><td>正五品</td><td>掌皇帝之宴寢</td><td>領司設，司輿，司苑，司燈四司</td></tr>
<tr><td>尚功局</td><td>尚功</td><td>正五品</td><td>掌督女紅之程課</td><td>領司製，司珍，司綵，司計四司</td></tr>
<tr><td>宮正司</td><td>宮正</td><td>正五品</td><td>掌糾察宮闈</td><td>有司正，典正，女史</td></tr>
<tr><td colspan="5">六局一司為洪武五年（公元 1372 年）所定，六局各鑄印給之。永樂後，職盡移於宦官，其宮官所存惟尚服局所屬的司宗、司衣、司飾、司仗四司而已</td></tr>
</table>

初版後記

感謝王天有、商傳二位教授的推薦，感謝華夏英才基金的立項，使我能夠就自己三十年來對明代國家權力問題的思考作個小結。

1977 年高考的恢復，使我們這批所謂的「老三屆」有了重新回到課堂的機會。在當時，學什麼專業、進什麼學校，並不是十分重要的事情（儘管後來的事實證明還是很重要），重要的是可以上學。1979 年 9 月，憑着年輕人不安於現狀的銳氣，我在讀了一年大學專科之後，考入江西師範學院（今江西師範大學）歷史系，從先師歐陽琛教授伯瑜先生，攻讀中國古代史專業明清史方向研究生。平心而論，當時只有一張初中畢業證書（即使這張證書也已經作廢，因為上面的照片被揭下來貼在了當年的招工表上）的我並不知道歷史研究是何物，也不知研究生該怎樣讀。而一年「大專」的經歷，也主要是在自學外語，準備應付研究生的入學考試。至於此後的研究方向，或者說靠什麼在學術界安身立命，根本沒有想過。入學後，先師進行的第一輪教誨便是「板凳要坐十年冷」，「可以有年輕的藝術家、科學家，但不要指望有年輕的歷史學家」。給的任務則是讀書，從《明通鑒》開始，然後是《明史》《清史稿》《明會典》《清會典》。同時開具的書目還有《馬克思恩格斯選集》，特別是第四卷中馬、恩關於歷史唯物主義的通信。這些書都要求「倒本讀」，做讀書筆記、摘錄卡片。先生一個星期檢查一次。一年下來，筆記作了好幾本，卡片也摘了近萬張，滿腦子是明清時期的人物、明清時期的政治、明清時期的制度。因此第二年開始寫畢業論文，自然也是政治，是制度。當然，要寫就要寫主要的，核心的，具有全局性的，於是選擇了明代內閣。仍然是老辦法，像過去倒本讀《明史》《清史稿》一樣，倒本讀《明實錄》。

說起來很有意思，正如我在本書《導論》中所說的那樣：「隨着學術的推進和時勢的發展，某些歷史問題往往會在一個特定的時期同時引起眾多學者的關注。」在我選擇內閣作為畢業論文題不久，天津召開了明清史國際學術會。從後來出版的論文集看，至少有兩篇關於明代內閣的文章提交到了大會。一篇是武漢大學關文發先生的《試論明朝內閣制度的形成和發展》，另一篇是華東師範大學李天祐先生的《明代的內閣》。從學術背景看，關、李二先生都是前輩學者。但事隔多年後突發奇想，僅就明代國家制度的研究而言，大家其實都處於起步階段。導致我產生這一想法的原因有兩個。其一，經過三年的「社教」和十年的「文化大革命」，大陸學術從總體上說基本中斷。如果不是一直在思考學術問題，1963 年和 1979 年的起點差不了多少。其間的差別，是學術背景。其二，大凡研究明代內閣，一般應該是一個學者研究明代國家制度的開端。任何一個「科班」的或「正統」的明代史研究者，沒有不首先關注政治及制度的；關注明代政治及制度，首先必然是內閣。在尚未見到相關的成熟學術成果前，將其作為研究對象便是符合邏輯的選擇。隨着學術的推進，在杜乃濟《明代內閣制度》（台灣商務印書館 1967 年版，但 80 年代初大陸看不到）的基礎上，在大陸學者研究內閣的基礎上，王其矩的《明代內閣制度史》1989 年由中華書局出版，譚天星的《明代內閣政治》1996 年由中國社會科學出版社出版。除非是發現了新的帶有顛覆性的材料，明智的學者是不會回過頭來研究內閣的。

1981 年春節前，先師已經得到了關、李二先生的大會論文稿，但並沒有給我看，而是要求我在不受外界干擾的情況下，按自己的思路繼續完成論文。這和今天的論文寫作先釐清「學術史」不同。因為在先師看來，撰寫畢業論文的目的不是為着發表而是為着訓練，為着訓練純粹的「讀書得間」「論從史出」的獨立研究能力。春節後，論文初稿寫完，先師出示那兩篇論文，讓我自己進行比較。最大的發現是，關文的材料依據主要是《明通鑒》，李文的材料依據主要是《明史》，而我的畢業論文主要材料依據是《明實錄》，於是有了信心。但先師告誡：會議論文大多是急就篇，不能體現學者的真實研究水平，這與研究生畢業論文可以花一兩年的時間收集資料、反覆打磨並有導師指導和修改不同。

應該說，研究明代內閣是我從事明代史研究特別是從事明代國家問題研究的起點。而在研究內閣的過程中，僅《明史·職官志》的一句話，「內閣之票擬，不得不決於內監之批紅」，便會將研究者帶向內監特別是司禮監，接着便是內府和外廷的關係。這是橫向問題。而縱向，自然是巡撫、巡按、司道、府縣、里甲。這是我當時準備系統研究明代國家權力問題的基本思路，也是本書的基本結構。

但在隨後的時間裏，我並沒有真正沿着這條路走太遠。

其一是沒有必要。因為不久即發現，有不少學者也在走同一條路。大家在路上碰上了，於是各走一段，形成了沒有計劃卻有默契的分工合作、羣體研究。有研究巡按御史的，有研究兵備道的，有研究州縣的，有研究里甲基層的，也有研究宦官的。而且每一段路都有不少學者在走。比如在研究巡撫的路上就遇上了老朋友羅東陽、王躍生、劉秀生，還有張哲郎老師、關文發老師等；在研究宦官的路上，則遇上了新朋友梁紹傑、冷東、田澍等，而且王春瑜、杜婉言先生早就在路上等着。一旦踏上州縣及基層的路，則有更多的朋友，趙世瑜、柏樺、唐力行、常建華、陳支平、鄭振滿、陳春聲、劉志偉、周紹泉、欒成顯、梁洪生、曹國慶、陳寶良、卞利等，已在前面揮手，有的甚至接近地平線了。所以，現在的這個著作雖然主要是我個人的研究心得，但也充分借鑒了這些新老朋友的成果。

其二是我在專業「背景」方面補了一些課，讀了一批明人的文集、筆記，以及清人研究明代史的著作；也讀了一批專史如政治史、法律史、經濟史、史學史等方面的著作，以及漸次進入大陸的港台、日本及西方學者的歷史學、社會學、人類學等方面的著作。給歷史系本科生開中國古代史及明清史課，是另外一種補課。因為在備課的過程中，需要在「通史」和「專史」的兩個方面強化基礎。更為集中的補課則是到南開大學明清史研究室進修，師從鄭克晟教授，專攻明史。同時得到劉澤華、馮爾康、南炳文、謝代剛諸先生及時任南開大學校長的滕維藻先生（儘管沒有謀過面）和先師早年的一個學生劉仁智先生的幫助。在「補課」的過程中，學術興趣也發生了某些轉移。

回想起來，先師一手促成我去南開進修（當時屬「計劃外」），或許也是在實現他自己的一個夙願。先師當年在西南聯大讀研究生，導師是邵循正先生，畢業論文的答辯主席則是鄭天挺先生。先師對鄭老先生心儀久之，隨着鄭老先生東赴南開，先師的情結也轉到了南開。

伯瑜先生和克晟先生都是根柢深厚的傳統型學者，講究勤讀史料，講究讀書得間，治學方法則是在讀書的過程中摘錄卡片、寫讀書札記，當積累到一定心得時，才動手撰寫論文。所以，他們的論文都不是為了發表「寫」出來的，而是通過讀書「悟」出來的。但到了我們這一輩人，情況發生變化，職稱評定、年度考核，文章大多是被「逼」出來的。數量可能不少，但真正經得起檢驗、經得起「把玩」的卻不多。所幸多年來受二位先生「悟」功的影響，在被「逼」的同時也一直在「悟」。後來寫巡撫、寫御馬監、寫鎮守中官、寫知識宦官、寫江右商與江西訟風、寫傳奉官與成化時代，也自認為「悟」的成分比「逼」的成分更多些。而且，隨着中國學術的向縱深發展，「悟」的成分自信也越來越多。故最近在接受一家學術報紙的記者採訪時，我斗膽說了一句：「越是近期發表的作品，感覺越是好些。」因為中國學術在進步，自己也應該有所進步。

在我的學習歷程中，谷霽光先生對我的影響是巨大的。谷老是具有博大氣度的學者，得以在他人生的最後幾年時間裏時時過從、聽取教誨，是我一生中的幸事。谷老關於「廣博」「專精」「融通」相結合的學術理念，關於從生產生活、從時局大勢、從人物活動、從偶然因素綜合分析歷史發展進程、揭示政治走向、理解古人行為的思維方式，對我來說可謂受用無窮。也使我對歷史唯物主義和辯證唯物主義、對黑格爾關於「存在即合理」的命題有了更深刻的認識。

在揚州大學師從王小盾教授讀中國古代文學的博士研究生，曾被同行朋友戲稱為「自墜身份」。因為王小盾教授是我大學的同班同學而非前輩學者，揚州大學又並非「名校」，我自己也已經是「教授」。但在我們這一個年齡段的學者中，乃至在至今還在職的學者中，綜括文、史、哲三大傳統學科，王小盾教授所達到的學術層次和學術境界，我不作第二人觀（至少在大陸學界如此）。否則，就是我孤陋寡聞。三年揚州並非夢，它既讓我扎扎實實地讀了一批書，同時也儘可能地嘗試像小盾師那樣，從大文化的視野和多學科的角度去思考歷史問題。因為歷史本身就是多層面的、紛繁複雜的。

猶如歷史的進程一樣，人生的道路也往往由一些偶然因素所決定（當然不排除其中的必然性）。如果不是「文化大革命」和「唯成分論」，我一直相信自己應該研究數學或天文學。而明代史研究者的行列中有我，很大程度上是出於杜婉言老師和汪聖鐸老師的「挽留」。20 世紀 80 年代大學教師的日子是拮据的，收入低、住房緊、壓力大。為了解決家庭的生計問題，我從 1981 年底即研究生剛畢業時就開始在「電大」兼課，並在當地的成人學員中闖下了比較響亮的名頭。後來，這些學員中的不少人考了律師證，成了律師，經濟收入可觀。在他們的鼓動下，我也準備參加考試，改行幹律師。如果成功（當然沒有不成功的道理，因為迄今為止，凡是參加過的考試，還沒有不成功的先例，這大概也是我至今「狂」性不改的重要原因），至少當地會有一位名律師出現。但就在準備考試的那一年，1987 年，我同時給《中國史研究》和《文史》投了稿，不久即收到用稿通知。後來知道，是杜婉言老師和汪聖鐸老師代表各自「編輯部」給我寫了修改意見。這兩篇稿子的題目是《明代的巡撫制度》和《論明代內閣制度的形成》（1981 年畢業論文的修改稿），分別發表在《中國史研究》1988 年第 3 期和《文史》第 33 輯。這兩篇論文可以說是我研究明代國家制度的基礎。而在當時的地方院校，初出道的學者沒有人推薦能在這裏發表文章是難以想像的事情。所以當時就有朋友打聽：你在那兩個地方有熟人？但杜老師和汪老師我當時並不認識，也沒有任何人打招呼。由於有他們代表這兩個刊物的挽留，於是我死心塌地搞歷史，轉眼又是二十年。如果在今後的人生中不發生戲劇性變化，此生可能也不會改行做其他事情了。

現在呈獻給讀者的這部著作，對於動態地揭示明代國家權力的內部結構和運行法則，對於客觀地認識中國古代社會國家制度的一些本質特徵，我認為是有貢獻的。也算是對自己的一個交代。但我自己對它並不滿意。

倒不是說書中討論的有些問題還沒有搞透，事實上我們所做的事情只是在接近歷史真相而不可能窮極真相。而是因為涉及的面太寬，需要關照的問題太多，而大凡「課題」，又都有時限，這就造成「悟」得不夠通達透徹，綜合分析及文化層面的揭示更顯不足。

我曾經承諾過一家出版社的朋友，爭取寫出一本自己「悟」出來的、學究氣息少些、啟示性多些，因而可能受到讀者更多歡迎的歷史著作。我想，我會實踐這個承諾的。

在本書寫作及最後校稿過程中，謝宏維博士及汪紅亮、陳剛俊二君付出了辛勤的勞動，在此謹致謝意。

方志遠

2008 年春節

江西師大北區寓所

再版後記

《明代國家權力結構及運行機制》在 2008 年出版之後，得到不少朋友的鼓勵，我也自認為它對明代國家制度、權力結構及運行機制的研究做出了一定貢獻。當然，也有諸多不滿意處，所以一度希望能夠通過「修訂」以後再版，彌補其中的一些遺憾。剛一着手，便打消了這個念頭，原因有三：

第一，本書是對明代國家制度和權力結構的整體性研究和描述，而不是對某個環節的專題討論，如果修訂，工程浩大，而且未必能夠修補得更好。

第二，本書代表我當年的認知水平，其中不少內容是和同行學者討論的成果，如果修訂，場景便發生了變化，對自己、對他人都是不負責任。

第三，進入本世紀後，我的學術研究的旨趣和方法發生了一些變化，更多地站在社會進程的角度思考明朝、思考明代的問題，這些思考，集中在幾篇論文之中。這些論文被有些朋友稱為「新政治史」研究，正在考慮一些朋友的建議，打算編成一個集子，以《走進明朝：從嚴峻冷酷到自由放任》的書名出版，以彌補本書的某些缺憾。從這個角度看，《走進明朝》實為續篇。回過頭來再度審視明朝國家制度和權力結構，認為即使在今日，本書的整體認識仍然是到位的，所以，最終放棄了「修訂」的打算，只是對明顯的錯字、誤用的標點及個別文獻進行了修正。

學生俞翊、施睿哲、汪浩東等在校讀的過程中，付出了艱辛的勞動，發現多處過去「抄卡片」時留下的問題。

在沒有電腦、沒有網絡、沒有數據庫的時代，所有歷史學者的資料和信息，幾乎都是通過查找紙質文獻、抄錄卡片積累的。這種方法一直延續到 1990 年代中期。後來雖然用了電腦，電腦仍然是作為輸入資料和寫作的工具，就像那個時候手機只是用來通話一樣。本書的大部分資料，就是這樣積累起來的。抄錄卡片時，只會註明作者、書名、卷帙及細目，編年史則標明年、月、日，這在當年已經是十分規範了。隨着「和國際接軌」、隨着學術的「規範化」，大概從 2005、2006 年開始，一些刊物開始要求論文的註釋精確到文獻的頁碼，極大程度消除引用文獻的錯誤，但對著作，當時還沒有這種要求。這次再版本書，本想補上頁碼，但因工作量太大而放棄。所以，儘管責任編輯和校對投入了大量的勞動，恐怕還是無法完全消除錯誤，不能不說是一個遺憾。但坦率地說，要求對所有古籍標註頁碼，我還是有一些牴觸。同時也認為，人文社會科學著作在這方面留下個別無妨大旨的缺憾、留下少許不影響整體品質的錯誤，也沒有什麼不好。突發奇想，留下少許錯誤，還便於發現個別轉引文獻不註明來源的作者。因為你的引文錯了，他也跟着錯，從我的論文和著作中犯這種轉引錯誤的，不小心發現了兩三起。從另外一個角度說，史料頁碼標得如此明白，是否也為轉引史料提供了方便？

遺憾的是，當年向華夏英才基金推薦本書的王天有、商傳二位教授，已先後駕鶴仙去。本書的再版，也是對他們的懷念。

方志遠
2023 年 2 月 18 日
廣東惠州富力灣寓所